陇上学人文存

LONGSHANG XUEREN WENCUN

陇上学人文存

# 南国农　卷

南国农 著　俞树煜 编选

甘肃人民出版社

**图书在版编目（C I P）数据**

陇上学人文存. 南国农卷 / 范鹏, 陈富荣总主编 ; 南国农著 ; 俞树煜编选. -- 兰州 : 甘肃人民出版社, 2019.8
ISBN 978-7-226-05476-5

Ⅰ. ①陇… Ⅱ. ①范… ②陈… ③南… ④俞… Ⅲ. ①社会科学－文集②电化教育－文集 Ⅳ. ①C53 ②G43-53

中国版本图书馆CIP数据核字(2019)第163372号

责任编辑：张　菁
封面设计：王林强

**陇上学人文存·南国农卷**

范鹏　王福生　陈富荣　总主编

南国农　著　俞树煜　编选

甘肃人民出版社出版发行

（730030　兰州市读者大道568号）

兰州新华印刷厂印刷

开本 890 毫米 × 1240 毫米　1/32　印张 12.625　插页 7　字数 320 千

2019 年 8 月第 1 版　2019 年 8 月第 1 次印刷

印数：1~1000

ISBN 978-7-226-05476-5　定价:60.00 元

# 《陇上学人文存》第三辑

## 《陇上学人文存》第七辑

# 总 序

陇者甘肃，历史悠久，文化醇厚。陇上学人，或生于斯长于斯的本地学者，或外来而其学术成就多产于甘肃者。学人是学术活动的主体，就《陇上学人文存》（以下简称《文存》）的选编范围而言，我们这里所说的学术主要指人文社会科学研究。《文存》精选中华人民共和国成立以来，甘肃人文社会科学领域成就卓著的专家学者的代表性著作，每人辑为一卷，或标时代之识，或为学问之精，或开风气之先，或补学科之白，均编者以为足以存当代而传后世之作。《文存》力求以此丛集荟萃的方式，全面立体地展示新中国为甘肃学术文化发展提供的良好环境和陇上学人不负新时代期望而为我国人文社会科学事业做出的新贡献，也力求呈现陇上学人所接续的先秦以来颇具地域特色的学根文脉。

陇原乃中华文明发祥地之一，人文学脉悠远隆盛，纯朴百姓崇文达理，文化氛围日渐浓厚，学术土壤积久而沃，在科学文化特别是人文学术领域的探索可远溯至伏羲时代，大地湾文化遗存、举世无双的甘肃彩陶、陇东早期周文化对农耕文明的贡献、秦先祖扫六合以统一中国，奠定了甘肃在中国文化史上始源性和奠基性的重要地位；汉唐盛世，甘肃作为中西交通的要道，内承中华主体文化熏陶，外接经中亚而来的异域文明，风云际会，相摩相荡，得天独厚而人才辈出，学术思想繁荣发达，为中华文明做出了重要贡献。

近代以来，甘肃相对于逐渐开放的东南沿海而言成为偏远之地，反而少受战乱影响，学术得以继续繁荣。抗日战争期间作为大后方，接纳了不少内地著名学府和学者，使陇上学术空前活跃。新中国成立之后，人文社会科学领域的专家学者更是为国家民族的新生而欢欣鼓舞，全力投入到祖国新的学术事业之中，取得了一大批重要的研究成果，涌现出众多知名专家，在历史、文献、文学、民族、考古、美学、宗教等领域的研究均居全国前列，影响广泛而深远。新中国成立之后，人文社会科学几次对当代学术具有重大影响的争鸣，不仅都有甘肃学者的声音，而且在美学三大学派（客观派、主观派、关系派）、史学“五朵金花”（史学在新中国成立之后重点研究的历史分期、土地制度史、农民战争史等五个方面的重点问题）等领域，陇上学人成为十分引人注目的代表性人物。改革开放以来，甘肃学者更是如鱼得水，继承并发扬了关陇学人既注重学理求索又崇尚经世致用的优良传统，形成了甘肃学者新的风范。宋代西北学者张载有言：“为天地立心，为生民立命，为往圣继绝学，为万世开太平”，此乃中华学人贯通古今、一脉相承的文化使命，其本质正是发源于陇原的《易》之生生不已的刚健精神，《文存》乃此一精神在现代陇上得到了大力弘扬与传承的最佳证明。

《文存》启动于中华人民共和国成立六十周年之际，在选择入编对象时，我们首先注重了两个代表性：一是代表性的学者，二是代表性的成果，欲以此构成一部个案式的甘肃当代学术史，亦以此传先贤学术命脉，为后进立治学标杆。此议为我甘肃省社会科学院首倡，随之得到政界主要领导、学界精英与社会各界广泛认同与政府大力支持，此宏愿因此而得以付诸实施。

为保证选编的权威性，编委会专门成立了由十几位省内人文社会科学领域著名学者组成的专家指导委员会，并通过召开专题会议研讨、发放推荐表格和学术机构、个人举荐等多种方式确定入选者。为使读者对作者的学术成就、治学特色和重要贡献有比较准确和全面的了解，在出版社选配业务精良的责任编辑的同时，编委会为每一卷配备了一位学术编辑，负责选编并撰写前言。由于我院已经完成《甘肃省志·社会科学志》（古代至1990年卷，1990至

2000 年卷）的编辑出版工作，为《文存》的选编提供了坚实的基础和基本依据，加之同行专家对这一时期甘肃人文社会科学发展的研究，使《文存》能够比较充分地反映同期内甘肃人文社会科学的基本状况。

我们的愿望是坚持十年，《文存》年出十卷，到 2019 年中华人民共和国成立七十周年之际达至百卷规模。若经努力此百卷终能完整问世，则从 1949 至 2009 年六十年间陇上学人以“人一之、我十之，人十之、我百之”的甘肃精神献身学术、追求真理的轨迹和脉络或可大体清晰。如此长卷宏图实为新中国六十年间甘肃人文社会科学全部成果的一个缩影，亦为此期间甘肃人文社会科学学术业绩的一次全面检阅，堪作后辈学者学习先贤的范本，是陇上学人献给祖国母亲的一份厚礼。此一理想若能实现，百卷巨著蔚为大观，《文存》和它所承载的学术精神必可存于当代，传之后世，陇上学人和学术亦可因此而无愧于我们所处的伟大时代，并有所报于生养我们的淳厚故土。

因我们眼界和学术水平的局限，选编过程中必定会出现未曾意料的问题，我们衷心期望读者能够及时教正，以使《文存》的后续选编工作日臻完善。

是为序。

2009 年 12 月 26 日

# 目 录

## 教育技术学科与专业建设



## 教育建设与教学改革



## 电化教育研究与实验

## 其 他

# 编选前言

甘肃省社会科学院主持编写的大型学术文献丛书《陇上学人文存》，拟编选《南国农卷》，并将编选工作委托于我。南国农先生于2014年9月去世，已经离开我们五年了，一直想为先生做点事情，却没有着手，这次正好是一个机会。作为亲炙先生教诲的弟子，在先生身边学习、工作20多年，有责任、有义务做好这件事情。研究和传播先生的学术思想既是学生的责任，也是学生的荣幸，我也十分乐意做好这件事情。

## 一

南国农先生是新中国电化教育事业的开拓者与奠基人，是我国著名教育家、知名电化教育专家。先生1920年9月出生于江西省清江县（现樟树市），1943年毕业于广州国立中山大学教育系，同年到国民政府教育部工作。1945年至1947年，在国立社会教育学院附属中学（青木关中学）工作，任校长。1948年赴美国留学，在哥伦比亚大学教育研究院攻读比较教育与视听教育专业硕士学位。1950年响应祖国号召，回国参加新中国建设。1950年至1951年，在北京华北人民革命大学政治研究院学习。1953年受聘为国立西北师范学院教授。直至去世，先生一直工作在西北师范大学，历任西北师范大学教育科学研究所副所长、所长，电化教育系主任、名誉系主任，教育科学研究院名誉院长，教育技术与传播学院名誉院长，网络教育学院名誉院长。曾担任中国电化教育协会副会长、顾问，教育部电化教育课程教材编审组组长，教育部高等学校教育技术学专业教学指导委员会顾问等社会职务，兼任华南师范大学等多所高校兼职教授、客座教授。1991 年经国家人事部批准，延迟退休。1992 年享受国务院特殊津贴。2008 年，南国农先生获得“甘肃省教学名师”称号。2011 年，南国农先生获得“全国教育科研终身成就奖”“中国教育技术事业杰出贡献奖”和“情系陇原·献身教育特别荣誉奖”。

南国农先生一生躬耕于大西北这片沃土，把毕生的智慧和精力都奉献给了新中国的电化教育事业，为探索中国特色电化教育理论体系与实践道路、发展我国电化教育事业、建立新中国电化教育专业和学科做出了突出贡献。先生与电化教育结缘始于工作之初，1943 年他以电化教育委员会下设的电影教育委员会科员身份进入国民政府教育部工作，初识电化教育。1948 年，他赴美留学，在哥伦比亚大学学习时再次接触到视听教育。1953 年，先生到西北师范学院工作后兼任学校教育实习指导委员会秘书，在学校举办的教育实习展上，采用了电化教育手段进行演示，吸引了校内外许多师生前来观摩，效果很好，影响很大。1954 年至 1956 年，他与萧树滋教授编写了电化教育课程大纲，首开电化教育课程，开展了电化教育的教学活动，促进了西北师范学院的教育改革。1960 年至 1973 年，他们为外语系和音乐系开设了“电教教法”课及“电教实验”课。1979 年，先生在“五院校教育学”教材编写会议上，率先提出在《教育学》教材中增加“电化教育”专章并亲自撰稿。1979 年 6 月至 8 月，先生受教育部委托与萧树滋教授在西北师范学院举办了全国 37 所高等院校 50 余名教师参加的“电化教育研讨班”，培养了首批新中国电化教育骨干和电化教育课程教师，为全国电化教育的重新起步奠定了人才基础。1980 年，先生创办《电化教育研究》杂志，旨在为大家提供一个理论与实践成果交流的平台。经过30多年努力,先生把杂志办成了电教界的学术理论园地和国家级权威性学术期刊,被誉为“中国电化教育理论研究基地”。进入20世纪80年代,先生倡导建立电化教育专业和学科,在先生等老一辈专家的帮助和指导下,华南师范大学于1983年率先在全国创办了电化教育专业。先生也于80年代中期亲自主持创办了西北师范大学电教系和电化教育专业。在先生等人的倡导下,陕西师范大学等高校先后创办了电化教育专业。在先生等几代学人的共同努力下,教育技术学(电化教育)已经形成了本科、硕士和博士研究生三个学历层次的专业人才培养体系,成为一个独立的学科。1983年至1990年,先生担任全国电化教育课程教材编审组组长,先后组织编写或主编了《电化教育学》《电化教育基础》《电化教育导论》等10余部教材和《传媒·教育·现代化——教育传播的理论与实践》等近20本的“电化教育丛书”,为我国电化教育教材建设和理论体系的完善奠定了坚实的基础。1983年,经先生等人精心策划,成功举办了“电化教育成就展览”。时任甘肃省委书记李子奇、省长陈光毅亲临现场,为展览剪彩、讲话。全国17个省、市、自治区和香港地区的专家、教师和电教工作者四万余人参观了展览。此次展览是当时全国范围内的一次规模最大的展览,在全国引起了强烈反响。1985年,先生主编了我国第一本系统阐述电教理论与方法的教材《电化教育学》,创立了以现代教育媒体的研究和应用为核心、由“七论”构成的具有中国特色的电化教育理论体系,得到了电化教育领域研究者的公认,对于建立电化教育学科起到了开创和奠基的作用。先生提出的“大电教”的概念,扩大了电化教育的视野,从根本上说明了电化教育系统在我国教育发展中的重要地位与意义。1990年,先生组织举办了“全国首届电教知识大奖赛”,吸引了数万读者参加,对普及电教知识产生了重要影响。1992年春天,先生受国家教委电教司委托,主持开展了“全国电化教育考察万里行”大型活动,活动历时50多天,行程近12800公里,途经17个省(市、自治区),受到了各级电教主管部门、电教中心(馆)和大中学校的热情支持。考察取得了丰硕的成果,不仅为我国电化教育方针政策的制订起到了参谋作用,而且对全国电化教育的改革与发展产生了宣传激励效应,被赞为“中国电教史上的一次成功的壮举”。进入20世纪90年代,先生除了对电化教育近10多年来的发展做了系统的回顾和总结,预测其未来发展趋势,还投入大量的精力对“教育传播学”进行了深入系统的研究,主编了《教育传播学》。先生晚年时仍活跃在教学科研第一线,为教育技术学科的发展耕耘不止。他组织开展了“中国电化教育(教育技术)发展史研究”课题,主编出版《中国电化教育(教育技术)史》,对中国电化教育发展历程及发展规律进行了系统研究。

## 二

以上是对南国农先生生平和学术生涯的回顾,在先生60多年的教育和学术生涯中,创立和发展了中国特色信息化教育(电化教育)理论体系,倡导和创建了新中国教育技术学(电化教育)学科和专业,开拓和推动了新中国电化教育事业的发展,取得了丰硕的学术成果,形成了丰富的教育思想。先生六十年如一日,工作在教学科研第一线,教书育人,著书立说,可谓著作等身。本书也仅在先生众多文章中编选了34篇,只是先生众多文章中的一小部分,是先生改革开放以来各个时期信息化教育(电化教育)研究的代表作,涉及信息化教育(电化教育)基本理论、学科与专业建设、教材建设与教学改革、研究与实验等方面。下面对这些文章的主要内容和反映的学术思想略作述论。

(一)信息化教育(电化教育)基本理论

1. 名称问题

自1978年电化教育重新起步以来,电化教育的名称就一直存有争议,总共有四次:(1)第一次,1984年—1986年,争议的焦点:要不要改?何时改和如何改?南国农先生认为,应当坚持使用"电化教育"这一名称。1987年,因教育部颁布的《高师本科专业目录》中的专业名称采用"电化教育"而结束了争议。(2)第二次,20世纪90年代前期,由于美国AECT1994定义的引入,又一次出现了名称争议,焦点是采用引进的"教育技术",还是保留"电化教育"。1998年,教育部《高等学校本科专业目录》将"电化教育"专业改为"教育技术学"专业,使争议暂时画上了句号。(3)第三次,2005年左右,由于AECT2005定义的引入,又引起了人们对于电化教育名称的争议,主要有:将"电化教育"改为"教育技术"真的是有必要吗?要不要再改名?一种观点认为,改名很有必要,是学科走向成熟的表现,是历史的必然,更名便于日益频繁的国际交流;另一种观点认为,改名是不恰当的,是"依附"心理的表现,国际交流不一定要使用统一的名称。(4)第四次,2011年左右,教育部就《普通高等学校本科专业目录(修订一稿)》征求意见,拟将"教育技术学"改名为"教育信息技术"征求意见。第一次、第二次争议中,先生认为,应该坚持使用"电化教育"。第二次争议中,改名引起了先生的忧虑,他认为我国的电化教育和美国的教育技术有本质不同,改名会带来照搬国外理论的倾向和做法,这不利于我国电化教育的发展。第三次争议中,先生认为,"教育技术"这个名称已经确立,并广为流传,不一定去改变它,也不太可能改变它。目前可以多个名称同时使用,让时间考验其具有的生命力。他认为,"电化教育"仍活着:有些地方仍在使用它;有些地方虽未使用它的名称,却用了它的实质;有些人至今还在对它表示留恋和赞扬。

第四次争议中,他认为改名很有必要,改为“信息化教育”比较好。他认为,信息化教育也就是信息时代的电化教育,“信息化教育”这个名称属于“中国造”,植根于中国文化土壤,符合中国实际需要,以之概括该学科领域的研究与实践最为恰当。这样,既可不定位为技术,又能准确反映学科的本质——现代信息技术与现代教育思想理论的融合;既可保持中国特色,又可凸显时代的特征。新时代的核心特征是信息化,这已是人们的共识。

现在来看,先生对于“电化教育”名称的执着坚持体现了一位老一辈电教工作者严谨的科学态度、强烈的事业心和责任感以及对中华民族的热爱。同时,我们也应看到,他对待名称的态度也是开放的和富有包容精神的。郭琴教授指出:电化教育本身具有很大的魅力,“电化教育” 这一名称能较恰当地反映本学科的本质特征,“电化”这一术语具有较大包容性。前天的电化是电力化, 昨天的电化是电子化,今天的电化是信息化。它始终扮演着先进技术代表的角色,它是先进的信息技术与先进的教育理论相结合, 应中国教育改革的需要而产生的教育创新,它是中西文化交融的产物,它是中国接受西方文化,并将其本土化的一个典型范例。连我国最早主张改名的何克抗教授也认为,用“电化教育”这一术语来概括这一领域的研究与实践,实在是有高度智慧的创造——既能定位于教育,从而把定大方向,坚持姓“教”,不姓“电”,又能准确反映那个时代“技术在教育中应用”的本质,而且用语中国化,有民族特色。同时,先生主张应该以“信息化教育”名义,走向一级学科。他认为,经过30多年的发展,我国的教育技术学科已基本具备成为一级学科的条件,它有自己独立的研究对象、实践领域,已生出众多的分支学科,如信息化教育原理、现代远程教育与网络教育、数字教育媒体、教育软件工程、教育影视编导与制作、教学设计与绩效技术、信息技术与课程整合等等。该学科应走出教育学下的二级学科，走向教育学门类中与教育学、心理学、体育学并列的一级学科。这既是该学科自身发展的需要，也是实现教育信息化和现代化的需求。

2. 定义与本质问题

30 多年来，先生一直关注和研究电化教育的定义与本质。早在 1981 年，他就给电化教育下过定义。关于电化教育（信息化教育）的定义，在电化教育界使用最为广泛、最经典的定义是他总结的三个定义，即 1985 年定义（运用现代教育媒体，并与传统教育媒体恰当结合，传递教育信息，以实现教育最优化，就是电化教育）、1998 年定义（电化教育，就是在现代教育思想的指导下，主要采用现代教育媒体和媒传教学法，进行教育活动，以实现教育过程的最优化）和 2004 年定义（信息化教育，就是在现代教育思想和理论的指导下，主要运用现代信息技术，开发教育资源，优化教育过程，以培养和提高学生信息素养为重要目标的一种新的教育方式）。先生的三个定义，体现了时代特色，反映了中国实际，闪烁着他睿智的思想光芒。就以 1985 年电化教育定义看，就反映了混合学习的思想，混合学习方式正是今天我们大力倡导和努力推广的学习方式。对于电化教育的基本内涵，南国农先生从 20 世纪 80 年代就概括为一个公式：现代教育思想理论×现代教育媒体=电化教育。这个公式经过不断发展，表示为：现代教育思想理论×现代信息技术=成功的信息化教育。现代教育思想、理论与现代信息技术是构成信息化教育的两个基本要素，两者缺一，都不能取得成功的信息化教育。

对于电化教育（信息化教育）的本质，先生认为，电化教育（信息化教育）是属于现代教育范畴的一种新的教育方式。它不只是一种新的教育工具，不只是一种新的教育方法，不只是一种新的教育内容传递形态，不只是一种新的教育形式，而是所有这些的综合，是一种新的教育方式。

3. 信息化教育（电化教育）发展重大问题

先生善于宏观地把握时代脉搏，洞察电化教育前进中的重大问题，以敏锐的眼光和决断的胆识，不失时机地提出富有发展战略的观点和主张。

关于电化教育与教育改革。早在1984年，先生就对“教育改革要以电教为突破口”进行了论述。其后又对电化教育在高等学校教学中的地位和作用进行了分析，认为电化教育有助于高等学校教学改革实现“课堂教学、教材建设、教学形式方法和手段、教学研究和教学管理”四个突破。进入20世纪90年代，对于电化教育在教育现代化中的重要作用，他提出“电化教育是实现学校教育现代化的必由之路”，并进行深入论证。

关于“大电化教育观”。早在1983年，先生就指出：“电化教育既要深入学校小课堂，也要走向社会大课堂，要放宽视野，走向宏观，着眼整个教育系统，在初等教育、中等职业教育和高等教育、干部教育、职工教育、农民教育、扫盲教育中，发挥积极作用。要特别重视为农村教育改革服务，为农业服务。”1987年，先生明确提出了“大电教”的概念，明确了大小电教的区别，阐述了大电教是多样、开放、综合系统，由普通学校电教系统、广播电视教育系统、卫星电视教育系统和计算机辅助教育系统等四个子系统组成。他提出的“大电教”的观点，既为我国教育、电教上级主管部门关于电教事业发展提供了决策依据，又推动了全国教育改革与发展新高潮。

关于“三件”建设。20世纪90年代中期，南国农先生在他以前关于队伍建设、教材建设、理论建设等思想的基础上，明确提出了“三件”（硬件、软件和潜件）建设思想，认为电化教育和学校教育现代化的主要任务就是进行“三件”建设，要提高“三件”建设水平。“三件”建设就是硬件建设、软件建设和潜件建设。硬件建设,主要是电教设备、设施的建设。软件建设,主要是电教教材的建设。潜件建设,主要是电教理论和方法的建设。他认为,“硬件是躯体,软件是灵魂,潜件是动力。”“这三件,紧密相连,互相制约,互相促进。”

(二)学科与专业建设

1. 学科理论体系

电化教育作为一门新兴学科,构建其理论体系是电化教育学科确立的内在要求和电化教育深入发展的客观需要。先生基于创建具有中国特色电化教育理论研究体系的目标,在20世纪80年代初,首先提出了电化教育学科研究应由本质论(电化教育的本质)、功能论(电化教育的功能与作用)、发展论(电化教育发展史)、媒体论(现代教育媒体的开发与应用)、过程论(电化教育过程的规律)、方法论(电化教学方法和电化教育科学研究方法)、管理论(电化教育管理与评价)等七论组成的创见,并分别进行了科学的界定和精辟的阐述。其后,为不断完善和深化这一理论体系的内容,进一步指出:以现代教育媒体的研究与应用为核心,是我国电化教育的最大特色。应该肯定,先生构建的“七论”理论体系,无论对电化教育理论研究中出现不同学术观点的争鸣,还是对建设有中国特色的电化教育实践活动,都具有迫切的现实意义和深远的历史意义。先生一直在对构建电化教育(教育技术)理论体系的问题进行思考和探索。他认为不应照搬国外的理论,这样会出现“水土不服”,应当“主要在不断总结本国实践经验和理论研究的基础上建立”。晚年,他提出重构信息化教育理论体系,并提出了重构理论体系的路线图。对于新理论体系的内容结构,他的设想是由“六论”组成:总论(信息化教育的概念、功能、发展),基础论(信息化教育媒体理论、过程理论、系统优化理论),技术论(信息化教育硬件环境建设、信息化教育软件资源开发、信息化教学系统设计)，模式论(信息化课堂教学模式，现代远程教育模式，信息化环境下自主、协作、探究模式)，方法论(信息化环境下学习方法、教学方法、教育研究方法)，管理论(信息化教育管理体制、专业建设、评价)。新的理论体系应该以现代教育媒体的研究和应用为核心，是现代教育思想理论与现代信息技术相融合的产物，同时关注学习者认知、情感、动作技能的发展，同时为学校教育、家庭教育、社会教育的改革与发展服务。对于如何构建新的理论体系，他在多年深入思考的基础上提出了一个理论体系重构的路线图，即遵循“和为贵”的理念，采取“和而不同，求同存异”的策略，主要通过“三重”(关注学科基础、前沿、特色三个重点的研究)、“三化”(关注“三化”的研究，即中华传统文化经典的现代化，有关西方理论的中国化、本土化，学科本身基本理论的细化、深化)、“三防”(防止“西方中心，依附理论”，防止“浅尝辄止”，防止“学术腐败”)三种途径，促进已有两类理论体系框架(一个是以美国 AECT 教育技术 1994 定义为依据建立的理论体系框架，另一个是在不断总结本国理论研究和实践经验的基础上建立的理论体系框架)的融合，达到“建构一个适合中国文化土壤、符合中国实际需要，具有中国特色的新理论体系”的目标。

2. 定位问题

早在电化教育重新起步之初，电教界就产生了姓“电”还是姓“教”的争论。1980 年，先生就提出“电化教育，要以教育为主”。1988 年，他针对当时电化教育中出现的问题，明确指出电化教育姓“教”不姓“电”。自 1998 年电化教育改名为教育技术以来，电化教育(教育技术)的学科定位的问题又一次凸现。他认为，AECT1994 定义的引入使得学科定位变了，学科定位由一般定位于“教育”变为一般定位于“技术”。他不同意“‘全部物化形态+全部智能形态’广义技术定义下的教育技术定位”，认为这会“走进普通教学论”，使得研究领域“泛化”。他仍然坚持"教育技术姓'教',不姓'技'"。这是因为:教育技术要解决的问题(研究对象)是教育中的问题;主要关注的不是现代技术本身,而是它在教育中的应用;所追求的不是教育的机械化,而是教育的最优化;作为学科是教育科学的一个分门;作为事业是教育事业;从事教育技术的人是教育工作者。随着教育技术学科建设的不断深入和理论体系的不断完善,他对学科定位的思考也在不断完善,认为以定位为"教育—技术"(双重定位)较好,双重定位能较好地体现学科的本质,认清自我;有助于形成自己的特色和优势;双重定位有助于培养复合型人才。

3. 逻辑起点问题

关于电化教育逻辑起点问题。20 世纪初,关于逻辑起点的讨论是教育技术领域的热点问题,出现了很多关于逻辑起点的观点。先生在 20 世纪 80 年代末、90 年代初就提出:"以现代教育媒体的研究和应用为核心是我国电化教育的最大特色",也是"建立整体电化教育理论体系的逻辑起点"。并以此为起点,构建由"七论"构成的中国电化教育的理论体系。"以现代教育媒体的研究和应用为核心",也可以表述为"基于现代教育媒体的教与学",这两种表述是同一个意思,是电化教育的逻辑起点。2009 年,在讨论信息化教育理论体系重构时,他认为新理论体系的逻辑起点应该是"现代信息技术环境下的学习、教学和教育",这其实与"基于现代教育媒体的教与学"逻辑起点的观点一脉相承,是这一观点在新时代的发展。先生关于逻辑起点的观点是我国出现最早、最具有典型意义的观点,对我国电化教育理论体系的构建产生了重要影响和作用。

4. 专业建设与人才培养

1981 年,先生提出设置电化教育专业,培训、培养电教人员。其后,他对电化教育专业的培养目标和主要课程进行了研究,对电化教育专业的特点等进行了分析。他将培养目标概括为“四种人”,认为我国的电化教育专业是多层次、多方向和多性质的。2005 年,先生回顾了我国教育技术学(电化教育)专业二十年的办学历程,针对教育技术学专业举办过程中出现的问题和面临的困境,确立了办教育技术学专业应遵循的指导思想、原则公式、培养目标和本科专业课程体系。

1981 年,先生就指出,“电教人员是发展电教事业的决定因素”,并对电教人员的构成和应具备的基本条件作了阐述。其后,他一直关注电教人员或队伍的问题,对其应具备的基本条件和素质进行了多次阐述。1997 年,他提出了“电教者”的概念,并对其进行了界定,对电教者的基本素质进行深入阐述,指出了电教者在思想品德、科学文化和身体方面应具备的素质,其后又对电教者的使命、应做好的事情进行了论述。进入 21 世纪,他又对信息化教育工作者的使命进行了阐述,指出在新世纪,信息化教育工作者的使命在于推进“14345”工程——明确一项任务(帮助他人学会数字化学习)、做好四件事情(硬件环境建设、软件资源开发、新型模式建立、基本理论研究)、采取三个途径(开设信息技术必修课、广泛开展信息技术与课程整合实验、办好教育技术专业和现代教育技术培训)、遵循四个公式、实现五个标准(全新的教育理念、丰厚的教育资源、先进的教育技术、探究的教育模式、规范的教育管理)。

(三)教材建设与教学改革

自 1983 年始,先生担任全国电化教育课程教材编审组组长,他十分重视普通电教课程(面向师范院校全体学生开设的电教课程)和专业电教课程(面向电教专业学生开设的课程)教材建设,组织制订了教材编写规划和电教丛书编写规划,并组织实施。针对当时教材建设的现状,他提出“以马克思主义为指导,采用‘三论’提供的科学方法，编写出水平高、适应教学需要、反映现代科学研究成果的，具有中国特色的电教课程的教材”，并提出教材建设要遵循“五性”（思想性、科学性、启发性、先进性、适用性）原则。南国农先生阐述了现代教材体系的概念，现代教材体系由两个部分构成：一是书本教材（又叫文字教材、印刷教材）系统，包括教科书、讲义、教学指导书、学习指导书、习题集、实验实习指南等；一是非书教材（又叫音像教材、视听教材、电教教材）系统，包括幻灯、投影、录音、电影、电视、唱盘、视盘、计算机课件等。他认为，两类教材都以教学大纲为依据，为实现同一教学目的服务。现代教材体系有两个明显的特点：一是成套化、系列化；二是多媒化。先生关于教材建设的思想，对于今天数字教育资源建设仍具有很强的指导意义和现实的启发意义。

（四）电化教育研究与实验

先生一贯非常重视电化教育实验，认为科学的电化教育实验不仅是检验和发展电教理论的必然手段，而且是推进电化教育“三深入”的必然途径。1981年，先生就提出“要提高电教工作质量，必须把电教科研搞上去”。“今后，一定要在电教实验上下点功夫，如此，我们的电教理论才不会是苍白无力的。”后来，他对电化教育研究的目的和方法、应遵循的原则进行了深刻论述。进入20世纪90年代，他在总结电化教育研究实践的基础上，对90年代我国电化教育科学研究的指导思想和原则、目标、课题和方法等进行了探讨，有力地促进了我国电化教育科学研究工作的开展和深入发展。同时，更加关注电化教育实验，对我国电化教育实验（现代教育技术实验）的发展、概念、理论基础、基本经验等进行了系统的总结和概括。他将现代教育技术（电化教育）实验中取得的基本经验总结为：成功的现代教育技术（电化教育）实验必须要有现代教育思想理论的指导，三种技术（教学设计、现代教育媒体、媒传教学法）的支持，明确的目标和恰当的选题，认真的评价,创新的精神。南国农先生倡导电教实验研究的深入开展促进了全国电教实验的蓬勃发展,出现了全国性的电教实验热潮。由此,我们深深感到,先生一贯注重电教实验的地位与作用,其目的在于通过科学实验的途径,开辟一条电化教育创新之路。

南国农先生的理论建树是多方面的,对信息化教育(电化教育)基本理论、学科与专业建设、教材建设与教学改革、电化教育研究与实验等均有独到的见解和精辟的论述。以上仅是对南国农先生信息化教育(电化教育)学术思想的简要述论,也仅是本人对先生学术思想精髓的粗浅理解,无法概括他学术思想的全部。

## 三

南国农先生一生躬耕于信息化教育(电化教育)领域,建树深广、思想深邃。总结起来讲,建设中国特色信息化教育(电化教育)理论体系是其学术思想的精髓和灵魂,立足实际,不断创新是其学术思想的突出特点。

先生辛勤工作半个多世纪,将建设中国特色信息化教育(电化教育)理论体系作为其毕生的学术追求。他一贯反对照搬国外经验,主张根据我国国情,“走自己的道路,逐步建立有中国特色的电化教育,这是我国办电化教育应树立的基本指导思想。”在1985年出版的《电化教育学》的前言中,他写到:“为建立具有中国特色的电化教育学迈出第一步。”20世纪80年代末,他就指出,中国电化教育要“适应着我国国情,走自己的发展道路,即以现代教育媒体为核心的发展道路”,“以现代教育媒体的研究和应用为核心,是我国电化教育的最大特色,是我国的电化教育与外国视听教育或教育技术等的最大区别之处”,“我国的电化教育,走以现代教育媒体为核心的发展道路,……这是由我国国情决定的”。提出“以建立既具有中国特色,又有时代精神的电化教育学为目标,走适合中国国情的自我发展道路”。2006年左右,他在以前的基础上提出了“中国道路”的理论追求。他认为:中国道路是一条摆脱依附、自主创新之路。它是在不断总结电教理论研究和实践经验的基础上修建起来的。中国道路的原名是“电化教育”,现名是“信息化教育”。信息化教育也就是电化教育,是电化教育发展的新阶段,也就是信息时代的电化教育。他赞成采用“信息化教育”这个名称,用“信息化教育”来代表(不是取代)“电化教育”。采用这个名称,既可保持中国的特色,又可凸显时代的特征。他指出,中国道路的实质是:以科学发展观为指导,实现现代教育思想理论与现代信息技术的融合。他指出中国道路的两个特征是“立足本国实际,追踪现实问题;既要借鉴,更要超越”。前者就是“要从本国国情出发,着重研究本国实际,总结本国经验,解决本国问题”。后者就是“要学习、借鉴他国的优良经验,积极吸收人类的一切先进文明成果,‘他山之石,可以攻玉’,对于外国的一切好的东西,可以采取拿来主义,把它‘拿来’,但是,不能止于‘拿来’,而应在‘拿来’的基础上有所创新,使它变成‘拿去’,既要借鉴,更要超越”。2010年,他又提出“建构一个适合中国文化土壤、符合中国实际需要,具有中国特色的新理论体系”。由此可见,在30多年的理论研究和实践探索中,先生一直坚持构建中国特色信息化教育(电化教育)理论体系的理论追求,一直坚持走“中国道路”。2016年5月,习近平在哲学社会科学座谈会上的讲话中提出:“要按照立足中国、借鉴国外,挖掘历史、把握当代,关怀人类、面向未来的思路,着力构建中国特色哲学社会科学,在指导思想、学科体系、学术体系、话语体系等方面充分体现中国特色、中国风格、中国气派。”先生毕生的执着坚持和学术追求正是习近平这一思想的生动写照和有力诠释,也反映了老一辈电教工作者严谨的科学态度和对中华民族的热爱。

先生学术思想的突出特点是立足实际，不断创新。先生一贯倡导“从本国国情出发，着重研究本国实际，总结本国经验，解决本国问题”。立足实际，一是要立足本国实际，解决本国问题。先生一生的研究都是站在中国大地进行的研究，都是在研究解决中国信息化教育（电化教育）发展中出现的实际问题。二是体现在从实际出发，理论联系实际。先生的研究都是从实际出发的，没有“空对空”的理论，都是在总结来自基层的实际经验和解决实际问题中进行的理论阐发，这一点从先生文章的题目就可以看出。不断创新，体现在他善于学习新事物、研究新问题。他一直将创新作为研究的方法论和追求的目标，他强调“电教研究是一项开创性工作，是在向未来开战，在研究中要有新发现、新发明、新突破”。他认为，“注意处理好继承与创新的关系。在学习和研究中，可以采取拿来主义，但不能止于‘拿来’，要在‘拿来’的基础上，有所创新，使之变成‘拿去’。”“教育技术学科建设的发展，只有通过创新、超越，才能实现。”“要借鉴，更要超越。”这些理念，他一生都在躬行。他立足中国实际，总结中国经验，解决中国问题，不断追求创新，提出了很多具有时代价值的创见，如关于电化教育的定义、“七论”构成的理论体系、逻辑起点、“三件”建设等观点，无不对中国信息化教育（电化教育）的发展产生重要而深远的影响。构建中国特色信息化教育（电化教育）理论体系和立足实际、不断创新是相辅相成的，要建立自己的理论体系离不开创新，没有创新就会照搬国外经验和理论。

建设中国特色的信息化教育（电化教育）理论体系和立足实际、不断创新是相辅相成的，前者是目标，是追求，是灵魂，后者是方法，是路径，是特点。要建立自己的理论不能脱离实际，离不开创新，脱离实际，没有创新就会照搬国外经验和理论。

先生虽已远去，但其学术思想的智慧光芒依然熠熠生辉，照耀我们在教育信息化2.0时代大展宏图、创造伟业，建立中国特色信息化教育理论体系，建立中国的信息化教育学，为构建中国特色哲学社会科学奉献智慧和理论。

## 四

文存只编选了南国农先生众多文章的一部分，在文章的编选上，难免存在挂一漏万，在思想的述论上，难免存在粗浅疏漏，这个编选前言也只是给读者阅读先生文章、研究先生思想提供一些简单的指引。文章编选和思想述论如有不当，我虚心接受意见和批评，期待读者和专家不吝赐教。

需要说明的几个问题：(1)在文存编选时，将收录文章分为信息化教育（电化教育）基本理论、学科与专业建设、教材建设与教学改革、研究与实验和其他几类，主要是参考先生的两本论文集《教育现代化的必由之路——南国农电化教育论文集》（高等教育出版社，2000年）、《教育技术学科建设：中国道路》（北京师范大学出版社，2010年）的分类，以本人粗浅的理解所做的一个简单分类，如有不当，敬请指正。(2)文存收录的文章，在编选时做了一些删减和修改。一是将原文的参考文献，处理为注释，无法处理为注释的做了删减；二是部分文章的图表，根据需要进行了适当修改或处理为文字表述；三是根据新的规范对文字表述、标点符号等进行了适当处理。

文存的编选得到了甘肃省社会科学院副院长马廷旭研究员和赵敏老师的大力支持，在此表示诚挚感谢。在文存编选过程中，经常与西北师范大学杨改学教授、郭绍青教授等进行讨论，他们对文存的编选提出很多富有建设性的意见和建议，也提供了很多方便，在此一并致谢。

俞树煜

2019年1月

# 信息化教育
# (电化教育)基本理论

# 论电化教育的特点和要求

电化教育是教育科学的一个分门，是研究利用现代科学技术以提高教育质量的一门学科。教育所利用的现代技术主要有:幻灯、电影、录音、广播、电视、录像、语言实验室、程序教学机、电子计算机等。电化教育所研究的,就是在教学、教育中,如何利用这些现代技术,采用最优的方法,取得最优的效果。

要办好电化教育,一定要了解它的特点和要求。电化教育有什么特点呢?

电化教育的一个显著特点,是综合性和跨学科性。

电化教育是多种学科的综合。它是由物理学、化学、教育学、心理学、艺术等互相渗透而发展起来的一门学科,是一门跨学科。它涉及的知识领域很广,有自然科学的、社会科学的、技术的、艺术的,等等。它是科学技术、教育心理与文学艺术的结晶品。

依靠单一学科的知识,办不好电化教育。要办好电化教育,必须综合应用多种学科的知识和技能。例如,要搞好幻灯教学,一要懂得幻灯机,懂得它的结构、工作原理、使用和维护等,这就需要有光学、电学、机械工艺学等的基础知识;二要懂得幻灯片,懂得它的制作与使用,这就需要有绘画、摄影、洗印等的知识和技术;三要懂得幻灯在教学、教育中的运用,这就需要有教育学、心理学等的基础知识。不掌握这几方面的知识和技能,要搞好幻灯教学,就很难。

所以,一个电教工作者,他的学识应是跨学科的,多方面的。要成为电教专家,首先应是杂家。

要培养合格的电教人才,光靠物理系,不行;光靠教育系,也不行;需要有一个电化教育专业,有一个电化教育系。

电化教育又是多种技术和艺术的综合。譬如,教学电影,在表现形式上,它包括了文学、绘画、戏剧、音乐、舞蹈等各种艺术;在制作和放映过程中,它运用了摄影、录音、洗印、放映等各种技术。它是多种艺术和技术的综合。

电化教育的另一个特点,是机械化和形声化。

传统教育,教师上课,只要有粉笔、黑板就行;电化教育,教师上课,除此之外,还得有机器。不是整节课都用机器,但一定要有机器,否则上不成电化教育课。在现代教育中,除了要有一支“常规”的教师队伍外,还要有一支“机械化”教师队伍,不然的话,要使学生攻克越来越多、越复杂的知识堡垒,攀登科学高峰,是很难办到的。

电化教育使用的机器设备,大致可分两类:一类是轻设备,有幻灯机、投影器、录音机、电影机等;一类是重设备,有语言实验室、录像电视系统、电子计算机辅助教学系统等。这两类设备,各有各的用途,如果运用得好,都可以在教学、教育中发挥良好作用。有人认为,只有使用录像电视、电子计算机辅助教学,才算电化教育。这种看法是片面的,不能轻视轻设备。幻灯虽然已有百年的历史,但它仍有着旺盛的生命力。当今世界各国,即使是电化教育最发达的国家,幻灯在学校里仍然是一种配备最广、使用最经常的教学手段。录音机对语言教学更有着特殊作用。就我国目前情况来说,开展电化教育更要重视使用轻设备。我们搞电化教育,应该从幻灯搞起,先搞幻灯,其次录音、电影,再搞其他。一般应先轻后重,有条件的学校,可轻重结合。不这样,我国的电化教育是开展不起来的。

电化教育不同于传统教育的地方还在于,传统教育主要是用文字和符号表现教学、教育内容。它把要讲的东西抽象化,学生学习、掌握它,要有一定的具体经验作基础,要经过一番思想上的传译功夫。没有一定的具体经验作基础,要学习、掌握文字教材是很困难的。一个住在深山里的人,如果没有出过远门,没见过海的图片,他是不会知道"汪洋大海"这个词的真正涵义的。学习、掌握文字教材,需要经过思想上的传译功夫。通过文字教材学习"汪洋大海"这个词,即使你有关于"海"的经验,也要用回忆唤起关于"海"的表象,依靠表象的传译作用才能掌握它。

电化教育主要是用图像和声音表现教学、教育内容。它把要讲的东西形象化,使之接近事物本身,学生学习、掌握它,不需要经过传译;它把学习对象的形、声直接诉诸学生的感官,使学生能眼见其形、耳闻其声。因此,它能使学生的学习,比单纯通过文字符号的学习,要迅速而有效。据天津市教育教学研究室调查统计,传授新知识课采用幻灯教学,可以节省 1/4~1/3 课时,而在复习课中,可以节省 2~3 倍的课时。

电化教育的第三个特点,是可再现性和广泛的适应性。

通过各种电教手段,可使教学内容中涉及的事物、现象、过程,全部再现于课堂。从太空到海底,从远古到现代,从自然到社会,从异国到本土,所有事事物物,都可以通过现代化教育手段表现出来,让学生亲眼目睹,并有如身历其境。这是传统教育手段所难办到的。

各种电化教育手段,具有极丰富的表现力。它能根据教学的需要,将所讲对象化小为大,化远为近,化快为慢,化抽象为具体,使看不见或看不清的东西,变为看得见和看得清,难懂的东西变成易懂,它善于用鲜明生动的形式,表现科学、技术的成就,启发学生研究科学的兴趣和认识自然与改造自然的愿望。它能具体而明白地显示和阐明认识过程本身,可以不仅仅把现成的科学结论告诉学生,而且引导他们自己去得出这种结论，使他们也去经历一次学者的思想所经历过的那条道路，从而增进他们的想象力和创造力。

电化教育具有广泛的适应性。各级各类学校都可以实施电化教育。目前，我国不少地区的中、小学，普遍开展了幻灯教学。山西省侯马市有中、小学 82 所，其中 63 所开展了幻灯教学，占总校数的 76%。教学闭路电视和语言实验室已在部分高等院校使用。广播大学、电视大学，已成为业余高等教育的一种重要形式。

学校的所有学科都可以采用电化教学。有人说，电化教学只适用于数、理、化、生和外语，其他学科不适用。这个说法不对。电化教学适用于各种学科。正如鲁迅先生所说的，用电影来教学生，“不但生物学，就是历史地理，也可以这样办。”其他学科，也都可以这样办，都可以采用电化教学。如语文，进行词汇教学，对平原地区的学生讲“悬崖峭壁”，教师讲了半天，学生还是难懂。打一两张幻灯片，这是悬崖，那是峭壁，学生就可一清二楚。语文教学常要朗诵，朗诵时要讲究声调、音色，抑扬顿挫，还要有表情。对于这些，利用录音、录像，可以给教师有力的帮助。此外，在介绍作者生平和时代背景时，如能配合放映作家传记或其他有关影片，学生所得印象，一定要比光听讲解深刻得多。可见，电化教学也是适用于语文学科的。

电化教育不仅适用于集体教学，也适用于个别教学。一部电影片或幻灯片，一盒录像带或录音带，可以像一位教师，对学生进行一对一的教学。这为解决学生之间的程度不齐、能力差异，实现因材施教，开辟了一条很好的途径。今后，随着程序教学机和教学用电子计算机在学校中的应用，将会给个别化教学带来更多的便利。

电化教育不仅适用于传授知识，也适用于思想政治教育。利用各种电教工具，对学生进行思想政治教育，能更快、更好地形成学生良好的思想和道德观念，促进学生优良行为习惯的养成，并有助于学生道德情感和意志的培养。幻灯、电影、电视用鲜明生动的形象,把真理体现出来,这比教师用一般原理的形式表达出来的说教,更能影响、教育学生。

上面所说的,是电化教育的几个基本特点。开展电化教育,一定要考虑它的这些特点。此外,还要注意下述几点要求。

(一)电化教育,要以教育为主

办电化教育,要注意教育的要素。不能"电化教育里无教育"。例如,办电教专业,只考虑技术课程,不考虑教育课程;配电教人员,以为只要有技术就行;购买、制作、使用电教器材和资料,不想到教学、教育上的需要,等等。这样做,是不行的。这是忘记了电化教育是一门边缘学科,忘记了它的一个明显特点——综合性和跨学科性;忘记了学校办电化教育的唯一目的在于提高教学、教育质量。而真正忘记了这一些,那是决然办不好电化教育的。要办好电化教育,一定要注重教育的因素,使电化教育的每项工作,都要有助于教学和教育任务的实现。在电化教育中,"教育"(教师、教法)比"电化"(设备、技术)更为重要。

(二)电化教育,要在软件上下功夫

电化教育的工具包括两个方面:硬件与软件。硬件是指各种电教器材,如幻灯机、录音机、电影机、电视机、程序教学机、电子计算机等;软件是指各种电教教材(或资料),如幻灯片、录音带、录像带、程序教学片等。进行电化教育,既要有硬件,也要有软件,缺一不可。但是,目前办电化教育,要更多的注意软件。为什么?因为,第一,在办电教初期,软件易被忽视,往往是心中只有"机",没有"片"。第二,硬件比软件较易得到。许多学校都已配备了一些电教器材,没有配备的,或自制,或借用,或购买,也不难得到。现在难的是缺乏软件,有枪无弹,电教工作不能广泛开展。第三,硬件比软件需要量少。一台电影机，可用于各科教学；一部电影片则不能。

“我们要更多地注意软件！”国外许多人也正在发出这种呼声。他们把电化教育的兴起，看作教育上的第四次革命，现在，发现“这种革命似乎正在畏缩不前”，究其原因，就在于软件的缺少。因此，建议在未来十年内预备用于教学技术的经费和精力，应该集中用来编写、制作出色的教学程序和教材（软件）。

我国今后发展电化教育，也要在软件上多下功夫。一要抓制作。去年（指 1979 年，编者注），中央电教馆组织部分省市，根据全国通用教材，编制了一套中小学各科教学幻灯片，对推动中小学电教起了很好的作用。有些省市电教馆和学校，也根据教学需要，制作了一些教学幻灯片、投影片。有些高等院校，还摄制了一些教学影片和录像带。但所有这些，还远未能满足发展电教的需要。必须大力发展软件制作。除发动学校教师和电教工作者制作外，更希望中央教育电影制片厂、幻灯制片厂等专业机构，能多出产品，出优质产品。在学校制作软件，要求任课教师、电教技术人员（包括美工）、教学法专家通力协作，才能保证质量。

二要抓交流。举办教学幻灯片会演，这是一种好形式。还可举办教学影片和录像会演，从中择优复制推广。此外，需要编印《电教资料目录》，以通情报。这项工作，可由中央电教馆或全国电教研究会或分科电教研究会去做。

三要抓发行。可否成立“电教资料发行公司”，统一发行工作。

（三）制作软件，要注意三方面的要求

1. 教育上的要求。就是要求制作的软件，要具有高度的思想性、科学性和教育性。软件中的图像和声音，要正确反映科学基础知识和现代科学技术；要有教育意义，有助于学生共产主义思想品德的培养。每个画面、镜头，都要体现教学要求，有助于解决教材的重点、难点问题。制作时使用的材料和表现形式,要适合学生的接受能力和水平。

2. 技术上的要求。制作软件的技术,包括摄影、绘画、录音、录像、播放、修理等。技术上的要求,就是要求制作人员熟练掌握有关技术,如摄像人员要对用光、取景、景别(全景、中景、远景、近最、特写)的转换,镜头的运用——推、拉、摇、跟、移,镜头的组接——淡入、淡出、切换、迭化等,用得恰到好处。要求制作的软件达到“二清”:图像清晰,声音清楚。

3. 艺术上的要求。软件——电教教材或资料,既是科学、技术的综合,也是艺术的综合。它本身有声、有色、有语言、有文学、有诗歌、有绘画、有戏剧、有音乐,它所涉及的艺术部门、范围至为广泛。因此,制作软件,必须注意艺术上的要求,离开艺术,就要失去感染力。

艺术上的要求,就是要求制作的软件能引起学生美好的感受,情感的共鸣。要求在画面构图上,要简单明了,主体与陪衬很是鲜明,使看的人注意集中,不为背景所分散;在光线与色彩上,要明暗适度,调配适当,使观者感到舒适;在音乐和语言上,要避免噪音,音乐要和景物与动作相配合,语言要抑扬有致,使听者愉快,从而收到教育效果。

在制作软件时,要同时注意上述三方面的要求,不要有所偏废。

(四)在电化教学中,要注意多种媒体的综合运用

什么是媒体?媒体是传输信息的媒介,是用以进行教学的一切工具和材料,或称教学手段。传统教育媒体,包括教师的口头语言、书本、挂图、标本、粉笔与黑板等。电化教育媒体,包括视觉媒体,如幻灯、无声电影;听觉媒体,如电唱机、录音机;视听结合媒体,如电影、电视等。

多种媒体的综合运用,是指:(1)各种电教媒体在教学中的综合运用。如一堂课,可以根据教学目的、教材性质、学生特点、综合运用

幻灯、录音、电影几种媒体,以求得到最优的教学效果。(2)电教媒体与传统教育媒体的综合运用。

为什么要注意多种媒体的综合运用?

第一,各种媒体都有其特点和特殊功能。例如,幻灯,一般适合于传“形”,传输静止的画面,它显示的画面,停留时间可长可短;电影、电视,既可传“形”,又可传“声”,适合于传输运动、变化着的东西,但显示的画面一晃而过。两者各有长处和短处,不能片面强调或夸大某一种媒体的作用,而轻视、贬低另一种媒体。在教学中,使用多种媒体,可使各媒体适应不同的教学需要,发挥应有作用。

第二,在教学中,多种媒体的综合运用,可使学生的多种感觉器官积极参与活动,从而提高学习效果。据国外研究资料:人们从听觉得来的知识,能够记忆15%;从视觉得来的知识,能够记忆25%;如果视听结合起来,就能记忆65%。

第三,在教学中,电教媒体与传统教育媒体,两者是互相补充,非互相排斥的。各种电教媒体的使用,都要遵循直观与言辞结合的原则。例如,电影教学,需要教师语言的引导,使学生明确观察的目的和重点,把注意力集中在主要事物和情节上;需要通过教师的伴随解说、提问或小结,使学生的知识从感性上升到理性,并将其所学知识纳入已有的知识系统。在电化教学中,要善于将电教媒体与传统教育媒体结合运用,才能得到成功。

(五)在电化教学中,教师要起主导作用

有人说,开展电化教学,必然要削弱教师的作用。用各种教学机器上课,有了电子教师,现在的教师就可以不要了。

这是误解。

电化教学的机器,只是一种教学工具,工具靠人使用,教学工具靠教师使用,没有教师,教学机器只是一堆废物。就是最现代化的教学电子计算机,如果教师不给它写出高质量的教学程序,不提示在什么样的教学阶段传输什么样的信息,那也是没有效果的。电化教学能否显示其威力，归根到底是由教师的教学能力来决定的。最好的影片,如果教师不善应用,也未必能把事物解释得很好。

开展电化教学,可以节约教师,不能取消教师,也不会削弱教师在教学中的作用。不但不会削弱,而且会加强。因为,好的教师要有好的工具,才能在教学中发挥好的作用。电化教学正是给教师提供了一些有效的工具,帮助教师取得成功的教学。

搞好电化教学,一定要发挥教师的主导作用。在电化教学中,教师的主导作用一般表现在：根据教学目的、教材内容和学生年龄特点,选择电教器材;选择或编制电教资料;恰当安排电化教学过程;正确操作和使用电教器材和资料;充分地调动学生的学习积极性。

（原载于《电化教育研究》1980 年第 1 期）

# 谈谈电化教育的几个理论和实际问题

## 一、名词、定义问题

电化教育这个名词，是20世纪30年代我国开始使用的，意思是指利用电影、广播、幻灯等工具来施行教育。中华人民共和国成立后，我们沿用了这个名词一直到现在。

近几年来，报刊上出现了一些与此有关的新名词，如现代化教学手段、教育技术以及视听教育、电化教学等。这些名词与电化教育有无区别，有什么关系？对于这个问题，有两种不同的看法。

第一种看法认为，它们之间没有区别，好像医生与大夫、电动机与马达，是不同名词表达了同一概念。

第二种看法认为，它们之间有区别。把它作为同义语来使用，不够合适。

现代化教学手段、教育技术和电化教育并不是一回事。前者主要是指各种现代化的教育媒体，包括硬件和软件，是物的概念；后者是过程的概念，它所指的主要是运用电教媒体进行教学、教育的全过程。不能把两者等同起来。

视听教育和电化教育也不是一回事。在国外，视听教育的内容和范围很是广泛，凡是运用照片、图表、模型、标本、仪器、唱片、录音、广播、幻灯、电影、电视等视听工具进行教学、教育活动，以及直接由视听获得知识的教学、教育活动，如参观、旅行、表演、展览、实验、实习等,都属视听教育的内容与范围。电化教育的内容与范围没有这么广泛。

电化教学和电化教育也不完全是一回事。电化教育是一个比较广泛的概念。在学校教育和社会教育中,运用电教工具进行教学、教育活动,都属电化教育。单纯用于教学活动,就叫电化教学。

对于上述两种看法,我们赞成第二种,即有区别的那一种。

目前,对于“电教”这个事,使用名词很多,使人颇有混乱之感。有人提出应统一使用名词,颇为有理。那么,应该用哪个名词来统一?我们认为,暂时还是用“电化教育”。理由是,这个名词虽不理想,其他几个名词也不理想,而“电化教育”这个名词,涵义比较明确,在我国已经用了将近半个世纪,大家比较熟悉了,暂时还用它,等将来有机会审定学术名词时,再去讨论确定。

关于定义问题,近几年来,书刊上对电化教育所下定义,多种多样,举例如下。

例一,《辞海》上的定义:“电化教育是通过广播、电视、电影或幻灯的放映,向人民群众进行教育。”

例二,某教育杂志上的定义:“把电影、电视、录像、录音、幻灯、广播、语言实验室等现代化的视听工具,应用于教学过程,叫做电化教育。”

例三,某科技杂志上的定义:“电化教育在国外又称作视听教育,一般是指使用幻灯、投影、电影、录音、电视、录像和语言实验室等技术和设备,进行教学活动。”

我们也曾给电化教育下过定义:“运用电教工具,进行教学、教育,就是电化教育。”

概念的定义,是在揭露事物的本质。上述几种定义,是否揭示了电化教育的本质呢?今天看来,还是值得研究的。

电化教育的本质是什么呢？它是属于现代教育范畴的一种新的教育方式。它体现了现代的教育思想、内容、方法和组织形式。它是运用电教媒体并与传统媒体恰当结合，使用先进的教育方法，控制教育过程的各种信息并加以正确利用，以取得最优的教育效果。

定义不是一成不变的，是可以变化的。因为，客观事物在不断发展变化，人们的认识永远不会停留在一个水平上。例如，在古代，对“人”这个概念所下的定义是：“人是会思维和两足直立的动物。”而在今天，人们认为，人的本质是能够制造和使用生产工具的动物。显然，“人”这个概念的定义，随着人们认识的深入而发生了变化。但是，在同一时期内，对同一概念有多种不同的定义，这不利于人们对它的正确认识和实践。我们希望能在深入开展电教科研的基础上，对电化教育这个概念产生一个大家公认的、较有权威的定义。

## 二、对象问题

电化教育的研究对象是什么？有人把欧美各国的程序学习、发现学习、小队教学、不分级制以及学校建筑、教室结构、黑板、课桌椅、实验仪器等等，统统归入电教研究范围。把构成教育过程的诸因素：教师本身及其活动、学生本身及其活动、教材、教法、教具、教室，等等，都属电教研究对象。这是不是把电教研究领域扩大化了？这样一来，电教研究对象和普通教育学的研究对象的区别在哪里？电教失去了它的特定的研究对象，也就不能成为一门独立的学科了。这种看法是有问题的。

也有人以为，电化教育的研究对象就只是（或主要是）卫星电视和电子计算机。这种看法，显然也是有问题的。

我们认为，电化教育的研究对象和范围主要包括以下六个方面：

1. 电化教育的一般理论。包括电化教育的概念、性质、任务、特点、作用、发展史,等等。

2. 电教媒体及其使用技术。包括各种电教媒体的基本原理、特点、功能,使用方法,等等。

3. 电化教学、教育过程的规律。

4. 电化教材、资料的编制与使用。

5. 电化教育和教学改革与教学过程最优化。

6. 电教行政与管理。包括电教的组织机构和人员,电教建筑、设备及资料的管理,等等。

## 三、作用问题

电化教育的作用如何?它在培养人才方面,在教学、教育中,到底起着什么样的作用?对于这个问题,人们看法不一。

看法不一,不足为奇。任何时代,凡是看到巨大的发明、新技术的产生、新生事物的出现,总会在人们之间引起一阵对立的,有时是强烈的反应:有的热情欢迎,有的冷言冷语,有的表示敌视。这方面的例子很多,对电视的出现的看法,就是一个比较典型的例子。有人说,电视技术的问世,是20世纪的一项伟大成就,它使人们增长了智慧,给人们生活带来了便利,因而,把它看成“天使”。而另有一些人,则把它看成“魔鬼”,他们说:“世界上没有一项发明,比电视更浪费人们的时间,更有害人们的生活和意识。”

对电视的看法,不等于对电化教育的看法,电视只是电化教育使用的一种手段。那么,对电化教育的看法又是怎样呢?也是有的赞成,有的漠视,有的反对。赞成者说,电化教育的出现,是教育上的一次革命,它使教育摆脱了“手工业方式”的束缚,走向现代化的道路。反对者说,电化教育分割了学习,限制了师生的感情交融,使人情与技术之间的矛盾日益突出,在教育上没有起积极的作用。漠视者则不闻不问，听之任之。

我们的看法怎样呢？我们不是电化教育的盲目信奉者，不认为它是万应灵丹，能治教学、教育上的百病。但是，它对提高人们的科学文化水平、对提高教学质量、发展教育事业是可以起积极作用的。

电化教育在教学、教育中的作用，概括起来，有以下几点：(1)它易于激发学生的学习兴趣和内部动机，为学生学习提供有利条件；(2)它能使学生对所学教材得到充分的感知；(3)它能使学生对所学教材易于理解，便于记忆；(4)它有助于学生的技能训练和智力发展；(5)它能更好地适应学生的个别差异，实现因材施教；(6)它能促进学生共产主义思想品德的形成；(7)它能加快教育事业的发展。总之，电化教育在提高教育质量，发展教育数量，为"四化"建设多快好省地培养人才方面，是可以发挥积极作用的。对此，我们电教工作者必须要有足够的认识，才能坚定信心，克服困难，不断前进。

## 四、电教课的标志问题

电教要在教学、教育中起作用，一定要深入学科，深入课堂。看一个学校电教工作开展得怎样，标志之一是上电教课的数量和质量，上了多少电教课，上得好不好。以我们西北师范大学来说，1980 年，学校 13 个系，教学总数近 5000 学时，电教课 432 学时(外语系、化学系在自己电化教室上的课未计入)，占教学总数不到 10%，数量是少的；质量也不够理想，有的课只能说是具有电教因素，离真正的电教课还有一段距离。举几个例子来说明。

例一，有一堂化学投影幻灯课，上课时，教师宣布课题，然后打出一张投影片，上面写着提纲和定义，写得满满的，教师照着从头到尾念了一遍；学生紧张地逐字逐句地抄着；抄完，再打一张，如此打过三四张，下课铃响，上课结束。这样的课，算不算电教课？

例二,有一堂数学录像电视课,50 分钟里,教师在电视屏幕里讲着、板书着;学生在电视旁听着、抄着。看不出这堂课同传统上课有什么差别,只不过是通过录像把传统课堂搬上了电视屏幕。这样的上课,算不算电教课?

例三,有一堂语文电影课,讲鲁迅作品,看了两部片子:《祝福》和《中美篮球赛》,共 170 分钟;映前无提示,映后无小结,讲的这种课题,映那种材料。这样的上课,算不算电教课?

上述三种上课,都不能算是真正的(或合格的)电教课,至多只能说是带有电教因素的课。说带有电教因素,是由于有电教媒体参与了教学过程。

怎样才算是合格的、好的电教课呢?好的电教课不是老的传统教法加新的电教手段,而是围绕着电教媒体的正确运用,把参与教学过程的各种因素最佳地组合起来,以最大限度地提高教学效果,实现教学的最优化,使学生学到的东西更多些,学得快些、好些。

## 五、下一步如何走的问题

我国办电教,开始于 20 世纪 30 年代,到现在已有 40 年的历史。但是,解放前,由于政治、经济、科技等原因,进展缓慢。粉碎"四人帮"后,我国的电教获得了新生,进入了一个旺盛的健康发展时期。1978 年以来,我们前进的步子是大的,取得的成绩也是大的。三年来,我们制订了明确的电教方针;建立了各级电教机构;组成了一支电教专业队伍;购置了基本的电教设备;制作了一批教学软件;积累了一定的电教经验。当然,也不是没有困难和苦恼。

我们胜利地走了第一步,下一步该如何走?应该主要抓什么?

我认为,下一步应该着重抓三件事:

第一件,教学软件的制作与交流。

目前,进一步开展电化教育,最大的问题是什么?是软件不足。软件不足,这也是世界性的问题。美国仅16mm教学影片就有30万部,但是,他们也在大声疾呼:“我们要更多地注意软件!”我们今后进一步开展电化教育,也要在软件上多下功夫,解决“三片二带”问题。

要解决这个问题,首先要抓制作。制作教学软件时,有四点值得注意。

1. 依靠两种人:各种任课教师;电教专业人员。

2. 做好四件事:选题;选媒体;写稿本;制作。

3. 考虑三句话:先基础课,后专业课,有力量也可齐头并进;单干不如协作;一片一题,最后成龙配套。

4. 注意四要求:教育性;科学性;技术性;艺术性。

其次要抓交流。可以举办分科的或综合的教学片、带会演,从中择优复制推广;要编印《电教资料目录》,以通情报;成立电教资料发行机构,统一发行工作。

第二件,电教人员的培训。

电教人员是发展电教事业的决定因素。没有一支足够数量的优良的电教队伍,要发展电教事业是不可能的,而这支队伍不会自发产生,要靠培训。

电教人员,主要包括这样四部分人员:技术人员、管理人员、教学人员、科研人员。

电化教育,从字义讲,就是用电化工具进行教育活动。从事电教的人,必须在懂得电化工具之外,还要懂得教育。只懂得电化工具而不懂教育,或相反,都不是理想的电教人员,这样的人,也做不好电教工作。我们的电教人员,应该是电教工作的多面手,一专多能的人。他们应具备以下几个基本条件:(1)懂得电化教育的一般理论;(2)懂得常用的电教工具的使用技术;(3)懂得运用各种电教工具进行教学、教育的方法;(4)热爱电教工作。目前,我们电教队伍中,并不是所有的人都具备这些条件。

关于电教人员的培训,可以采取多种形式,如举行电教短训班,在高等院校开设电教课,设置电教专业等。几年来,我们各级电教机构在这方面做了不少工作,今后还应做得更多些,要注意总结经验。

第三件,电教科研和实验。

要提高电教工作质量,必须把电教科研搞上去。电教科研,课题广泛,有理论的、技术的、方法的、管理的,等等。在这方面,我们做的还很不够。从现在起,应好好抓一下这个工作。若能集众人之力,在较短的时间内,编出一本我国自己的《电化教育学》,那就好了。

关于电教实验,我们做得更少。因此,当我们说电化教育比传统教育如何如何优越时,往往拿不出足够的数据、有力的证明。今后,一定要在电教实验上下点工夫,如此,我们的电教理论才不会是苍白无力的。

(原载于《电化教育研究》1981 年第 2 期)

# 发展我国电化教育要解决的几个问题

我国的电化教育，萌芽于20世纪30年代，经历了几十年的蹉跎岁月，到70年代末才显露头角，得到较大的发展。80年代是改革和发展的年代，我国电化教育必将乘着党的"十二大"的东风，在"四化"建设的路上迅跑。

我国电化教育，前程似锦，但前进的道路并不平坦，有不少困难需要克服，有不少问题尚待解决。

## 明确指导思想

发展我国电化教育，首先要解决的一个问题，是进一步明确办电教的指导思想。我国的电教向何处去？我们要办什么样的电教？如何办？对于这些问题，我们过去并不是很明确的，或者说，看法并不是一致的。比如，这两年讨论电化教育的名称、定义、对象问题，有的同志主张，把"电化教育"改名"教育技术""教育传播"或"教育媒介"，理由之一：便于国际交流，外国是那么叫的。我不同意这个意见。我不是主张搞"国粹主义"，外国的电教经验有许多是值得我们学习和借鉴的，但不一定要照搬别国的名称和模式，我们的电化教育，应该有中国自己的特色和语言。

什么是我国办电教的指导思想呢？邓小平同志在党的十二大开幕词中指出："我们的现代化建设，必须从中国的实际出发。无论是革命还是建设，都要注意学习和借鉴外国经验。但是，照抄照搬别国经验、别国模式,从来不能得到成功。""把马克思主义的普遍真理同我国的具体实际结合起来,走自己的道路,建设有中国特色的社会主义。"这就是我国进行社会主义"四化"建设的基本指导思想,也是发展我国电化教育的基本指导思想。用一句话来说,我国办电教的基本指导思想:走自己的道路,逐步建立有中国特色的电化教育。

要建立有中国特色的电化教育,我们的电教工作必须从我国的国情出发,贯彻因地制宜、勤俭节约、积极实践、大力推行的方针。

我国幅员广阔、人口众多,各地经济发展很不平衡,对电教的需要与实施电教的条件多有不同,因此,办电教不能搞"一刀切",要因地制宜。

目前,我国经济力量还比较薄弱,教育投资少,用于电教的经费更少,必须发扬自力更生,勤俭办电教的精神,鼓励广大师生自己动手,制作一些电教资料和设备,以适应教育发展的需要。

发展电教,必须积极从事电教实践。积极实践,才能积累经验,找出规律;才能显示电教的优越性,使人们信服,都来参与电教活动。

当前,办电教,要有紧迫感,要量力,但先要尽力。到20世纪末,还有不到二十年,光阴似箭,日月如梭,一定要抓紧实施,大力推行。否则,将落后于教育发展的步伐,赶不上四化建设的进程。

### 搞好四项建设

(一)队伍建设

电教队伍有两支部队,第一支部队由电教专业人员组成;第二支部队由具有电教能力的各科教师组成。

电教队伍建设的主要问题有两个:一是扩大,二是提高。

电教专业人员现在约有三万人,我国有十亿人口,这支部队显然太小;在广大教师中,具有电教能力的为数不多。两支部队都要扩大。

两支部队也都要提高。电教队伍当前存在的问题是,人员结构不够合理,人员素质不够理想;教师队伍的问题是,一般进行电教的能力不很高。

如何扩大?要做好两方面的工作。

1. 解决一些实际问题。如各级电教机构人员编制问题,电教专业人员的职称和待遇问题,等等。这些问题不解决,电教队伍不仅不能扩大,原有队伍也难保持稳定。

2. 不断增强电教吸引力。电教事业是一种新兴事业,充满了青春活力。电教人员一定要朝气蓬勃地努力工作,做出成绩,使人们看到电教的优势,和它在提高教学、教育效率,培养四化建设人材中的作用。这样,喜欢电教、愿意参加电教队伍的人就会越来越多。

如何提高?可采取多种形式。

1. 举办电教专题讲座,组织电教经验交流,举行电教观摩课及评议会。这几种形式的电教活动,也可通过广播电视台进行。

2. 举办各种短期训练班。

3. 在高等和中等师范院校开设电化教育课。

4. 在高等院校设置电教专业或电教系。

5. 设立电化教育学院,负责培养各级电教机构、电台、电视台、电大的专业人员。

上述第4、5两种形式,是提高电教队伍水平,保证电教专业人员优良素质的长远的有力措施。

(二)教材建设

电教能否发展,关键在有无足够数量的合格教材。应把教材建设当作当前电教工作的核心,认真搞好。

电教教材建设的主要问题有两个:一是制作,二是发行。

电教教材由谁制作?全国通用教材,最好由中央电教馆负责组织有关部门制作,像制作中共党史教材的做法;乡土教材、职业科目的教材、专门化课程的教材,可以由地方或有关学校的电教机构制作。

制作电教教材,要依靠两种人:电教专业人员和任课教师,双方通力合作,才能制出好的电教教材。

好的电教教材要具备四性:教育性、科学性、技术性、艺术性。在保证教育性、科学性方面,任课教师要多负点责任。在保证技术性、艺术性方面,电教专业人员要多负点责任。多负点责任,并不是其他两个方面一点责任也不负,特别是编导者,四个方面都要管,要全面负责。

电教教材由谁发行?最好成立一个"电教教材、资料发行公司"(由中央电教馆领导),或在中央电教馆设立"电教教材、资料发行处",负责发行工作,并定期编印"电教教材、资料目录",发给使用单位。省、市电教馆和高等学校电教中心可以发行自制电教教材,或将中央电教馆审定的电教教材进行复制,供给学校使用。

(三)理论建设

我国的电化教育要沿着正确的道路发展,必须要有科学的电教理论作指导。当前,加强电教理论建设,应注意以下几点:

1. 坚决贯彻党的"双百"方针,提倡学术民主。鼓励人们对电教重要问题的理论探讨,各抒己见,畅所欲言,并在电教刊物上开辟争鸣园地。我们从事电教研究的同志,要勇于探索,敢于创新,不断攀登电教科学的高峰。

2. 开展电教实验和电教调查,重视电教经验的总结,为电教理论建设提供充足论据。

3. 积极进行对与电教相关学科的综合研究。当今世界已进入跨学科综合研究的时代,为了提高电教理论的水平,须要进行与电教相关的多种学科的综合研究。在这些领域,到处都有未开垦的土地,只要我们勤于拓荒耕耘,是一定可以获得丰硕的果实的。

4. 充分发挥电教团体的作用,定期组织学术交流活动,出版电教书刊,以促进电教科学的繁荣。

(四)法规建设

制定必要的电教法规,是顺利开展电教工作的重要保证。过去,我们看总结办电教经验的文章,往往都有这么一条:电教工作能搞起来,是由于"领导的重视和支持"。这的确是事实。但是,如果反问一声,假如领导不重视、不支持,我们还要不要办电教呢?在我们社会主义国家里,要靠"法治",不能靠"人治",我们要有电教立法。有了这个法,就不管你重视与否、支持与否,都得一律依法办事。

要有电教立法。需要制定的电教法规很多,例如,电教工作条例,电教机构设置与人员编制办法,电教人员的培养、任用、待遇、奖惩、职称评定办法,电教设备和资料的管理办法,电教教材的编审、出版、交流、发行的办法,等等。这些法规,要从当前的实际出发,在调查研究的基础上逐步制定。

## 深入课堂走向宏观

电教要发展,必须进一步深入课堂,深入课堂教学的改革。

当前,课堂教学的主要问题是:内容老(未能反映现代化科技的最新成果),手段少(主要是粉笔加黑板),方法死(注入灌输,死记硬背),效率低。关键问题是思想陈旧,因循守旧。电教深入课堂,必须有助于改变这种状况,否则就得不到发展。

电教在学校,除了进入课堂,还应进入更多的阵地:思想品德教育阵地、生产劳动阵地、课外活动阵地、科研阵地,为全面贯彻党的教育方针服务。

电教既要深入学校小课堂,也要走向社会大课堂,要放宽视野,走向宏观,着眼整个教育系统,在普及一种教育——初等教育,加强两种教育——中等职业教育和高等教育, 发展四种教育——干部教育、职工教育、农民教育、扫盲教育中,发挥积极作用。当前,要特别重视为农村教育改革服务,为农业服务。

农业是党的十二大确定的经济发展的第一个战略重点。我国十亿人口,八亿在农村。发展农业,建设农村,一靠政策,二靠科学,而最根本的,要靠教育,靠智力开发,充分发挥八亿农民的聪明才智,才能改变长期落后的农村面貌,实现农业现代化。当前,发展农村教育,困难之一是缺少教师。教师缺,好的教师更缺。合格的教师大多集中在城市,农村很少。没有好的教师,怎么能够提高文化知识水平呢?

电教为农村教育服务,主要是帮助农村各类中、小学培训教师,帮助当地的教师提高教学水平。在这些方面,电教是有能力、有条件的,是可以大有作为的。

[原载于《电化教育》(现为《中国电化教育》)1982 第 2 期]

# 电化教育与教育改革

## 一、电化教育的出现是教育上的一次大变革

以英国埃里克·阿希比为代表的西方教育家认为,教育上曾经有过三次革命,现在正在进行以电化教育为标志的第四次革命。

第一次是将教育年轻人的责任从家族转移到专业教师手中;第二次是采用书写作为与口语同样重要的教育工具;第三次是发明印刷术和普遍运用教科书;第四次是现代电子技术、通信技术及资料处理技术在教育中的广泛应用。

上述西方教育家的观点,即教育上四次革命的理论,于1978年下半年通过美国驻中国大使馆编印的《美国教学科技》这本小册传到我国。这几年来,我国电教界对于这个理论,看法有着分歧,有的赞成,有的不赞成。分歧主要在这样两个问题上:

第一个问题,教育上到底有过几次革命?是哪几次?

对于这个问题,有三种不同的主张。

第一种主张,同意上述西方教育家的观点,认为教育上是有过那样四次革命,并进一步做了更完整的阐述。

第一次革命,是专业教师的出现,把教育年青一代的责任,从家族手中转移到专业教师手中。这个时间,大约在公元前30世纪,原始社会的末期。在这之前,教师的职业还没有产生,年青一代的教育是随着家族在劳动和日常生活中进行的。

第二次革命,是文字体系的出现,把书写作为与口语同等重要的教育工具。这个时间,大约在公元前16至11世纪,我国奴隶社会的商代以后。在这之前,教育所使用的工具,主要是教师的口语,教学是口耳相传,书写没有地位。

第三次革命,是印刷术的出现,教科书的普遍应用。这个时间,大约在公元11世纪,我国北宋时期。印刷术的发明,为教育提供了一个重要手段——教科书。由于教科书的普遍应用,在教育上引起了巨大的变化:大大地扩大了教育的对象;使知识传播的速度与广度大大增加;将学习过程中感觉的重心,从耳朵转到眼睛,从听觉转到视觉;并引起教育方式的变化,学生不仅向老师学,也可向书本学。

第四次革命,是电化教育的出现,使教育摆脱了手工业方式的束缚,走向了现代化的道路,向着高效率、优质量的方向发展。这次革命,萌芽于19世纪末,起步于20世纪初,50年代后得到了迅速发展。它的特征是:(1)越来越多的电教媒体被用于学校的教学、教育中,提高了教学效率和教育质量;(2)广播、电视和教育卫星越来越多地被用来向学校、社会、家庭传输教育课程,扩大了教育规模;(3)各种教学机器和电子计算机被用于辅助教学和管理教学,也在日益增加,增进了教育的经济效益。

第二种主张,也认为教育上有过四次革命,但不是上述的那样四次,而是:

第一次,专业教师的出现。

第二次,文字教科书的出现。

第三次,班级授课制的出现。这种主张认为,17世纪捷克教育家夸美纽斯倡导的班级授课制,在教育上创立了一种集体教学的全新方式,是教育上的一次革命。在这之前,都是个别教学,像我国的私塾那样。

第四次,电化教育的出现。

第三种主张,认为教育上有过三次革命:

第一次,专业教师的出现。

第二次,印刷教科书的出现。

第三次,电化教育的出现。

上述三种不同的主张,我赞成第一种。

第二个问题,电化教育的出现,算不算是教育上的一次革命?

对于这个问题,有两种不同的主张:

第一种主张认为,电化教育的出现,不能算是一次革命,只能算是一次变革,因为,它并没有引起教育上的某种真正的突破,而只是在教育手段上引起了部分的变革。

第二种主张认为,电化教育的出现,引起了教育系统各部分的一系列变化,大大提高了教育的效率,特别是从教育的现代化、大众化、民主化,使更多的人能享有受教育的权利的角度看,它确是一次革命,是一次已经开始,尚未完成,正在进行着的教育上的革命。

上述两种不同主张,我赞成第二种。

对于以上两个问题,尽管人们有着争议,但也有共同之处,这就是一般都认为,电化教育的出现是教育上的一次大变革。这主要是教育方式的变革,它又会引起教育思想、教育内容、教育结构等的变革,促进教育的全面改革。

## 二、教育改革的基本问题

### (一)当前教育上有哪些问题

当前我国教育上存在的问题是多方面的,有人把它归纳为一句话:一方面是青年要学习,干部要文凭,国家要人才;另一方面是办学缺校舍,学校缺教师,教学缺效率。这就是我国当前教育上的主要问题。这个概括颇是符合实际。

“青年要学习”。我国十二周岁以上的文盲、半文盲为二亿三千五百多万人,他们迫切需要学习,学文化、学科学、学技术。

我国各级学校的升学率不高,小学升学率为76.6%,初中升学率为38.9%,高中升学率为3.8%。没有升学的,有的就业,有的待业。待业的,迫切要求学习。就业的,也要学习,在工厂的很多人不懂本专业图纸,在农村的,不懂科学种田,不学习不行。

“干部要文凭。”要文凭也就是要学习。我国有干部180多万人,文化程度在初中以下的占80%。为搞好工作,他们要学习。为定职、提职,他们要文凭、要学习。退休、离休干部要发挥余热,也要继续学习。

“国家要人才。”我国每万人中,在校大学生人数只有13.4人。在大城市的工厂中,具有高中文化水平的工人不到工人总数的20%。农村技术人才更缺,既缺高级技术人才,更缺中、初级技术人才。

“办学缺校舍。”教育部提出的办学最低要求是:“校校无危房,班班有教室,人人有桌凳。”这个标准,不少学校,特别是农村学校还办不到。据估计,把全国学校的危险房屋重新修建一下,就需用全国两年的全部教育经费。

“学校缺教师。”教师缺,好教师更缺,整个教师队伍中,学历不合格的占1/3以上。小学教师538万,不合格率53%;初中教师241万,不合格率89.4%;高中教师66.7万,不合格率49.2%。

“教学缺效率。”吕叔湘在《语文教学中两个迫切问题》一文中指出:“十年的时间,270多课时,用来学本国语文,却是大多数人不过关,岂非咄咄怪事!”这种怪事,这种教学上少慢差费现象,恐怕不只语文教学中有,其他学科教学中也有。

上述问题不解决,教育事业难发展。

如何解决?从实际出发,认真地进行教育改革。

(二)改革什么

教育要改革,改革什么?整个教育系统的各个部分都要改革。当今教改的当务之急,是改革教育的结构,改革教育的内容和方式。

1. 改革教育结构。一是改革中等教育结构,合理控制普通高中,积极发展职业技术学校,现有高中校数在今后若干年内,一般不再发展,并逐步减少招生数,使高中与职业技术学校学生的比例,在1990年以前,达到6∶4。二是改革高等教育结构,不同形式、学制的高校要有一个合理的比例,要积极发展远距离教学学校。

2. 改革教学内容。一般主张要注意这样几条:(1)制订教学计划、教学大纲,要着眼于能力,特别是创造力的培养,而不仅是现成知识的传授和一般技术的培训;(2)基础知识学宽一点,专业知识学深一点;(3)"文"要学点"理","理"要学点"文";(4)教学内容要与生产劳动相结合。

3. 改革教育方式,包括教育、教学形式、方法、手段的改革。我们现在的教学,使用的基本是:一种形式——班级教学,大班上课;一种方法——注入灌输,死记硬背;四种手段——嘴、粉笔、黑板、文字教科书。改革教学方式,就是要改变教学模式,把教学形式、方法、手段从单一化改为多样化。

如何才能实现上述各种改革?必须解决教改中的几个难题。

(三)教改中的难题

教改难题,主要有三,难题不解,教改无望。

1. 教育思想旧。传统的教学观、学生观、学校观牢不可破,此种状况不改变,教改的轮子转动不起来。

传统的教学观,就是把教学看成是教师教书本知识,学生学书本知识,教学只有一种功能,就是传授书本知识。

传统的学生观,就是把学生看成是被动地接受知识的客体,在教学过程中,只有教师是主体。

传统的学校观,就是只有全日制的、面授的、实行班级上课制的、有墙的学校,才是正规学校。

必须改革这种传统的教学观、学生观、学校观,树立现代的教学观、学生观、学校观。

现代的教学观,认为教学具有多方面的功能,它的任务不是一个,而是四个:传授知识、发展能力、培养思想品德、促进身体发展。

现代的学生观,认为学生是教学的对象,同时又是学习活动的主体,在教学过程中,他是客体和主体的统一,相对教师来说,他是客体,从掌握知识来说,他又是主体,是学习的主人。

现代的学校观,认为全日制的、面授的、班级教学的、"有墙"的学校,是正规学校,半日制的、业余的、远距离教学的、"无墙"的学校,也是正规学校。

2. 教育投资少。据联合国统计资料,在世界151个国家和地区里,我国的教育经费在国民经济总产值中所占比例,为倒数第二,仅高于也门。

解决教育投资少的问题,一要改变对教育投资的偏见,教育投资不是非生产投资,是生产投资。它的性质,从微观(眼前)看,消费成分是主要的,从宏观(长远)看,生产成分是主要的。二要坚持两条腿走路的方针,通过多种渠道解决,不能光靠国家。

3. 师资素质差。目前我国师资队伍状况不够理想,数量不足,素质也差。不少教师,教材关都过不了,哪里会有力量去搞改革。

解决这个问题的一般办法,是积极发展师范教育,扩大高师本科规模,大力发展师专,积极建设中师,抓紧建立教师进修体系,做好师资培养和师资培训工作。

上面说了教改难题和解题的一般方法。一般方法是需要的,但是不够,还应找出一种多快好省的最佳方法,提高解题水平只有一条常规的渠道不够,要增辟新路,让教改在平行的两条路上迅跑。新路靠谁开辟? 电化教育。

## 三、教育改革要以电教为突破口

电化教育是培养优质人才的快速公路。对于改革传统教育,建设现代教育来说,这是一条充满希望之路,走这条路,可以节省时间,节省费用,节省教师,提高质量,提高效率,促进教育的全面改革。

为什么电化教育能做到"三节省""两提高"? 这是因为,它充分利用了现代科技的成果,极大地提高了人的学习能力和扩大了教育规模。

电教媒体的广泛运用,使人们认识世界的各种器官,特别是视觉和听觉器官,得到极大的延伸——幻灯是眼的延伸,广播是耳的延伸,电影、电视是眼与耳的同时延伸。电子计算机在教学、教育中的应用,极大地扩大了人脑的学习功能。

采用电化教育,可以突破时间与空间的限制,使人们深入大到宇宙的客观世界,小到电子的微观世界中去,从而大大提高了学习效率。

采用电化教育,凡是有视听设备的地方,就可以是课堂。利用广播电视、卫星电视、计算机终端,可以为学校、社会、家庭传播多种教育课程。

采用电化教育,一个教师可同时教成千上万的学生,并能为学习者提供大量的永不知疲倦的电子教师。

采用电化教育,可以充分地发挥各种学习资源的作用,用最少的人力、物力投资,取得较大的经济效益。

下面再绍介几个有关数字和基本事实。

湖南郴州地区于 1981 年下期开始电教实验,一年后考查实验结果,全区小学语文一至四年级,电教实验班学生 578 人,及格人数 545 人,及格率为 96%,优秀率为 87.6%,不及格率为 5.7%;传统教学班学生 613 人,及格人数 537 人,及格率为 85.1%,优秀率为 34%,不及格率为 14.8%。电教班分别比传统班及格率上升 10.9%,优秀率上升 3.7%,不及格率下降 9.1%。

小学一年级拼音教学实验用传统教学方式,一般要花 4 周以上教学时间,巩固率还不太高;使用幻灯教学,一般只用 3 周时间就可全部教完,而且巩固率一般可达 95%以上。

甘肃有 13 所高等学校,在校学生 21113 人,教工 10704 人,教工与学生的比例为 1:2;甘肃电视大学有学生 8854 人,教工 297 人,教工与学生的比例为 1:30。

甘肃需要进修提高的在职中小学教师为八万八千人,将这些教师轮训一遍,用传统办法在(地、市、州、县建立教师进修学校),要 17 年,二亿八千万元(年投资 1700 万元);用电教办法(建立教育电视网点),只需 2 年,100 万元。

美国在第二次世界大战期间,利用电教手段,在短短六个月当中,把 120 万毫无军事知识的人,训练成为陆海空各种作战部队指战员,又把几十万男女青年,训练成为制造军火、船舶的技术工人。

巴西于 1978 年为没有读完中、小学的 19 岁至 28 岁的 4300 万青年,举办广播电视补习学校,参加学习的有 320 万人。

英国对发展高等教育有两个公式:(1) 传统的公式:10:1:100,即每增加十个学生,就要增加一个教师和一百平方米校舍建筑面积;(2)电教的公式:50:1:0,即每增加 50 个学生,需要增加 1 个教师,不需要增加校舍建筑面积。他们把后一个公式,看成最优公式。

从以上简述的道理和有关数字与事实可以看到,用电教办法解决教改“三难题”,并进而解决当前我国教育上存在的“三要”与“三缺”的矛盾,是大有希望的。“拨动电教一颗子,下活教改全盘棋”,以电教为突破口,教改的宏图可望实现。

(原载于《电化教育研究》1984 年第 1 期)

# 电化教育在高等学校教学中的地位和作用

近几年来,我国高等学校有志于改革的教师们,都在思索着这样的问题:如何才能使学生用较短的时间学到较多的知识?如何才能帮助学生开发智力、发展能力?如何才能改变高等学校的教学现状?

对高等学校的教学现状,广大学生是不满意的。他们纷纷投书报社或学校,表述自己的意见和希望。有的给《中国青年报》写信说:"现在的大学教学,把学生当作装知识的口袋,一个劲往里塞知识,老师讲得太多,学生的积极性发挥得太少。这样的教学,会有多大效果呢?回想起来,一、二学期学的东西,到第三学期就忘得差不多了。这算不算是无效劳动呢?"有的学生给《人民日报》写信说:"我们所学的所考的,就是那么一本不厚的教科书,几页听讲笔记,很少看参考书,教师不去引导学生接触新思想,探讨新问题,有的学生连搜集、研究资料的正确方法都不能掌握。这样的教学行吗?"我校有位学生给学校写信说:"高等学校的教学大纲里,有一条是要培养大学生的自学能力,可是,我们的老师们目前的做法,可以说几乎与这个精神相背离,试看:老师们辛辛苦苦地备课,学生们紧紧张张地听课、抄笔记,然后,考前背诵,考时默写,这虽然也能收到一点效果,但远远不是最佳的效果。老师讲、学生听,老师写、学生抄,老师考、学生背。对于这种注入灌输的教学方式,同学们在中学时就已厌倦了,可是,大学也没有给他们以崭新的形式,未免有点令人遗憾。……传统的'授'字应该改一下,改成'导'字如何呢?老师在课堂上大可不必'授'得那么多,而把教学要求、参考书目告诉同学，让他们自己去阅读、去思考，让同学提出不懂的问题，由老师给予解答，然后老师再把应该注意的问题（如重要的观点、基本方法等）加以强调，不就完了吗？有人说，‘民主的气氛越浓，人的智慧就越能得到充分发挥’。用在这里来说，课堂上也应该‘民主’一点，这样提法对吗？”

同学们提出的这些问题，很值得我们深思。

当前，我们高等学校的教学状况，确实难以令人满意，问题在哪里？基本问题有三个：

第一，教学思想陈腐、片面。以为教学就是传授知识，忽视了能力的培养，在教学中，只想到教师的教（教师是如何教的？教得怎样），很少想到学生的学（学生是如何学的？学得怎样），在教学中，因循守旧的思想还相当严重。

第二，教学内容贫乏、陈旧。在教学中，为学生提供的知识天地主要就是一本薄薄的教科书。有些20世纪50年代出版的教科书，至今仍被原封不动地作为教材。不少学科的教材内容与现代科学技术发展水平脱节，新思想、新理论、新方法、新技术未能得到反映。

第三，教学方式单调、死板。仍旧是那个古老的模式：教师照本宣科，学生死记硬背，注入多，启发少，独立思考差，实习实验少。

如何改变高等学校教学的这种落后状况？对于这个问题，可以用这样两句话来回答：

1. 树立现代的教学观，实现教学指导思想上的两个转变，从单纯的重视教，转变为既重视教又重视学；从单纯的重视传授知识，转变为既重视传授知识又重视培养能力。

2. 教学内容、形式、方法、手段，从单一化转为多样化。

如何才能实现这两句话，即实现两个转变、四个转化？如何才能使高等学校的教学现状有比较快、比较大、比较好的改变？对于这个问题,我们认为,正确地推行电化教育可能是彻底改变高等学校的教学现状,并使之现代化的有效途径之一。

什么是电化教育?运用现代教育、教学媒体,并与传统教育、教学媒体恰当结合,传递教育、教学信息,以实现教育、教学过程最优化,就是电化教育。

现代教育、教学媒体,主要指电子技术媒体,它由两部分构成:硬件和软件,硬件指与传递教育、教学信息相联系的各种教学机器,如幻灯机、投影器、录音机、电影机、录像机、电视机、电子计算机、视盘放像机等。软件是已录制的、承载了教育、教学信息的幻灯片、投影片、电影片、录音带、录像带、计算机课件、视盘等。

传统教育、教学媒体,主要指已记载着教育、教学材料的黑板、教科书等。

教育、教学信息,也就是教育、教学内容,需要学生掌握和形成的知识、能力、思想、品德等。

教育、教学过程最优化,包括选择与确定最优的教育、教学目标和内容,设计最优的教育、教学过程等。它要求在同样的时间内,能使学生学得多些、快些、好些,能使更多的人受到教育。最优化不是理想化,它是在一定的条件下,使教育、教学任务的解决,达到可能范围内的最大效果。最优化的标志主要有两个:一是最大效果,二是最少时间。

电化教育的最本质的问题,就在增强教育、教学效果。如果电化教育的效果同传统教育的一样,那就失去了存在的意义。

电化教育的主要功能,是能不受时间、空间、微观、宏观的限制,让学生通过事物固有的信息(事物自身的形、声、色,变化与发展等)去获取知识,认识世界。传统教育就很难做到这一点。它主要是让学生通过信息的抽象、事物的符号去获取知识。

电化教育对高等学校教学的作用，主要在于它能帮助高等学校的教学实现四个突破,从而提高教学质量和效率。

## 一、课堂教学的突破

电化教育深入课堂,能促进课堂教学从低效率转向高效率。

(一)从信息论的角度来探讨这个问题

按照信息论的观点，课堂教学过程就是教学信息的传递与增殖的过程。其模式如图 1 所示。

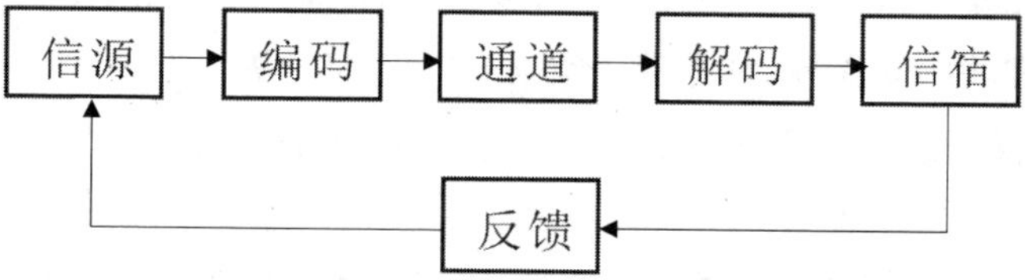


图 1　课堂教学过程模式

在这一过程中的每个环节，电化教学都比传统教学有很大的优越性。

从信源来看。在传统教学中,信源主要是教师。不同的教师,其专业水平和教学能力有所不同。甲校和乙校,甲班和乙班,由于任课教师的水平不同,其教学质量也有明显的差异。在电化教学中,信源主要是电教教材。电教教材是由全校甚至全省、全国的优秀教师集体编制,并全国通用,因而可以保证信源的质量。不论是城镇或偏僻的山区,学生们可以同样接受到全国最优秀教师的授课。

从编码来看。在传统教学中,信息是编码成语言、文字来传输的。文字只善于表达从具体事物中抽象出来的概念，而对再现具体事物的本来面目,则显得软弱无力。在电化教学中,信息是编码成图像,并加上语言、文字说明来传输的。它使学生既可看到事物的形象,又可听到对此事物的理论概括。电化教学的语言质量和速度也优于传统教学。电化教学的语言,一般比较精炼、清晰、标准化。传统教学的语言,一般冗余度较大,教师讲课中多余的话(如口头语,组织课堂用语,不必要的重复语等),往往是难于避免的。据研究,中国语言的标准发音速度约为每秒 4.4 个字,中央广播电台和电视台新闻广播的讲话,就是这个速度,电教教材中的讲话也接近这个速度。而一般教师讲课的发音速度约为 3.3 个字,比标准发音速度差 1.1 个字,故其单位时间内的信息量就要少些。

从通道来看。据有关实验研究,传统教学媒体(粉笔、黑板、文字教科书等)的通道容量,最佳约为 25 比特/秒。电教媒体(电视、电影、语言实验室、计算机教学系统等)的通道容量最佳约为 70 比特/秒。后者比前者的信息容量大得多。另外,传统教学与电化教学由于传输通道不同,信息传递的范围和信息的增殖率也大不一样。用旧时个别教学的方式传授知识,信息只能一比一地增殖,用传统的班级授课的方式,信息的增殖率可增加到几十倍、上百倍;用现代化的电化教学方式(如广播电视、卫星传播电视、计算机网络等),信息的增殖率,可扩大到几万倍,甚至几十万倍。

从解码与信宿来看。据研究,人们对语言信息的接受能力约为 4.1 比特/秒,对图像信息的接受能力约为 46 比特/秒。后者比前者也大得多。

从以上的分析不难看出,正确开展电化教学,可以大大提高信息的传输质量和速度,增大信息量,扩大信息的增殖率,促进高等学校的教学由低效率向高效率发展。

(二)从教学论的角度来探讨这个问题

教学论认为,人们的学习,对知识的掌握,是通过各种感官(眼、耳、鼻、舌、身)把外界信息传递给大脑中枢而形成的。这些感官的功能各异,其中数眼最灵,耳次之。在学习中眼、耳、脑的功能发挥得越好,学习效率就越高。采取电化教学,可使学生的感官和大脑的功能得到延伸,光学媒体是眼的延伸,音响媒体是耳的延伸,声像媒体是眼和耳的共同延伸,电脑是人脑的延伸。电教媒体的运用,可以大大延伸人体的学习功能,提高学习效率。

教学论又认为,在学习中,各种感官并用,学习效率最高。传统教学,教师讲、学生听,学生主要是通过听觉去获取知识,学习效率不会很高,电化教学通过多种媒体传授知识,可使学生综合利用视觉、听觉等多种分析器进行学习,大大提高学习效率。关于记忆比例的研究表明,同样学习一份材料,采取口授办法,让学生光听(纯听觉),三小时后能记住 60%;采用光看(纯视觉),三小时后能记住 70%;视听并用,三小时后能记住 90%。三天之后,三种学习方法的记忆率分别为 15%、40%、75%,视听并用的记忆率远远大于光看、光听。三天之后,大于二者之和。

教学论又认为,第一课堂与第二课堂相结合的开放型的教学比封闭型的教学,学习效率要高。传统教学从书本到书本,从教室到教室,把教学活动局限于第一课堂,是封闭型。电化教学为开展第二课堂,使第一课堂与第二课堂的活动结合起来,促进课堂教学由封闭型转向开放型提供了优良的条件。

第二课堂为学校教学、教育开辟了一条宽广的渠道,它不受教学计划和教学大纲的限制,内容和形式机动灵活,能更有效地充分地实行因材施教,使学生在更广阔的范围内接触社会、深入实际,学到书本上学不到的知识,陶冶情操,开阔视野,发展能力,从而极大地调动了学生的积极性和主动性。电教媒体的运用使第二课堂充满了活力。目前,高等学校第二课堂的活动,正在越来越多地需要和依靠电教媒体发挥作用。

从以上的分析可以看到,正确开展电化教学,可以大大提高学习的效率。

## 二、教材建设的突破

电化教育的深入开展,将促进教材建设从单一化转向系列化。

教材建设是教育上的基本建设,是当前教学改革中的重点工程。

什么是教材？通常人们对这个问题的理解是：教材就是教科书(又叫课本),除了这种书本式的教材之外,再也没有别的什么教材了。这是传统的教材观。现代的教材观认为,教材就是教学用的材料,是处于储存状态的教学信息,是知识与经验的仓库,进行任何教学,不论是传授知识,发展能力,培养思想品德,都要有教材。教材主要分两种:一种是文字教材(又叫印刷教材或书本教材),包括教科书、教学指导书、学习指导书,以及习题集、实验实习指南等,另一种是电教教材(又名音像教材或非书本教材、视听软件),目前在我国,主要是“四片二带一盘”,即载有教育、教学信息的幻灯片、投影片、电影片、程序片(计算机课件),录音带、录像带,激光视盘。两种教材组成一个系列,为实现同一教学目的服务。

电教教材最早出现在19世纪末,20世纪50年代以后得到了迅速发展。所谓电教教材,就是根据教学大纲的规定,主要用图像和声音表达教学内容,用电声、电光、电磁、电控等技术,进行制作与重放的一种音像教材。电教教材的出现,打破了文字教材的一统天下,为知识的组织、储存、传播提供了新的方法与途径,促使教材建设从单一化向系列化发展。

教材系列化、成套化是当今发展的趋势。现在,欧美和日本等国学校的教材,多是由教科书、视听软件、教学指导书、学习指南等组成系列,有的还做成教材箱或学习包,供教师和学生使用。教材系列化,大大便利了教学,为提高教学质量和效率提供了极为有利的条件。近几年来,我国高等学校的教材建设也日益重视系列化、成套化的工作,不少学科(如材料力学、机械原理、计算机原理、电化教育学等)的教材编审委员会或编审组,既负责组织编写和审定文字教材,又负责组织编制和审定电教教材,国家教委还新设了中央音像教材出版社。可以相信,我国实现教材系列化的日子,将不会太远。

## 三、教学形式、方法和手段的突破

电化教育深入高等学校的教学领域,可以促使教学形式、方法和手段向多样化、现代化发展。

我们现在的教学方式:教师讲、学生听,教师写、学生抄,教师考、学生背。总之,就是教师灌,学生装。从17世纪捷克教育家夸美纽斯倡导班级授课制算起,至少是三百年的不变的模式。

我们现在的教学,使用的基本是一种形式:班级授课制,一般都是大班上课;一种方法:注入灌输、死记硬背法,学生一般都是处在消极被动的状态;三种手段:粉笔、黑板、文字教科书。

这种教学模式,只能使我们的教学水平总是停留在记忆水平的教学上,即教师仅仅要求学生对所学具体教材进行熟记,别无其他。这是一种"无思考"的教学,低级形态的教学,是造成当前我国大学生知能结构的两大弊病——知识窄、能力缺的重要原因。

实施电化教学,对于打破这种几百年不变的教学模式,可以起积极的作用。

在教学形式方面。电化教学以现代化的教学手段传递、加工、储存教学信息,既适应于集体教学,又适应于个别教学。如幻灯、录音、电影、录像等,可供多人同时使用,也可供个人单独使用,它能反复播放,每个学生可以根据自己的需要利用这些工具进行自学、复习、补课。程序教学机能使学生按自己学习的速度进行控制,并为学生提供自我改错、自我评价的机会。运用计算机教学装置,学生可以利用电传打字机、键盘和光笔显示器直接与计算机对话,计算机网络可使千百个学习者通过各自的终端进行学习而互不干扰。

电化教学使个别化教学成为一种重要的教学形式，从而打破了班级授课的单一局面。

在教学方法方面。电化教学运用多种电教媒体传递教学信息,各种电教媒体的运用,不论是电视、电影、电子计算机、语言实验室等,都需要学习者积极参与活动,改变学习上的消极被动状态。

在教学手段方面。电化教育将多种现代化教学手段(电教媒体)引进教学领域,为实现教学过程最优化提供了条件。电教媒体大致可分四类:1. 光学媒体,有幻灯机、投影器、概念放映机等,以及相应的教学软件。2. 音像媒体,有收音机、扩音机、录音机、无线话筒等,以及相应的教学软件。3. 声像媒体,有电影放映机、电视机、录像机、视盘放像机等,以及相应的教学软件。4. 综合媒体,有电子计算机教学系统、语言实验室等,以及相应的教学软件。各类电教媒体,具有多种教学功能,有广泛的适应性。教师根据教学需要和媒体的特点、功能,有目的地选择和运用这些电教手段,并与传统的教学手段互相配合,互为补充,实行最优组合,这就使教学手段多样化、现代化了。

## 四、教学研究和教学管理的突破

电化教育的广泛开展，可以促进教学研究和教学管理更加科学化。

近几年来,电教手段逐渐地进入了教学研究领域,在教学研究的各个环节,各种电教手段得到了越来越多的运用。

在运用电教手段进行观察和调查研究时，一般做法:1. 利用摄影、录像和遥控摄影作现场观察，全面记录当时活动过程和情景。2. 利用电视录像和电影摄影作跟踪观察和细节观察。电视和电影镜头有推、拉、摇、移、跟、变焦等多种运动方式，以及远景、近景、中景、全景、特写等景别划分，可以根据不同的观察目的，以不同的镜头运动方式和景别处理，来跟踪观察对象，或突出对象的活动细节和重要部位，作细致观察。3. 用录音作个别访问调查，记录全部谈话内容。4. 用计算机处理分析问卷调查数据。

利用电教手段进行观察、调查研究的好处：1. 可以避免观察者出现在现场，而使被观察者的心理受到影响。2. 可以把观察过程的全部资料记录下来。3. 可以看到观察对象的分解细节。4. 可以反复播放观察。

在运用电教手段进行实验研究时，一般做法：1. 利用各种电教手段创造实验环境，提供刺激条件。例如，利用录像记录某种教学程序和内容，提供不同班级使用，以研究各个班级的学习效果。这种用同一教学媒体呈现同一教学信息，作为刺激学生学习的条件，可以排除不同教师或同一教师在不同时间心理变化或其他因素的干扰。2. 利用录像、电影记录实验全过程，以对学生行为变化前后分析比较。3. 利用电视录像对实验情景的即时对比。4. 利用计算机进行实验数据的统计检验。

在运用电教手段进行文献研究时，一般做法：利用计算机终端索取所需文献资料。利用计算机查询、索取资料，速度快，效率高。据有关材料统计，平常用书本或词典查找一个单词，需要 120~180 秒，而利用计算机的语料库查询单词，打键输入后只需零点几秒，便可得到结果。

人们认为，教学研究是向未知世界开战，战斗者如能设法拥有新式技术武器，就更具有取得胜利的有利条件。

电教手段,特别是电子计算机用于教学管理,也日益得到人们的重视。计算机管理教学(CMI),就是运用计算机来监测、评价和指导教学过程,帮助教师实施有效的教学管理。

计算机管理教学的实施一般如下:

1. 利用计算机收集和分析学生的学习反应数据，包括学生回答问题的正误和速度,教师提问问题的难度,以及平均得分等项数据,为教师调整教学内容、方法和进度提供可靠的依据。2. 利用计算机监督和控制学生的学习进度。计算机中存有某一课程各阶段的学习目标和相应的测验题目。通过测验,如合格,就可进入下一学习阶段,否则,计算机就会给他提供补习材料,或让他重学一遍,再来接受同一测验,直到合格,才可学习新的教学内容。3. 利用计算机进行考试和评分。学生可以利用终端机应试，计算机立即对学生的答案评定成绩。4. 利用计算机负责教学行政工作,如学生的学籍管理、教室管理、排课表、统计成绩等。

利用计算机管理教学,可使教学管理更加科学化。

以上从四个方面分析了电化教育在高等学校教学中可以起到的作用。它的作用:促进高等学校的教学实现四个突破,从而提高教学质量,扩大教学规模,增进教学效率。

上面谈到的是电化教育在高等学校教学中可以起到的作用。目前在我国，电化教育在某些高等学校、某些专业或某些课程的教学中,已经起到了或部分起到了这个作用。但是,在大多数高等学校,电化教育的上述作用并没有得到发挥。原因是多方面的。从宏观角度来考察,有主观的原因,也有客观原因。

客观的原因,又有精神(认识)方面的原因和物质方面的原因。

精神(认识)方面的原因:人们对电化教育的看法不一致。电化教育好不好？它对提高教育、教学质量,发展教育事业,能不能起积极的作用？对于这些问题，人们的看法一直存在着分歧，基本上有三种看法。

第一种看法，电化教育好得很。它是万应灵丹，能治教育上的百病，例如，教育不普及、教师缺乏、校舍不够、设备不足、教学质量差、学习效率低、智力发展慢、教学管理不科学，等等，所有这些问题，有了它，都能得到解决。它对提高教育、教学质量，发展教育事业，能够做出极大的贡献。

第二种看法，电化教育不好，它分割了教学过程，限制了师生之间的信息交往、情感交融，不能适应课堂上千变万化的教学情况。它使人情与技术之间的矛盾日益突出，在教育、教学上不能起积极的作用。

第三种看法，电化教育不是灵丹妙药，但它的出现，确实是教育上的又一次革命。这次革命，使教育、教学摆脱了"手工业方式"的束缚，走向现代化的道路。

由于看法不同，态度自然也就不同。有的支持，目前这还是少数，但会越来越多；有的反对，这是少数，正在越来越少；有的观望，这是多数。

物质方面的原因：现在多数学校仍处在这样的状况，电教设备差，电教用房少，电教教材缺，没有开展电化教育的必要条件，不少教师立志改革，渴望着采用电化教学，但得不到满足，欲做而不能。

主观的原因：电化教育在我国尚属新生事物，还处在幼稚阶段。新生事物，从远景看，是不可战胜的，前程似锦。从近景看，终究还是稚嫩的、软弱的。它本身的五大建设（队伍建设、器材建设、教材建设、理论建设、法规建设），特别是教材建设，还很不健全。为什么我国的电教事业，近几年来不能以更大的步伐向前迈进？原因是多方面的，但其中最主要的是教材（软件）不足。有枪无弹，或枪少弹缺，如何能从事有力的战斗？更谈不到要在战斗中取得胜利。教材建设上不去，要在高等学校的教学中充分发挥电教的作用,那只能是一句空话。

不同的高等学校,由于对电化教育认识的不同,也由于条件的差异,电教在学校中所起的作用差别很大,所处地位也悬殊。在有的学校,电教处于配角(辅助)的地位;在有的学校,电教处于第二主角(与传统教学并列为双主角)的地位;在有的学校,电教没有地位。地位和作用相辅相成,互相促进。起了作用,就会有地位;有了地位,就可使作用得到进一步的发挥。

目前,在高等学校的教学中,电化教育的作用尚未得到充分的发挥,所处地位也是微弱的。但是,这种状况为时不会太久。为什么?因为:

(一)电化教育的发展是时代的需要

伴随着新时代而来的两个“爆炸”:知识爆炸和教育人口爆炸,向教育提出了严肃的挑战。

知识爆炸。近几十年来,随着科学技术的迅猛发展,人类知识积累的速度大大加快，知识积累翻一番的时间和知识陈旧的周期日益缩短，形成了知识爆炸。有人对人类知识积累翻一番的时间作过统计:以公元0年为起点,人类知识积累翻一番的时间,第一次为1500年，经过了1500年；第二次为1800年，经过了300年；第三次为1900年,经过了100年;第四次为1945年,经过了45年;第五次为1960年,经过了15年;第六次为1968年,经过了8年。知识积累翻一番的时间在日益缩短。

知识的陈旧周期也在日益缩短。20世纪初,科学知识的陈旧周期为30年。当今,一般为10年,有些学科为3年。有人对某些专业的大学毕业生作过调查:1965年的大学生毕业生,经过10年,到1975年,他原来的专业知识已有70%老化;1970年毕业的大学生,到1980

年,他原有的专业知识有50%已过时。

知识更新和知识的陈旧周期日益缩短, 给我们教育工作者带来的重要信息是:1. 必须大大地提高教学、教育的效率,使学生能够用较少的时间,学到较多的知识。2. 必须特别重视能力的培养,使学生学会如何学习,掌握获取知识的方法。3. 必须打破一次教育的观念,大力发展继续教育。

教育人口爆炸。随着新时代的到来,世界教育人口激增。据统计,1960年全世界人口为30亿,1982年为45亿, 人口增长率为50%。1960年,全世界教育人口(在校人数)为4.55亿,1982年为9.3亿,增长率为104%,教育人口的增长率比人口增长率要高一倍多。

我国的教育人口,如果把正规的和业余的都算上,那是一个相当庞大的数字。目前,我国有6~18岁的青少年儿童教育人口32.26千万,全国文盲23千万,全国职工9.945千万,其中初中以下文化程度的占80%以上,约8千万,他们需要补文化、受教育。上面的数字加起来,共约达63千万。

教育人口爆炸给我们带来的重要信息是必须大大地扩大教育、教学规模,为需要受教育者提供更多的学习机会。

教育要适应“两个爆炸”提出的挑战,单靠现有的常规教育系统是不行的,必须建立和发展电化教育。

(二)电化教育的发展,是深入进行教育改革的需要

高等学校的改革,近几年来有了不少进展,但这主要是管理体制方面的改革。教学领域的改革,进展是很缓慢的。正如有的同志所描述的:多少年来,我们的教学领域像是一池死水,虽然有时也有人向它投入几颗石子,在池面激起点点浪花,可是,浪花飘过,池面很快又恢复了平静,石子沉到水底,并没有引起池水多少变化。这个描述,是形象的,也是恰当的。要真正引起教学领域的较大变革,要全面、深入

地进行教学改革,不能没有电化教育的发展。

基于上述理由,我们可以相信,随着我国经济的发展,教育改革的不断深入,电化教育将在高等学校的教学中显现出越来越重要的地位和作用。

借用某省高教的一位负责同志的话来做结束语:“中国教育的改革和发展,依靠电化教育的地方将越来越多。无电教的突破,无教育的突破。”这个论断如何?愿同志们思考。

（原载于《电化教育研究》1985 年第 3 期）

# 我国电化教育的现状与展望

## 一、美好的八年

我国的电化教育萌芽于20世纪20年代，起步于20年代，到现在已有50多年的历史。50多年来，我国的电化教育大致经历了以下几个阶段：萌芽阶段，20年代；起步阶段，30年代—40年代；初期发展阶段，50年代—60年代前期；停滞阶段，60年代后期—70年代前期；迅速发展阶段，70年代后期—现在。

从1978年到1986年，是我国电化教育发展史上美好的八年。美好的标志主要有9个：

（一）电教机构形成系统，管理体制日趋完善

1978年，经国务院批准，教育部成立了电化教育局和中央电化教育馆。局和馆是一套班子、两种职能，既是事业单位，又是管理全国电教工作的行政职能机构。

1979年，创办全国广播电视大学，由教育部和中央广播事业局领导。教学方面由教育部负责，演播技术方面由中央广播事业局负责。

1985年，国家教育委员会决定，将电化教育局和中央电化教育馆分开设置。电教局作为国家教育委员会主管电教事务的部门，行使行政管理职能。在国家教育委员会下，还设立三个直属电教机构：中央电化教育馆、中央广播电视大学、中央电视师范学院。

1978年以来，中央以下各级电教机构先后建立，到现在，已在全

国各地基本形成网络。省级电教机构有:省(市)电教处和电教馆,广播电视大学,高教电教中心。地级电教机构有:地(市)电教馆、站,电大分校。县级电教机构有:县(市)电教馆、站、科,电大工作站。高等学校建立了电教中心或电教室。中小学建立了电教组。电大最基层组织为教学班。各级电教机构由各级教育行政部门领导。据1985年统计,各级电教机构基本情况如下:电教馆系统,已建立省级电教馆29个,地级电教馆、站438个,县级电教馆、站、科2253个。电大系统,已建立省级电大35所,地级电大分校540所,县级电大工作站1168个,基层教学班30000多个。高等学校(不包括山东省高校)有809所建立了电教中心(室)。

(二)电教专业队伍和"两材"(器材、教材)建设得到较快发展

根据1985年的统计,我国现有电教人员101799人,其中专职人员52746人,兼职人员49503人。这个统计数字,不包括广播电视大学系统的专兼职人员。电大系统现有专职人员约24000人。1983年时,我国电教人员约为30000人。短短几年,增加了几倍,这个发展速度是相当快的。

这几年来,电教人员不仅数量上有较大的增加,而且知识结构不断改善,素质也有所提高。目前,普通教育方面,有大专学历人员11446人,占专职人员的25.4%;中专学历人员17661人,占专职人员的39.2%。高等教育方面,有大专学历人员3650人,占专职人员的47%;中等学历人员939人,占专职人员的12%。电教人员的知识结构日趋合理。

在"两材"(器材、教材)建设方面,八年来也有较大发展。据1985年的统计,全国教育系统(不包括电大系统),有幻灯机、投影器219407台,录音机289247台,录放像机16000台,语言实验室1927个,电教专用教室17057个。省、地、县三级电教机构,有教学幻灯、投

影片496万张，教学影片7.2万个拷贝，教学录音带53万盒。教学录像带16万盒。上述这些电教器材、设备和教材，绝大部分是近八年来购置或编制的。

（三）电教理论和实验研究初获成果

近几年来，我国的电教研究出现了一些可喜势头，广大电教工作者和教师日益重视对电教实践的理论思考，写出了不少论文和专著。1986年，《电化教育》杂志举办全国优秀电教论文征文活动，各地选送应征的论文就达612篇之多。出版的电教书籍有：《电化教育》《电化教育基础》《电化教育概论》《电化教育学》《电化教育导论》《电化教育技术》《现代化的教学手段》《电教幻灯与制片》《教育电视》《世界电化教育概况》，等等。

在基础理论研究方面，已初步建立由"七论"（本质论、功能论、发展论、媒体论、过程论、方法论、管理论）构成的具有中国特色的电教理论体系的雏形。

在实验研究方面，有些省、市有目的、有计划地开展了比较系统的电教科学实验，如湖南等省采取"五定"（定学校、定学科、定班级、定教师、定课题）的方法，积极开展中小学电教实验。据1985年统计，全国有6948所中小学进行了单科或综合的电教实验研究。

（四）电教专业的举办受到普遍欢迎

目前我国举办电教专业的高等院校有22所，包括专科（2—3年制）、本科（4年制）和研究生（2—3年制）三个层次。

电教专业的培养目标一般为四个：（1）师范学校电化教育课教师；（2）电教教材编制人员；（3）电教科研人员；（4）电教管理人员。

电教专业的主要课程：电化教育导论，幻灯、投影与教学，广播录音与教学，电影与教学，教育电视，计算机与教学，电教教材编导，电化教学法，电教研究方法，电教管理，电教摄影，视听心理，教育传播，电教物理,电教艺术,计算机语言与程序编制,普通话与朗读等。

这个专业举办几年来,受到了普遍的欢迎。从招生情况来看,报考的学生很踊跃,各校多是以较高分数录取的。从分配的情况看,申请分配单位所需人数远远超过了现有的学生数。电教专业受到青年学生的欢迎,受到社会的欢迎,也受到政府部门的重视。去年(指1986年,编者注)国家教委调整高师专业设置时,将原有的60多个专业调整为20多个,电教专业是调整后的专业中的一个。

(五)广播电视教育蓬勃兴起

近几年来,我国广播电视教育得到迅速发展。全国广播电视大学于1979年建立以来,现已在全国各地基本形成教学网络,已开设80多个专业,400多门课程,在校学生达100多万人,已毕业学生61万多人,他们活跃在全国各条战线上,为社会主义建设发挥着积极的作用。

电视中专、农业广播学校等发展也很快。目前,电视中专在校学生已达8.4万人,开设了土建、机械、电气、化工、经济、法律、档案、文秘、党政等类22个专业。中央农业广播学校(中专)听课人数达83万人。

1986年,我国开始实施卫星电视教育。自7月1日起,向国际通讯卫星组织租用印度洋上空(东经66度)的国际通信卫星V号的一个转发器,专门传输教育节目。每天从早晨6点至晚上11点连续播出17小时。当前开展卫星电视教育的主要任务有两个:一是培养中小学教师,先开设两个层饮的师资培训业务——中师和高师专科(先办9个专业);二是进行成人高等教育、职业技术教育和继续教育。开展卫星电视教育是扩大电教服务范围、实现中央《关于教育体制改革的决定》和《义务教育法》的一项重大措施,如果办得成功,必将对我国电教事业和整个教育事业的发展产生深远的影响。

(六)电子计算机开始进入教育、教学领域

根据1984年的统计，我国已在96所高等院校中设置了计算机专业,共有学生15000人,教师3660人,计算机1748台。开设计算机课的高等院校越来越多。

中学计算机教学试验也在不断发展。1982年,教育部决定在高中阶段逐步开设计算机选修课,并发出了关于《在北京大学等五所大学附中试开计算机选修课》的通知。从1982年秋季起,北京大学、清华大学、北京师范大学、复旦大学和华东师范大学等几所大学附中的高中开设了计算机选修课。到1983年底,开设计算机选修课的中学有30多所。

计算机辅助教学和计算机管理教学也在逐步开展，编制了一批课件和用于教学管理的软件。不少学校用计算机来编制试题、改卷、评分、登分、发放成绩单等,大大提高了考试的组织与管理工作的效率。山西省电教馆编制的“电教资料管理系统”软件,收集存储了省内外各级电教机构、中央电教馆、各大专院校的电教资料6万多份,深受使用者的欢迎。

(七)电教学术活动日益活跃

1987年以来,我国先后建立了一些群众性的电教学术团体。全国性的有:中国电化教育研究会、中国高校外语电教协会等。地区性的有:东北三省电教协会、西北五省电教协会,以及各省、市、自治区的电教研究会等。据1984年的统计,全国有电教学术团体四十多个。它们经常开展各种形式的活动,有学术年会、学术报告会、专题讨论会、经验交流会、技术培训班、电教科学讲座,等等。通过活动,检阅科研成果,沟通情况,交流经验,活跃学术空气,提高专业水平。

近几年来,还创办了一批电教刊物,全国发行的有:《电化教育》(双月刊)、《电化教育研究》(季刊)、《外语电教》(季刊)、《中小学电教》(季刊)等。此外,各省、市、自治区电教馆也编印了定期的或不定期的内部交流刊物。据统计,全国共有电教刊物30多种。

(八)电教国际交往的路初步开通

我国(内地)电教对外交流活动,近几年来有了一定的发展。曾多次派出电教代表团、组或专家、学者,到欧美、日本等国考察和参加会议。自1985年起,我国已连续三年派出电教代表团、组参加美国教育传播与技术协会的学术年会。还派出一些研究生和访问学者到美国、西德、日本等国学习、进修。

外国电教代表团和专家、教授来华访问、讲学的也不少。例如,南斯拉夫"萨格勒布电影资料馆"代表团、日本视听教育协会代表团、美国教育传播与技术协会代表团等等,曾先后来华访问。来华访问、讲学的专家、教授有日本的西本三十二教授、近藤勋助教授等,美国的宣伟伯教授、林·古布塞博士,黄哲操教授、冯友竹博士、英健博士等,西德的弗朗克教授等。

在我国电教交流活动中,曾经得到香港的一些企业和学者们的关怀和帮助。1978年6月至8月,香港非林模公司曾先后在广州、上海、北京举办大型电化教育展览会和技术交流会,介绍国外电教情况,进行技术交流,对推动我国电教的发展起了积极的作用。香港余也鲁教授等,对内地电教对外交流活动,特别是电教专业建设所付出的辛劳,更给内地电教界留下难忘的印象。

(九)人们对电教逐渐有了认识、了解、关心和支持

把电教看作仅仅是机器的开开关关的人,已越来越少。喜欢电教,为电教说好话、办实事的人,日渐增多。中国人民银行顾问乔培新同志很重视电教,他在经过深入的调查研究和认真的思考后提出:"在教育改革中,应突出提高电化教育的地位和作用。"认为,"单用在教室先生讲学生听这种手工业教育方式来发展我国教育,20世纪无

望;不大力发展电化教育,我国教育要实现三个面向无望”,他把这个看法上书中央,并在许多场合进行宣传,引起了广泛的社会反响。吉林省高教局梁植文局长对电化教育深有体会,他说:“如果我们眼光敏锐一点,早几年就下决心发展电化教育,我们今天的日子就要好过得多。”又说:“没有电教的突破,不会有教育的真正突破。”由于对电教的优越性有所认识,为电教办实事的各方领导也有不少。举最近从杂志上看到的一个例子,黑龙江省佳木斯市的市长,前不久亲临电教馆排忧解难,当场落实一些不易解决的疑难问题,其中为馆内有功于电教事业的市劳动模范落实一套70平方米的住房,把电教年经费从中央规定的0.5%,一下子提高到2.5%。教师通过现身说法宣传电教的也日有所闻。例如,“全国人民教师”奖章获得者、江苏省徐州市青年路小学教师张尔栋,热心电教,勤奋工作,用自己的电教实践,影响和带动全校95%的教师走上教学现代化的道路。过去,宣传电教好的多是电教人员;现在,一些有远见、有影响的社会人士,各方领导,优秀教师也来为电教做宣传、唱赞歌,这也是当前我国电教正处在美好时刻的一个重要标志。

## 二、困难、问题与争议

### (一)困难和问题

当前,我国的电化教育正处在美好时刻,但也面临着困难的挑战,有着不少的问题,主要有六个方面的困难和问题。

1. 队伍建设方面:数量不够,素质不高

我国电教队伍,大致有三类人员组成:(1)教学人员;(2)技术人员;(3)管理人员。他们从事着以下几方面的工作:(1)教学、研究工作。开设各种电教课程,从事电教理论、技术、方法的研究。(2)教材制作工作。包括编导、摄影、录像、洗印、录音、美工、编辑,等等。(3)设备管理工作。包括各种电教设备的选型、购置、管理、维修,等等。(4)资料管理工作。包括各种电教资料的收集、管理、复制、发行,等等。(5)行政管理工作。包括党、政领导工作,教学行政工作,财会、事务工作,以及电化教室、语言实验室的管理,等等。

我国电教队伍现有专职人员不足6万,对于一个10亿人口的大国来说,这支队伍显然嫌小。目前,各地各部门缺乏电教人员的现象,普遍存在。

最缺的是合格的电教人员。一个合格的电教人员,一般来说,应具备以下几个条件:(1) 热爱电教工作;(2) 懂得电化教育的一般原理;(3)懂得各种常用电教设备的使用技术;(4)懂得各种电教教材的编制;(5)懂得运用电教媒体进行教学、教育的一般方法。

也有人把一个合格的电教人员应具备的条件,概括为六个"三":(1)三种语言:中国语言、外国语言、计算机语言;(2)三种理论:学习理论、传播理论、电子理论;(3)三种媒体:大媒休、小媒体、综合媒体;(4)三种技术:编制技术、播放技术、维护技术;(5)三种方法:教学方法、科研方法、管理方法;(6)三种个性品质:勤奋、思索、创新。

以上的五条和六个"三",是电教人员应具备的一般条件。当然,各种电教专业人员,对上述条件,可以有所侧重。例如,搞电教理论的人,应该精通理论,也要懂得些技术、方法;搞电教技术的人,应该技术过硬,也要懂得些理论、方法。电教人员应该力争做到各有所长,一专多能。而这样的人,具备以上条件的人,目前在我国电教队伍中,还是少数。这种状况如不改变,要进一步发展我国的电教事业,是有困难的。

2. 媒体建设方面:先进的媒体,落后的形式

电教媒体是利用现代技术储存和传递教育信息的工具。它由两个相互联系的要素所构成:一是硬件,或叫器材、设备,即用以传递教

育信息的各种机器;二是软件,又叫教材,即各种教学片带。电教教材与电教器材的组合,就构成电教媒体。

这几年,在媒体建设方面的问题,主要有以下几个:

(1)先进的教学媒体,落后的表现形式。电视课基本上是“人头+黑板+声音”,没有发挥现代教学技术手段的优势,效果不够理想,这是群众对电视课的批评。

(2)媒体的选择、制作、使用中的问题:结合教学不紧;选题过宽、节奏过快、字幕过多、配乐过繁;事前不重设计,事后不重评价,结果,目标不明,质量难以保证。

(3)重重轻轻、重大轻小、重制轻用的倾向,依然有所表现。对重设备,或大媒体,如电视录像系统、计算机教学系统等重视;对轻设备或小媒体,如幻灯、投影、录音等轻视。录音使用最广,可是没有几个人对它的教育功能和效能作深入的研究,在处理“制”与“用”的关系上,只想到制,很少想到用,忘了制是为了用,结果,做出的许多片带,用处不大,用得不多。

(4)教育观念淡薄,缺乏理论思考。一般来说,媒体的选择、制作和使用,应遵循四个原则:科学性原则、教育性原则、技术性原则、艺术性原则;反映四条规律:最小代价律、共同经验律、多重刺激律、抽象层次律。但我们缺乏这种思考。这是当前媒体建设中的主要问题。

3. 理论研究方面:各自为战,缺乏总体规划

我国的电教研究,不论是基础研究还是应用研究,都很薄弱。对许多基本的概念、理论,还难于说得清楚;对实践中的一些问题,还难于作理论的回答。我们的电教理论远远落在实践的后面。

对外国电教的研究也很不够,缺乏对它们的系统了解。

在电教研究中, 许多同志还不善于运用现代化技术手段和科学的研究方法。在一些问题的探讨上,存在着这样一种倾向:偏重于抽

象理论的推导,忽视具体实际的论证;偏重于定性分析,忽视定量分析。尽管每一道理也能自圆其说,却较少实践价值,说服力不够,有些也经不住深入推敲。

当前,电教研究中的主要问题:各自为战,缺乏总体规划,有不少自发性、盲目性。课题的分布不够合理,宏观研究的文章不多,有领导、有组织地进行系统的、综合的和整体性的研究不够,这种情况是应该加以改变的。

4. 推广应用方面:投入与收益不平衡

当前推广应用中的主要问题:

(1)信息不灵。制作、出版部门与使用部门之间,校际之间,校内电教资料中心与师生之间,交流通道太少,你有什么,我不知道;你要什么,我不明白。

(2)有用的教材、资料不多。用传统教法(粉笔+黑板)能讲清楚的,你有;讲不清楚的,你无。内容紧扣教学重点、难点的片带较少;有的内容涉及面过宽,使用不便。系列化、成套化的教材更少。这都影响了大面积的推广应用。

(3)场地不足。有的学校几千人,一个演播室,一个播放室。说储存磁带几千盘,到何处去用?

(4)教师用得较少。可分三种情况:一是不愿用,认为粉笔加黑板照样可以教学;二是嫌麻烦,借片子,搬机子,联系播放场地,费力费时,多麻烦,何必运用;三是不会用,对电教手段不熟悉,想用但不会。所以,有人说:没有电教技术、方法的培训,就不会有电教的发展。这个说法,不无道理。可惜我们许多电教机构,很少注意去做这个工作。

以上几方面的情况和问题,汇总起来,在人们头脑中造成了一个印象:在学校电教的推广应用上,投入与收益不平衡,投入多于收益。如获取媒体所投入的人力、财力、物力较多,而媒体的使用率不够高,教学收益较少。工作了八分,成绩得了六分。这是一个需要认真对待的问题。

5. 组织管理方面,缺乏有力的立法保证

我国各级电教机构的建立,中央、省和高等院校比较健全,地、县和中小学不够完善。尚有38%的地、市无机构,县一级单位近2/3是属于附设在其他单位中或只一两个专人管理,很不利于工作。有大量的中小学尚未建立电教组织。

有关电教的规章制度,例如,电教工作条例,电教机构设置与人员编制办法,电教经费及使用办法,电教人员的培养,任用、待遇、奖惩、职称评定办法,电教设备和资料的管理办法,电教教材的编审、出版、交流、发行的办法,等等,还有待建立和完善,并正式颁布实施。

当前,电教组织管理方面的关键问题,是缺乏有力的立法保证。许多事,得看领导的眼色,他支持,你能办,否则就不能。这种状况不改变,不解决电教立法问题,要进一步发展电教,难上难。

6. 思想认识方面:缺乏明确的指导思想

对于下一步该如何走,中国的电教应向何处去,在许多人的思想认识上,并不是很明确的。

关于中国的电教应向何处去,有过几种回答,例如,“深入学科,深入课堂”,“深入课堂,走向社会”,“面向学校,兼顾社会”,“立足学校,面向社会”等。这些提法,是否科学?是否适合我国的国情?怎样的提法最好?对于这些问题,要进一步思考,把它弄清楚,这对深入发展我国电教事业关系很大。

以上六个方面,是当前我国电教发展中面临的几个主要问题和困难。造成上述困难和问题的主要原因,大致有以下几个:

1. 我国的教育改革尚未形成浪潮

联合国教科文组织的调查报告中指出:近二十年来,世界范围内教育领域的改革,只是表明了要进行改革的愿望,并没有取得重大的突破。我国教育改革的状况,大致也是如此。我们已经迈开了改革的步子,但进展比较缓慢,特别是教学领域的改革。正如有人所描述的:多少年来,我们的教学领域像是一池死水,虽然有时也有人向它投入几颗石子,在池面激起点点浪花,可是,浪花飘过,池面很快又恢复了平静,石子沉到水底,并没有引起池水多少变化。这个描述,是形象的,也是颇为恰当的。电化教育与教育改革血肉相连,教改如此,电教要取得较快的发展是很难的。

2. 教师队伍现状不够理想

据 1983 年统计,我国大、中、小学和幼儿园共有专职教师 899.43 万人。这支教师队伍,数量还不足,质量还不理想,尤其是中、小学教师,不合格的比重比较大,中学为 64.4%,小学为 41.5%。前几年,整个教师队伍的建设,主要致力于补充足够数量的教师。近两年,才开始致力于减少不合格教师的数量。提高教师的思想水平和业务水平,是一个需要经过较长时间和艰苦努力才能解决好的事情。在目前的情况下,许多教师对他所担任的学科的教学内容和教法尚不熟悉,谈不到对新的教育技术的钻研,也很难对电教表现高度的热忱。

3. 教育经费有限,电教投资不足

我国用于教育的经费比较少。据统计,在世界 151 个国家中,按人口平均所占的教育经费,依数字大小排列,我国是第 149 位,倒数第三位。1975 年,我国每人平均的教育经费是 2.7 美元,美国是 471 美元,日本是 247 美元,苏联是 146 美元,印度是 3.9 美元,我们比有些国家低百倍以上,还不如印度。

自 20 世纪 70 年代末以来, 我国教育经费每年都有所增加。但是,由于欠债多,人员增长快,实际用于开展业务的经费仍很有限。

教育投资少,电教投资更少。按规定,各省、市、自治区和高等学校的电教经费,应占整个教育经费的0.5%~1%,可是目前能达到这个比例的为数很少。

4. 电化教育本身还稚嫩、虚弱

我国办电教,时间不能说短,但是,真正地全面地在学校和社会教育中开展电教，还是近几年的事。电化教育在我国还处在幼稚阶段,尚属新生事物。新生事物,从远景看,是不可战胜的,前程似锦。从近景看,终究还是稚嫩的、软弱的。它本身的五大建设(队伍建设、器材建设、教材建设、理论建设、法规建设),还很不健全。它还不是那么强大有力。它所具有的魅力,还不足以吸引更多的人对它关注、向往和产生感情。

(二)电教理论探讨中的几个争议问题

近几年来,我国电教界在理论探讨中,有着不少争议的问题,下面介绍其中的几个。

1. 电化教育的名称问题

这个问题涉及三个方面:要不要改变名称;何时改和如何改;改成什么。

关于要不要改名,有两种主张:要改和暂时不改。

主张改名的理由,综合介绍如下:

(1)电化教育这个名称,当时定名不是正式的,没有经过有关各方详细讨论,也没有进行科学分析,一两个人说了就算。

(2)当时不曾料到电化教育将会成为一门专业学科。

(3)电化教育这一名称提法不科学,字义不确切,名不符实,容易使人将电教从非电教中割裂开来。

(4)电化教育这种提法,令人有重“硬”轻“软”的感觉,似只强调了设备,而忽视软件建设。

(5)电化教育只限于用几种电教手段进行教育活动,没有表达出这一学术领域的本质,排除了其他许多极其重要的教学手段。

(6)电化教育这一名称已不能概括其事物的实质。至于人的姓名与科学的名称是不能相提并论的,人名仅是一种符号而已,不涉及一个人的实质,而科学名称则应反映该事物的实质与特征。

(7)这一学科的目的主要是运用媒体以达到最佳教育效果,许多媒体已大大超出"电"的范围,不改就只好倒退。

(8)今日科技发展迅速惊人,电化教育这一名称已成为昔日黄花,既不适应今日教育科学发展的要求,也不符合这一学科的概念和研究对象,如继续沿用下去,会大大影响到教育传播技术的全面发展。

(9)电化教育这一名称,造成了许多弊端:①逻辑上混乱。许多人将"电化教育"扩大认识,超越了"电"的范围,而"电教手段""电教教材"的含义却又限制在"电"的范围以内。②"电"与"教"脱节,"电教"与"传统教育"对立。电教姓教的问题长期以来并没有解决,这种现象是普遍存在的,电化教育的提法对此是不无影响的。③电教从教育中自我孤立,自我隔绝。电教越是自成体系,与外界孤立与隔绝的现象就会越严重,最终走入死胡同。教育界不懂电教,与电教不沾边,电教人员知识结构不理想,电教名称不妥也许是原因之一,其结果是使电教"事倍功半"。

(10)电化教育这一名称概念不清,仅能做为教育的一个部分领域,而不能做为学科的命名。

(11)有人认为"电化教育"这一名称是中国特色。学科本身不应强调哪一国的特色,应该是世界各国共同的,否则就无法进行国际交流。

(12)电教这一术语,只能体验部分视与听,触觉怎么办?教科书、插图、颜色、字体、图表、黑板、参观旅行等获得的知识又怎么办?一切软件的制作安排又摆在哪里?学生要从各方面获得知识,只是课堂是不够的,只是以电作为手段也很有限。

(13)电化教育这个名称已脱离时代需要,沿用这个名称已不适宜。一定了名就不能改了,只能说明我国的保守思想、习惯势力较重,不像外国,随着事物的不断发展,名称也不断改变。

(14)中央教育科学研究所、北京师大、华东师大也不用电化教育这个名称。

主张暂时不改的理由,综合介绍如下:

(1)电化教育这个名称,是我国教育界人士在讨论为当时(20世纪30年代)推行的电影、播音教育的定名问题时提出并确立的。参加讨论的有老教育家陈剑修、俞庆棠、吴研因等。这个名称出现后,有过多次争议。40年代初,南京金陵大学提出将电化教育改名为影音教育;50年代初,北京师大的电化教育馆改名为直观教育馆;70年代末,有的人主张用现代化教学手段来代替电化教育。虽然有着争议,但电化教育这个名称一直活着,直到今天。

(2)电化教育这一名称虽源出于30年代,然而真正在国内广为流传还是70年代末、80年代初的事。这一名称时兴起来的背景,正是出现在我国强烈希望实现社会主义四个现代化的时候,换句话说,这一名称是作为教育现代化被广泛理解和接受的。事实上也是如此,从党政领导者和电教工作者,从理论工作者到实际工作者,包括主张更名的同志在内,也并没有拘泥于这一名称而束缚着自己的手脚。从国家有关电教的政策、法令、指示,直到教师、学生的理解,并没有出现主张更名者所谓的"限制""割裂""倒退"的迹象。

(3)不能说"电化教育"这个名称不科学。事物的名字,有的反映了事物的本质,有的没有,也不一定要反映事物的本质。一个会看病的人,你叫他医生也行,大夫也行,都科学。一部用电力发动的机器,你叫它马达(外来话)也行,电动机也行,都科学。

(4)不能说“电化教育”这个名称过了时。微电子技术是当今先进技术的首席代表。当今,电化教育的“电化”这个词的概念,已从历史上的“电气化”,发展为现代的“电子化”。电化教育,从某种意义来说,也就是用电子技术手段来进行教学、教育。用电化教育这个名称,并不会与时代脱节。

(5)电化教育这个名称,具有中国特色,适合中国国情,已日益为人们所熟悉、所接受,不要轻易去变它。我国的电化教育,虽是在外国视听教育的影响下产生的,但与外国的视听教育不同。它从出生起,就走着自己的发展道路,这就是先集中精力着重研究现代教育媒体的教育、教学功能与效能的道路,从这些年来的研究成果中,都可以清楚地看到这个特点。我们应为建立具有中国特色的电化教育而努力。

(6)电教不能很快上去的主要因素,不在于定名上,而在于需要我们拿出实绩来。“电”与“教”脱节,重“电”轻“教”的现象,在那些不用“电化教育”名称的学校,同样存在,而且还有过之。

(7)如果改变名称,用主张更名者提出的那些名字,现有电教专业的教学计划、培养目标、课程设置、教材与设备等,都必须改变。培养目标不能只是我们现在所要求的电教领城的人员,课程设置必须涉及所有的教学资源,包括有关一般教育媒体的课程,这样做,师资问题、教材问题,等等,如何解决?如果只改名称,课程和教材等都不变,只是为了要和外国的名称一致,这又有多大意义呢?

(8)如果改变名称,用主张更名者提出的那些名称,现有的各级电教机构,从中央的到地方的,各级学校的,它的性质、任务、人员知能结构,等等,都得改变,这对刚刚兴起的电教事业,刚刚建立的电教专业,对我国教育事业的发展,到底是有好处,还是有坏处?

(9)目前更名可能弊多于利。我国的电教,作为一种事业来说,还没有完全站稳脚跟,许多理论和实际问题,亟待我们研究解决,要做的事实在太多,如在当前在全国范围内为更名去呼号呐喊,把精力花在解释说明上,那不仅会造成混乱,甚至会走向更名目的的反面,严重影响电教事业的发展。

(10)为了便于国际交往,可否采取这样的做法:中国名字——电化教育,外国名字——AudioVisual Education,像北京高校电教协会的这个译法,或 Educational Technology。新中国成立前苏州东吴大学就是用的这个办法:中国名字——东吴大学,外国名字——Suzhou Uuiversity。

关于何时改、如何改,有以下几种主张:

(1)现在就改,没有再保留"电化教育"这个名称的必要。

(2)现在改某些部门,暂允许各打各的牌子。对内的行政职能和服务工作,仍保留"电化教育"的名称;学科建设和对外的学术交流,则用新的名称。

(3)目前可采用乳名和大名,或者有字、有号的命名制,两种名称并用,用加括号的办法解决。在理论研究、学术探讨、业务教学中,采取新的名称;在国内公开书刊、正式文件、组织机构中沿用原名称。

(4)"七五"期间仍用"电化教育"的名称,以后再定。

关于改成什么,提出的名词很多,例如:教育技术、现代化教育技术、教育传播技术、教育传播与技术、教育系统技术、教育信息媒体、信息媒体教育,等等。到底改成什么名称好?似乎较多的人主张用"教育传播与技术"这个名称。

以上简单地介绍了关于电化教育名称问题的讨论,这个讨论并未结束,仍在进行。

2. 电化教育的本质问题

什么是电化教育的本质?这也是一个有着争议的问题。对于这个问题,大致有以下几种不同的见解和说法:

(1)教育方式说。认为电化教育从本质上说是一种新型的教育方式,它所涉及的是教育的某几个部分,而不是教育的全体。它并没有自己的特殊的教育目的和教育内容,只是采取特殊的教育器材、教材形态、教育方法、教育形式、教育设施,来传递教育内容,实现教育目的。

(2)新教育说。认为电化教育是教育发展的新阶段,是教育的延伸与发展,是一种新教育,它涉及教育的各个方面。

(3)手段、工具说。认为电化教育是辅助教师讲授的一种重要手段或工具(主要指电教器材、设备、教材、资料)。

(4)新形态教育说。认为电化教育是一种新形态的教育,教育形成一种新的形态,并不是同时完成的,它需经历教育手段—教育方式—教育形态的逐步成型过程。我国的电化教育,目前还只是处于某一些新手段的初期试用阶段,距离形成一种完善的新方式和健全的教育形态,尚有很长一段路程。

(5)方式与过程说。认为电化教育是属于现代教育范畴的一种新的教育方式,它不只是一种新的教育工具,不只是一种新的教育方法,不只是一种新的教育内容传递形态,不只是一种新的教育形式,而是所有这些的综合,是一种新的教育方式。它又是一个过程,一个人机协作,高速优质地培养人的过程。

关于电教本质问题的讨论,还会继续深入进行。

3. 电化教育的定义问题

如何定义电化教育?对于这个问题的回答也是多种多样的。《电化教育》杂志编辑部将近几年来书刊上见到的关于电化教育的定义作了摘录，编了一个"电化教育概念录"，在该刊增刊 1984 年第一期发表，总共摘了 11 条。1985 年第二期《电化教育》增刊，又发表了《对若干"电化教育"定义的内容分析》一文，在这篇文章里，作者用内容分析法，并假设了 7 个评判项目，对 13 种电化教育定义进行定量分析。分析结果发现，所有定义者对电化教育的理解有较高的一致性，只不过陈述的方法不同。

1985 年由高等教育出版社出版的《电化教育学》是如此定义电化教育的："运用现代教育媒体，并与传统教育媒体恰当结合，传递教育信息，以实现教育最优化，就是电化教育。"这本书的编者认为，完整地理解电化教育这个概念，有几点需要注意：

（1）电化教育必须要运用现代教育媒体。所谓现代教育媒体，就是当前教育上所使用的电子技术媒体，它由两个部分构成：一个是硬件，一个是软件。硬件是指各种教学机器，如幻灯机、投影器、录音机、电影机、电视机、电子计算机，等等。软件是指已录制的、载有教育信息的幻灯片、投影片、录音带、电影片、录像带、计算机课件，等等。在教学、教育中，正确地运用了现代教育媒体，这种教育活动，才能算是电化教育。

（2）电化教育并不排斥传统教育媒体。所谓传统教育媒体，主要是指粉笔、黑板、文字教科书、挂图、标本、仪器、模型，等等。在电化教育中，不是不能运用这些传统教育媒体，而是要使这些传统教育媒体与现代教育媒体恰当结合。

（3）电化教育必须遵循现代教育科学理论的指导。在教学、教育中，虽然用了现代教育媒体，但是，不符合现代教育科学理论的要求，也不能算是真正的电化教育。

（4）电化教育的构成，有两个基本要素，一是现代教育科学，特别是现代教学论和教育传播理论；一是现代教育技术，主要指当前教育上所运用的电光、电声、电控技术,两者缺一不可。电化教育是现代教育科学和现代教育技术的统一与融合。

(5)电化教育的目标,是改进教学、教育,实现教学、教育最优化。它的最终目的,是高效优质地培养社会主义建设事业所需的人才。

关于电化教育定义问题,人们还在继续探讨,目前还没有一个为大家公认的定义。

4. 电化教育学的对象问题

电化教育学的研究对象是什么?这也是这几年有着争议的一个问题。比较有影响的主张大致有以下两种:

第一种主张认为,电化教育学要探讨的是"怎样利用各种资源,包括人力、物力和财力,以获得卓有成效的教育效果"。电化教育学"是探讨教育系统和教育过程中的各种相互作用及其规律的"。这种主张认为,电化教育学的研究对象有三个方面:(1)怎样利用各种人力、物力资源来提高教育效果。人力资源是指:学生、教师、校长、家长及其他行政管理人员。物力资源是指:①学习环境,包括校内——教室、实验室、图书馆、体育馆等;校外——博物馆等;②教学条件,包括教材、图书资料、仪器设备、视听手段。(2)教育系统中的各种相互作用。主要是:①教师和学生的相互作用;②教学手段和感觉器官的相互作用;③感觉器官和大脑的相互作用。(3)教育过程中的信息传递规律。这种主张同日本板元昂的主张是一致的。他们把电化教育学的研究对象扩大到与"教育学"的领域几乎相同。

第二种主张认为,电化教育学的研究对象是电化教育现象及其规律性。这种主张的基本观点有以下五点:(1)电化教育学所探讨的是怎样用以教育科学、信息科学为主的现代科学成果,和以电子技术为主的现代技术成果来提高教育效率和效果,它所探讨的是现代科技成果在教学、教育中的应用。是成果的应用,不是现代科技本身。电影机、电视机的制作,不是电化教育的研究对象,它们在教学、教育中的应用,才是电化教育学的研究对象。各种学科,如教育学、物理学的理论本身,不是电化教育学的研究对象,如何综合运用与电化教育相关学科的理论来建立电化教育的理论体系,是它的研究对象。(2)它所探讨的是怎样利用与电教资源交织在一起的教育资源来不断增进教育效率,是与电教资源自然地交织在一起的那些教育资源,而不是一切教育资源。它所关心的,不是如何利用一般教室、图书馆或教材、教具;而是电化教室、视听阅览室、音像教材等来不断提高教学、教育的效率。(3)电化教育学也要研究教师和学生的相互作用,但不是一般情况下教师和学生的相互作用,而是在电教媒体影响下教师和学生的相互作用。它也要研究教学手段和感觉器官的相互作用。但不是一般的教学手段,而是电教手段和感觉器官的相互作用。它也要研究感觉器官和大脑的相互作用,但不是一般情况下的,而是在电教媒体影响下感觉器官和大脑的相互作用。(4)电化教育学也要研究教育过程中的信息传递规律,但主要是在电教媒体作用下的信息传递的规律。(5)任何一门学科,都有它的特殊研究领域,如果电化教育学与教育学或物理学的研究领域相同,那就要失了去它的存在意义。

## 三、充满希望的明天

我国电化教育的未来,将是什么样子,很难预言,这里只是对一些大的趋势,作一点预测。

我国电化教育发展的八点趋势:

### (一)明天将比今天更美好

当前我国教育上的一个突出矛盾:一方面,青年要学习,干部要文凭,国家要人才;另一方面,办学缺校舍,学校缺教师,教学缺效率。

青年要学习。我国十二周岁以上的文盲、半文盲为两亿三千五百八十二万零二人,他们迫切需要学习,学文化、学科学、学技术。我国各级学校升学率不够高,小学升学率为 76.6%,初中为 38.9%,高中为 3.8%。没有升学的,有的就业了,有的待业,不论就业的、待业的,在城市的、在农村的,都需要再学习。

干部要文凭。我国有干部两千万人,其中大学程度的只占 21.16%,其他的人学历都比较低,他们定职、提职要文凭,要搞好工作要学习。退休、离休干部的队伍日益扩大,他们要发挥余热,过好晚年,也要学习。

国家要人才。我国每一万名从事农业工作的人口中,只有三名大学毕业的技术员,工程技术人员仅占工业人口的 2.8%。各级各类人才都缺。

办学缺校舍。国家提出的办学最低限度的要求:"校校无危房,班班有教室,人人有桌凳。"这个标准在不少农村学校还没有完全办到。

学校缺教师。整个教师队伍中不合格教师占三分之一以上。

教学缺效率。吕叔湘在《语文教学中两个迫切问题》中说:"十年的时间,2700 多课时,用来学本国语文,却是大多数人不过关,岂非咄咄怪事!"这种怪事,这种教学上少慢差费的现象,不仅语文教学中有,其他许多学科的教学中也不同程度的存在。

要解决我国教育上的这个矛盾,只是采取传统的办学办法是不行的。道理很简单,我们不能光靠多盖房子来发展教育事业,不能光靠延长学制年限来提高学习效率。必须大力发展电化教育,开辟一条培养人才的高速公路。电化教育,特别是利用广播电视、卫星电视系统来解决上述教育上的矛盾,有着很大的优越性。

当今时代,社会生产的发展,有赖于教育的发展。社会生产的发展,关键在于人才,人才要靠教育来培养,没有教育的发展,很难有社会生产的大发展。而没有电教的发展,也很难有教育的大发展。今后,社会对电教将越来越需要,电教本身将越来越成熟,阻碍电教发展的因素将越来越少,电教发展的步伐将越来越快。这是合乎逻辑的。

我国电教的明天将比今天更美好,因为明天比今天更需要电教。

(二)社会电教迅速发展,学校电教稳步前进

社会电教,以成人和校外青年为主要对象。主要任务是扩大教育规模,为人们提供更多的受教育的机会。学校电教,则是以在校儿童和青少年为主要对象,主要任务是改进教学、教育,提高教育质量。

我国的社会电教将比学校电教得到更快的发展。因为,社会电教比较容易见效,最能适应广大人们对受教育的需求,从而受到社会的重视和支持。而学校电教,要实现肩负的任务颇为不易。影响教育质量的因素很多,电教在提高教育质量方面,还没有取得多少真正的突破,也没有明显地表现出在众多方面比传统教育更加优越。所以,当今发展中国家,一般多是着重利用电教来增加学习人数,扩大教学规模,同时,也尽可能地在有限的经费内,利用电教手段来提高教育质量。在今后的一段时期,我国的电教也将会是这个情况。

(三)电教在师资培训和个别教育、继续教育中将显示日益重要的作用

我国教师队伍的建设,新教师的培养,将主要依靠各级师范学校在职教师的培训、进修、提高,将越来越多地依靠电化教育。电化教育适应性强,能适应社会对各类各层次的人才需求,适应脱产与不脱产,以业余学习为主等多种学习形式。它还具有用较少的投资,培养更多合格人才的优势。

明日的社会将是一个信息化、知识化、学习化的社会,是一个活到老学到老的社会。在明日的社会里,个别化教育、继续教育、终身教育将要广泛兴起。电化教育在促进这几种教育的发展方面,有很大的

优越性。利用教育卫星,可以把教学信息传递到每一个角落,教学课堂,还可扩大至整个社会,深入到每个家庭和职工宿舍;利用教学计算机网络,把媒体资源中心和家庭微型计算机终端连接,可以把教学信息传递到每一个家庭,教学课堂可小至单人座位,课堂的形式和大小将不固定,从单人到整个社会之间,可进行多种选择,这就为开展个别化教育、继续教育提供了极为有利的条件。

(四)电教教材建设将向现代教材体系的方向发展

现代教材体系,由两个部分所构成:一是书本教材系统,又叫文字教材或印刷教材,包括教科书、讲义、教学指导书、学习指导书、习题集、实验实习指南等;一是电教教材系统,又叫音像教材、视听教材或非书教材,包括幻灯教材、投影教材、录音教材、电影教材、电视教材、计算机课件、唱盘教材、视盘教材等。两类教材都以教学大纲为依据,为实现同一教学目的服务。

建立现代教材体系,也就是要实现各科教材的系列化、成套化。教材的系列化、成套化,这是当今世界教材建设发展的趋势。今后,文字教材建设和电教教材建设各搞各的、互不过问的现象,将会改变。电教教材的编制将与文字教材的编写同步进行。一门学科的教材编审委员会,将既负责组织编写和审定文字教材,又负责组织编制和审定电教教材,逐步做到各科教材的系列化、成套化,建立完整的现代教材体系,并像欧美和日本等国那样,做成教材箱或学习包,供教师和学生使用。

(五)一个媒传学校(远距离教育)系统将逐步建立

为加快我国教育事业发展的步伐,把全体人民培养成为四有(有理想、有道德、有文化、守纪律)公民,保证社会发展和经济建设所需要的各种人才。一个与普通学校系统并行的媒传学校系统,将在我国逐步建立。

所谓媒传学校,是一种综合利用多种媒体(印刷材料、广播、录音、电视、录像等)和多种方式(面授、电报、函授、刊授等)进行教学的学校。它把函授学校、刊授学校、广播学校、电视学校、面授学校等融为一体。媒传学校的宗旨:为一切有志于学习的在职青年、社会青年和成人,提供便利的、高质量、低学费的学校教育。

媒传学校的教学方式:(1)远距离教学与面对面教学相结合;(2)自学与小组学习和辅导相结合;(3)在家或工作岗位上学习与短期住校学习相结合;(4)通过多种媒体、多种形式进行教学。

媒传学校是一种现代型学校,举办这种学校,既可节省人力、物力、财力,又可保证质量,扩大规模,是适合我国国情的,也是多快好省发展教育事业的有效方式。

(六)电化教育的内涵和外延将不断扩充

随着现代科学技术的发展,电教改革的深入,一个大电教概念将逐渐形成。大小电教概念的区别,主要有以下几点:

1. 小电教:施教对象是6岁初小入学儿童到22岁大学毕业学生。

大电教:施教对象是各个年龄阶段的人、人的一生。

2. 小电教:建立在一次教育理论基础上,以教育就是培养人才为指导思想。

大电教:建设在终身教育理论基础上,以提高全民族的素质,多出人才,出好人才为指导思想。教育要出人才,但更重要的是提高民族素质,把全体人民培养成为符合社会主义现代化建设要求的、具有高尚品德和文化素质的公民。

3. 小电教:研究对象是现代教育媒体。

大电教:研究对象是电教媒体、电教方式、电教过程、电教现象,等等。

4. 小电教:只重视与普通教育、高等教育的关系。

大电教:重视与各种教育(普通教育、高等教育、幼儿教育、成人教育、特殊教育、职业技术教育、扫盲教育、社会教育、学校教育、家庭教育,等等)的关系。它们的关系是你中有我,我中有你,互相需要,互相促进。

5. 小电教:只管学校课堂,对社会课堂采取旁观态度。

大电教:既管学校课堂,又管社会课堂。

6. 小电教:只管第一课堂,只重视认知因素(感觉、知觉、思维、记忆等)和知识的传授。

大电教:既管第一课堂,也管第二课堂;既重视认知因素,也重视非认知因素(兴趣、情感、意志、态度等)既重视知识的传授,也重视能力和情感的培养。

7. 小电教:是封闭型,学校几乎成了实施电教的唯一场所。

大电教:是开放型,学校、社会、家庭形成三足鼎立,组成网络。

8. 小电教:只是国家办电教。

大电教:国家、集体、个人都可办。

9. 小电教:电教单位(如电教局、电大、广播学校、卫星电视教育办公室、计算机教育中心等)各自为政,各行其是。

大电教:把电教的各个方面组成一个统一体。

明天的电教概念将会扩充,但不会无限扩大,否则,它将变成另一种东西,而自身不再存在。例如,电化教育是以电光、电声、电控技术为标志的现代教育媒体及其应用为核心,如果去掉“现代”,去掉“电光、电声、电控技术”的标志,以“教育媒体”为核心,那就变成了现在人们一般理解的狭义的教育技术学,而不是电化教育。又例如,如果把电化教育理解为不是以现代教育媒体及其应用为核心,而是“运用科学的理论和方法去分析、研究、设计、实施、评估、改进教与学的过程”,那就变成了一般理解的广义的教育技术学,或教育工艺学,电化教育自身也就不再存在了。如果采取这样的扩大法,何止电化教育存在不了,教育技术学或教育工艺学也没有建立的必要,因为,现代教学论不就是以此为研究对象吗?

(七)电教专业培训的范围将扩大

当前,高师电教专业的培养目标一般为四个,今后培训的范围将扩大。新兴的教育电视台和普通广播电视台教育部专业人员的培养,中等和高等学校新设的有关课程,如“计算机教育”“影视概论”“非书教材的制作与应用”等教师的培养,将会作为高师电教专业的任务,除培养专科生、本科生外,今后还将增加培养研究生、进修教师的任务。

(八)电教科研将日益得到重视

电教实践需要理论的照明,今后电教研究将日益受到重视,将有一批电教研究的专门机构建立起来。电教的基础研究和应用研究,微观研究和宏观研究,历史的研究和现状与未来的研究,个人研究和集体研究,定性研究和定量研究,都将受到重视,因为对于电教科学的发展来说,这些都是需要的。但是,在安排电教科研项目时,将会更多地注意后者。

今后,电教研究的方式将日趋现代化,日益表现出以下的特点:(1)在思维上是创造的;(2)在实践中是参与的;(3)在范围上是开放的;(4)在方法上是系统的;(5)在组织结构上是群体化的。

“七·五”期间,一些重大课题,如“电教的基础理论与理论基础”“电教课程、教材和教学过程的设计与评价”“卫星电视教育研究”“计算机教育研究”,等等,将会得到更多的关注。

(原载于《电化教育研究》1987年第2、3期)

# 我们对电化教育知道多少

今年(指 1987 年,编者注)春天,在北京,我去拜访孙明经先生。孙先生是我国早期电教奠基人之一,我每次去北京,都要去看望他,每次在同他的交谈中,都会得到许多有益的启示。在这次访谈中,我得到的教益也是不少。记得,孙先生谈到他当年在金陵大学办电教遵循的原则:有什么条件,用什么条件,缺什么条件,创造什么;有什么需要,解决什么需要;有什么新事物,追踪什么新事物。这几个原则,对于我们今天办电教,不也是很有参考价值吗?孙先生还谈到,目前我国电教界,信息交流太少,对此颇为遗憾。他希望能办一张《电教信息报》,把我国电教界同志们在事业上、工作中的成就和失败,经验和教训,欢乐和烦恼,很快传播到各方,让大家共享,激励大家为发展我国电教事业做出更大的努力和贡献。他的这个意见多好啊!我想,这也是广大电教工作者的共同愿望。我特别对孙先生的下面这段话,感受很深。他说,我国的电化教育,作为一项事业已有五十多年的历史,作为一门学科,也有近十年。经过一段时间的辛勤实践和理论研究,我们的同志对于电化教育已经知道了不少的东西,我们应当把这些东西,告诉全国,告诉世界。他的这番话,使人欣慰,发人深思,我曾为此久久思索:我们对电化教育到底知道多少?我们可以告诉全国和世界的东西到底有哪些呢?

对于这个问题,我的粗浅认识是:我对电化教育知道了一些,但不知道的还很多很多。知道了哪些?下面谈几点主要的看法。

## 一、电化教育姓"教"不姓"电"

电化教育姓"教"还是姓"电"？这是一个关系着我们办电教的方向和出路的大问题。前几年，我们的不少同志对于这个问题的认识是模糊的，有的甚至是错误的。下面，谈谈我所经历过的、所看到和听到过的几件事：

1984 年，我曾收到海外的一位传播学家的一封来信，他在信中说："几次回国，访问过几间学校的电教中心，让我看见的都是各种机器，软件似乎很缺乏，理论资料似乎更缺乏，听说教理论和软件制作的人才也很缺乏。我也曾看过几部片子，并与大家在一起座谈过，但大家对片子的评价，都是从拍摄技巧和艺术的角度进行分析，很少从教育和学习的角度进行分析。这是一个问题，应该寻求一个平衡。"这位先生的这个观察是颇有深度的，他信中所谈的，确是事实。前些年，当外面有人来参观我们的电教中心或电教馆时，我们给人家看的，想给人家看的，难道不就是演播室和机器设备吗？我们曾经给人家看过多少的自己的理论研究成果和自己制作的教学软件？我们在评议电教教材时，有多少人从教育和学习的角度进行了分析？这确实是个问题。

也是 1984 年，某高校毕业生分配时，电教中心向学校打了个报告，要求留几个人：物理系 2 人，教育系 2 人，中文、美本、音乐系各 1 人。结果，物理系的 2 人留下了，其他系的一个不给。人事处长说，你们电教中心要教育、中文、美术、音乐系的人做什么？

1985 年，某高校打算办电教专业，有人说，电教不就是开开关关、摆弄摆弄电视机、录像机，搞电教，有设备就行。电教人员，懂得操作机器就行，懂得电就行。这样的人，办个短训班就解决了，还要办什么专业？

前几年,有的高校办的电教专业所开设的专业课程多是电子、电磁、电工、无线电等带“电”字的一类,带“教”字的课程很少。电教研究机构着重研究的课题,是电视录像技术、卫星接收技术、电子计算机技术等,对电教基础理论、媒体与教学、电教管理等的研究没有得到应有的重视。在我们电教队伍中,重电轻教、重硬轻软,重技术轻理论与教学的现象,相当普遍地存在着。

这是为什么?为什么会产生上述现象?

为什么有人参观,我们给人家看的多是机器设备,很少电教教材,更少理论和教法研究成果?

为什么我们评议电教教材,很少从教育、学习的角度进行分析?

为什么人事处长对教育、中文、美术、音乐等专业的毕业生一个不给?

为什么有人对办电教专业觉得没有必要?

为什么有的学校举办电教专业,非带“电”字的课程不开?

为什么我们的专门电教研究机构的重点研究项目中,很少电教基础理论和媒体教学等方面的研究课题?

为什么我们制作的有些电教教材,在教学上使用价值不高,教师不那么欢迎,只能长期置于“冷库”之中?

造成上述现象的原因,可能多种多样,但最根本的原因,是对电教的性质有所误解,以为电教姓“电”不姓“教”。

这样的认识,现在已有所改变。近两年来,电教界的同志们,经过实践中的体验,经过对电教本质和电教过程规律的探索,逐渐认识到,电教不是姓“电”,而是姓“教”。

这个认识,在当今对电教人员的要求上,在电教专业的培养目标和课程设置上,在电教科研课题计划上,等等,都有所反映。不仅电教人员,而且不少社会各界人士,对电教姓什么的问题也日益有了明确的认识。例如,中国人民银行顾问乔培新同志提出:“在教育改革中,应突出提高电化教育的地位和作用”,认为“单用在教室先生讲学生听这种手工教育方式来发展我国教育,本世纪无望;不大力发展电化教育,我国电化教育要实现三个面向无望”。吉林省高教局梁植文局长说:“如果我们眼光敏锐一点,早几年就下决心发展电化教育,我们今天的日子就要好过得多。”又说:“没有电教的突破,不会有教育的真正突破。”他们都把电化教育与我国教育的发展,紧紧地联系在一起。

电化教育不是姓“电”,而是姓“教”。因为:

电化教育的对象是人,不是物。办电教的目的,是提高教学、教育效率,高速优质地培养人才。

电化教育所关注的,主要不是电光、电声、电控等现代技术本身,而是各种现代技术在教学、教育中的应用。

电化教育作为一门学科,是教育科学的一个分门;作为一种事业,是一种教育事业。电教工作者,不论是教学研究、教材制作、硬件技术、情报管理等人员,都是教育工作者。

## 二、我国的电化教育是以现代教育媒体的研究和应用为核心

我国的电化教育,产生于20世纪30年代,虽然它是来源于美国的视听教育(关于这个问题,这次在北京,据孙明经先生说,40年代初,他在美国,美国人认为,他们的视听教育是来自中国。当时,在美国的视听教育杂志上,常常可以看到用毛笔书写的这样一句话:“百闻不如一见,一画能当万言”,这是我国古代的一句富有哲理的名言,美国的视听教育,就是在接受了中国的这个思想下兴起的。这确是一个新观点,值得进一步研究。不过,目前,一般的看法是,中国的电化教育,早期用电影、幻灯辅助教学的做法,是来自美国的视听教育),

但是,从它出生之日起,就是适应着我国的国情,走着自己的发展道路,即以现代教育媒体为核心的发展道路。解放前如此,解放后继续如此。

以现代教育媒体的研究和应用为核心，是我国电化教育的最大特色，是我国的电化教育与外国的视听教育或教育技术等的最大区别之处。

外国的视听教育是以教育媒体（包括传统教育媒体和现代教育媒体)的研究和应用为核心。它是运用各种视听媒体(包括传统的,如粉笔、黑板、挂图、标本、仪器等,和现代的,如幻灯投影、录音、电影、电视、电子计算机等),传递教育信息,以实现教育最优化。

外国的教育技术,是利用一切教育资源(包括人力、物力、财力、资源)和教育过程的各个组成因素,来实现教育最优化。它在研究中,对教育系统、教育过程的所有组成要素,同等对待,一视同仁。

我国电化教育,则是以现代教育媒体的研究和应用为核心。它是运用现代教育媒体,并与传递教育媒体恰当结合,传递教育信息,以实现教育最优化。

三者相同的地方是，所追求的目标是一致的，都是为了改进教育,实现教育最优化。

三者不同的地方是,在研究和应用中,视听教育是以教育媒体为核心;电化教育是以现代教育媒体为核心;教育技术没有核心,同等重视教育系统、教育过程的所有组成要素。

以现代教育媒体的研究和应用为核心，是我国电化教育的最大特色。我国的电化教育,为什么会形成这个特色?为什么会走着以现代教育媒体为核心的发展道路?这是由于,走什么道路,决定于客观需要,而不是人们主观意志所决定的。我国的电化教育,走着以现代教育媒体为核心的发展道路，也就是先集中精力着重研究现代教育媒体的教学、教育功能与效能的道路,这是由我国国情所决定的,也是发展我国教育事业的需要,发展我国教育科学的需要。我国教育事业要进一步发展,必须对教育媒体进行深入的研究。在电化教育出现以前,这方面的研究基本上是个空白。在现阶段,有一门学科——“电化教育学”,有一部分人,先集中精力从事以现代教育媒体为核心的研究,对促进我国教育事业和教育科学的发展,是很有好处、很有必要的。

### 三、电化教育学是一门综合性学科,它的理论体系由七论构成

电化教育和电化教育学是两个不同的概念,前者是事业的名称,后者是学科的名称。电化教育学是电化教育的理论形态,是电化教育实践的理论化。在我国,是先有电化教育这个事,时间是20世纪20年代;后有电化教育这个名,时间是30年代中期;再有电化教育这个学。电化教育学的学科体系,是近几年来逐步形成的,到今天,也只是有了个基本架构,形成了雏形。

电化教育学的性质,从它的来源说,它是教育科学的一个分门,是教育科学这个大系统中的一个子系统。从它本身来说,它是属于交叉学科中的综合性学科。它是以马克思主义哲学为指导,采用“三论”提供的科学方法,以学习和教学理论、传播理论为主要理论基础,并利用教育学、心理学、物理学、化学、生理学、社会学、管理学、工艺学,以及文学、艺术等等的理论和方法,对电化教育现象进行综合研究的一门学科。电化教育学的性质,用简单的话来说,就是它的家庭出身是教育科学,它的本人成分是综合性学科。

我国电化教育学的理论体系由七论构成。七论是本质论、功能论、发展论、媒体论、过程论、方法论、管理论。

本质论的基本观点:电化教育,就是运用现代教育媒体,并与传

统教育媒体恰当结合,传递教育信息,以实现教育最优化。电化教育是一种新的教育方式,又是一个过程,人机协作,高速优质培养人的过程。

功能论的基本观点:电化教育有两个基本功能,四个基本作用。两个基本功能是:(1)它能不受时间、空间、微观、宏观的限制,将教学内容中涉及的事物、现象、过程,全部再现于课堂,极大地丰富学生的学习资源,扩大知识领域;(2)它能提供代替的经验,使抽象概念半具体化,具体事物半抽象化,从而使教学、学习变得比较容易,既容易转向具体实际化,也容易转向抽象概念化。四个基本作用:(1)提高教育质量;(2)增强教育效率;(3)扩大教育规模;(4)促进教育改革。

发展论的基本观点:我国电化教育的发展,大致经历了以下几个阶段:萌芽阶段,20 年代;起步阶段,30 年代—40 年代;初期发展阶段,50 年代—60 年代前期;停滞阶段,60 年代后期—70 年代前期;迅速发展阶段 70 年代后期—现在。

从 1978 年到现在,是我国电教发展史上美好的年代。

媒体论的基本观点:电教媒体是利用现代技术储存和传递教育信息的工具,它由两个相互联系的要素所构成;一是硬件,或叫设备,即用以传递教育信息的各种教学机器;二是软件,又叫教材,即各种教学片带。两个要素缺一不可,否则不能形成电教媒体。而软件(教材)是媒体的灵魂,是电教的主攻方面。

过程论的基本观点:电化教学过程是一种特殊的教学过程,它是教师并主要借助现代教学媒体, 传递教学信息, 引导学生学习的过程。电化教学过程的基本要素有三个,即教师、学生、现代教学媒体,必须充分发挥三者的作用,才能实现教学过程最优化。

方法论包括电化教学方法和电化教育科学研究方法。其基本观点是电化教学方法是利用现代教学媒体, 并与传统教学媒体恰当结合，传递教学信息，进行教学活动所采取的工作方法。常用的电化教学方法大致有以下几种：课堂播放教学法；远距离播放教学法；程序教学法；微型教学法；机器考查成绩法。电化教学方法和传统教学方法的关系，是互相配合、互相补充的关系，不是互相对立、互相排斥的关系。在目前条件下，我们的教学，只有使电化教学方法与传统教学方法实现最优结合，才能取得最佳的教学效果。

电化教育科学研究方法，是逻辑方法与教学方法的结合。这两类方法各有所长，前者的长处在于说理，后者的长处在于准确，交叉使用，可以互相补充，互相完善。

管理论的基本观点：电化教育的管理，包括人的管理、时间的管理、信息的管理、设备的管理、教材的管理五个方面。对人的管理，是一切管理的重点，也是电教管理的重点。

## 四、几点来自实际工作中的认识

经过一段时间，特别是 1978 年以来的电教实践，同志们从实际工作中取得了不少有益的经验，下面略述几点：

1. 没有对教师的培训，没有电教的发展，没有广大教师的投入，单靠电教专业人员孤军作战，电教事业发展不起来。由电教机构举办培训班，轮流对教师进行电教教材制作和电教技术、方法的培训，是一条值得参考的有益经验。

2. 不开设面向学生的课程，电教在学校的地位难得提高。有的学校的电教中心，向全校开设“影视概论”“电教教材制作”“幻灯投影技术”“录音技术”“电影技术”“教育电视”“摄影基础”等选修课，受到学生的欢迎。

3. 学校电教，既要深入课堂，又要走出课堂，进入课外活动的阵地，为学校的政治思想教育和学生的课外活动、教师的业余进修等服务,否则难于做到兴旺发达。

4. 不重视设计、评价,不以学习、传播理论作支撑,制作不出高水平的电教教材。

5. 电教教材要系列化、成套化,否则很难做到大面积推广,产生较大的教学效益、社会效益、经济效益。

6. 没有研究,没有后劲;没有实践,没有理论的深化。研究、实验,一定要注意采用科学的方法,持续前进。

7. 没有推广应用,电教的旗帜打不了多久。不能只管制,不管用。考查一个电教机构的工作好坏,主要的不是看它拥有多少高档设备,制了多少片带,而是看它用了多少,用的效果怎样。

8. 省(市)电教馆、高校电教中心,应该努力把自己建成五个中心:电教教材制作中心、电教培训中心、电教资料情报中心、电教科学研究中心、电教设备维修中心。这个目标不实现,他们的使命就不能说是最后完成了。

## 五、我国电教的明天将比今天更美好

当今世界,正在进入一个新的技术革命时代,正在进入一个新的信息社会。在信息社会里,科学技术迅猛发展的趋势必将继续下去。从历史的长过程看,科学技术的发展虽有高潮低潮时期,但其总趋势是加速发展。据统计,16 世纪,自然科学的各种发现发明,总数不超过 26 项;17 世纪为 106 项;18 世纪为 155 项;19 世纪为 540 项;20 世纪前半叶达 961 项,60 年代以后的十年中, 新的发现发明竟超过了以往 2000 年的总和。这种发展趋势,在信息社会将继续下来。

现代科学技术的迅猛发展, 给电化教育带来的最重大的影响是两个方面:

1. 它引发了两个激增:知识激增和教育人口激增。知识激增,包括知识数量的急剧增长和知识价值的急剧增长。有人估计,20 世纪 50 年代末以来,人类知识总量每隔 7~10 年就要翻一番。随着现代科技的迅速发展,信息社会的到来,知识信息已成为战略资源,谁拥有的知识信息多并利用的充分,谁就能走在前面。

教育人口激增,据统计,1960 年,全世界人口为 30 亿,1992 年为 45 亿,人口增长率为 50%。1960 年,全世界教育人口(不包括业余教育)为 4.55 亿,1982 年为 9.3 亿,增长率为 104%。教育人口的增长率比人口增长率要高一倍多。

这两个激增,在教育上造成了日益尖锐的两大矛盾:①要学习的知识越来越多与在校学习时间有限的矛盾;②要受教育的人越来越多与能提供的教育机会有限的矛盾。要解决这两个矛盾,光靠传统的办学办法是不行的。道理很简单,不能光靠多盖房子来发展教育事业,不能光靠延长学制年限来提高学习效率,必须大力发展电化教育,开辟一条培养人才的高速公路。

2. 现代科技迅猛发展给电教带来的另一方面的重大影响:它开发了多种新的知识和智力产品,而新技术、新理论为电教的日益成熟和健康发展提供了有利的条件。

社会对电教将越来越需要,电教本身将越来越成熟,阻碍电教发展的因素将越来越少,电教发展的步伐将会越来越快,我国电教的明天将比今天更美好。这是合乎逻辑的。

(原载于《电化教育研究》1988 年第 2 期)

# 面向21世纪的中国电化教育

## 一、一点回顾:做得比较成功的几件事

我们正处在世纪之交,再过五年就要进入一个新世纪——21世纪。在这个时候,我国各行各业各级组织都在认真制订本世纪的最后一个五年发展规划。各级电教组织在制订"九五"发展规划的过程中,普遍遇到的问题大致有三个:(1)我国电教重新起步十多年来,做得比较成功的事情有哪些?(2)走向21世纪的中国电化教育面临的主要问题是什么?(3)能不能找出一条解决这些问题的有效路子?今年(指1996年,编者注)上半年,我去北京、深圳、广州、长沙、昆明等地参加会议时,都有不少同志向我谈到这几个问题。我在向同志们学习的基础上,也在不少场合谈了自己对这几个问题的粗浅认识。

十多年来,我国电教领域做得比较成功的事情有哪些?我觉得,做得比较成功的事情很多很多,靠一个人来说,说不完全,要靠大家来说,你说几件,我说几件,他说几件,这样就可以说得比较完全了。现在我来说几件。

第一件,在30多所高等学校举办多层次的电教专业。

我国从1984年起,在30所高等学校举办了电教专业,分为专科、本科、研究生三个层次。研究生层次,包括硕士学位研究生和博士学位研究生。这在世界各国都是没有的。美国是电教事业比较发达的国家,但它们大学的电教专业,也是只有研究生层次的,而没有其他

层次的。

我国的电教专业不仅是多层次的,而且是多方向、多性质的。多方向,目前我国电教专业设置的方向有:电教基础理论、教育电视、计算机与多媒体技术教育应用、远距离教育等。多性质,是指有师范性的(多数),也有非师范性的和半师范性的。

我国电教专业12年来为国家培养了大批专业人才,他们现已成为电教工作的骨干力量。

第二件,开展卫星电视教育和教育电视台(站)的建设。

我国的卫星电视教育,起步不算早,但发展很快,成绩很大。

起步不算早。我国利用卫星电视开展教育是从1986年开始的,印度是从1975年开始的,美国是从1971年开始的,我国比印度约迟11年,比美国约迟15年。起步不算早。

发展很快。我国卫星教育电视自1986年7月播出第一套节目以来,现在已有四套节目播出。在教育电视台、站的建设方面,已建卫星电视地面接收站一万多个,教育电视台1200多座,放像点6.6万多个。形成了世界上最大的教育电视传输网络。我国卫星教育电视覆盖面之广、规模之大、发展之快,这在世界各国都是少有的。

成绩很大。特别在两个方面做出了重大贡献:(1)师资培训,帮助中小学教师提高达标率;(2)传播实用科学技术,帮助广大农民发家致富。在这两个方面,过去十年,卫星教育电视做出了明显的贡献。

第三件,“电化教育促进中小学教学优化”的课题实验。

这是由中央电化教育馆组织进行的全国教育科学“八五”规划国家教委重点课题。全国有31个省、市,82所中小学,近千名教师参加了这一课题的实验研究。该课题实验历时五年,已于去年(指1995年,编者注)年底结题。今年(指1996年,编者注)2月,全国教育科学规划领导小组办公室在北京召开了该课题研究成果的专家鉴定会。6

月,又在长沙举行了该课题研究成果报告交流会。在 2 月的专家鉴定会上，专家组对它给予了很高的评价，认为该课题研究目标到达度高,成果丰硕,具有重要的应用价值,产生了较好的社会效果。通过实验研究,初步形成了中小学开展电化教学的若干模式;研制出一批电教教材和音像资料;初步构建了中小学课堂电化教学的理论、方法体系;普遍提高了参加实验学校的教学质量和效率,促进了中小学教学改革和电化教育的深入发展。

第四件,高等学校课程电化教育试验。

我国在高等学校开展有组织、有计划的较大规模的课程电化教育试验,是由广东省开始的。广东省自 1990 年起,已经组织进行了四批课程电化教育试验。参加试验的有 40 多所高等学校,70 多门课程,400 多位学科教师。通过试验,取得了很好的效果,有力地促进了高等学校教学改革的深化和电化教育的发展。

第五件,电教委的设立,电教大楼的启用。

1994 年初,原国家教委成立了电化教育委员会。委员会包括有关司局和“三电”(中央广播电视大学、中央电化教育馆、中国教育电视台)的主要领导,国家教委副主任韦钰任主任。电教委的成立,强化了“大电教”的概念,并使我国电教有了一个具有权威性的、统一的领导管理机构。随着电教委的成立,电教大楼正式启用。电教大楼集“三电”于一家。“三电”分中有合,合中有分,将有力地推动我国电教事业健康发展。

电教委的成立,对于缓解电教名称危机也起了有益的作用。近几年来,在我国电教领域出现了一种令人感到困惑的现象:电教事业在发展,而电教名称和电教研究受冷落。

关于电教名称问题,“电化教育” 这个名称，是 20 世纪 30 年代(1936 年)在我国出现的,到现在已经生存了整整 60 年。在这 60 年期间，它曾多次遇到危机，主要有四次：

第一次，20 世纪 40 年代初（1942 年），南京金陵大学某部门负责人提出改掉这个名称，把它改为“影音教育”，并成立了影音部，创办了影音月刊，举办了影音展览。这是电教遇到的第一次名称危机。

第二次，20 世纪 50 年代初，北京师范大学电教部门的负责人又提出改掉这个名称，并将该校“电化教育馆”改为“直观教育馆”。

第三次，20 世纪 80 年代前期，主要是 1984—1986 年间，电教名称之争又起，这次争议的时间较长，有不少同志提出了改变名称的主张，提出的新名称很多，为教育技术、教育传播、教育工艺、信息技术、教育系统技术等等。

第四次，20 世纪 90 年代初，围绕《电化教育专业课程设置计划草案》的讨论，又出现了一次关于电教名称的争议。这个草案虽然将电教名称改为“教育技术”，但其内容丝毫没有改变。

四次危机，都“危”而未倒，至少是未全倒。这是为什么？我想其主要原因，大致有以下几个：

1.“电化教育”这个名称，是广大教师和教育工作者用以同旧教育弊端作斗争的有力武器。

旧教育的弊端主要有五个：(1)忘了学生；(2)忘了能力的培养；(3)忽视现代教育媒体的应用；(4)上课与谋生不搭界；(5)教学上的注入灌输，死记硬背法。“电化教育”这个名称，比起其他名称来，如“教育技术”“教育传播”“教育工艺”“信息技术”等等，对克服旧教育的五个弊端，特别是第三个弊端，更具有针对性，更直接、更直观、更合适。提到“电化教育”这个词，就会想到用现代教育媒体改进教学教育、优化教学教育过程这个事。而这正是在同旧教育弊端作斗争时所需要做的。

2.“电化教育”这个名称具有鲜明的民族性，体现了我国视听教育的特色。

大家知道,我国电化教育这个事,是来源于美国的视听教育,而电化教育这个名,则是我国自己创立的,具有鲜明的民族性。过去,在电教名称问题的争议中,主张改名的人的最主要理由之一,就是这个名称“缺乏世界性”,别的国家没有这个名称。不主张改名的人则说:“没有民族性,何来世界性?”“最民族的才是最世界的,没有自己民族的特色、特长,要想走向世界,受到别人的重视,能行吗?”

3. 有人说,近几年来,不少主张改名的人,“说”的是教育技术,“做”的是电化教育,既然如此,改名又有多大意义呢?

这个问题倒是值得研究,自 20 世纪 70 年代末我国电教重新起步以来,主张改名的人,他们的研究课题,发表的文章或专著,有多少是脱离了电化教育的范畴的?

4. 我国的电化教育已经成为一项高速优质培养人才的事业,已经建成一支庞大的队伍,改变名称,将要对这支队伍的建设、这项事业的发展,造成不良的影响。前年,有的高校电教专业招生,因为改了名称,报考人数明显下降。

我不主张现在改名。理由过去谈了不少,不再在此重复。其中一条,是我国现在仍然非常需要大力提倡利用现代媒体优化教学、教育过程,提高教学、教育质量和效率。等到我国教育领域真正普遍使用现代教育媒体之时,“电化教育”这个名称会自然消亡。

“电化教育”和“教育技术”不是等同的概念。我不反对使用“教育技术”这个名称。近年来,我也在这方面作过一些探索。我对正在为建立“教育技术学”做出努力并取得成就的同志们表示深深的敬意!

上面谈了五件做得比较成功的事情。第一、二两件事情,使我国电教走出了国门,在国际上享有声誉。第三、四两件事情,使我国电教走出了电教门,在整个教育领域产生了重大影响。第五件事情,使我国电教从“小电教”走向“大电教”,并有了一个具有权威性的司令部。

## 二、面临的问题:如何提高“三件”建设的水平

走向21世纪的我国电化教育,面临的主要问题是什么?我觉得,主要问题是如何提高“三件”建设的水平。

“三件”建设就是硬件建设、软件建设和潜件建设。

硬件建设主要是设备、设施的建设。它的主要任务是建成电教系统工程。电教系统工程的内容,主要包括八室三系统。这是当前我国学校教育现代化建设的重点工程。

八室:普通电教室、多媒体综合电教室、语言实验室、计算机室、学科专用电教室、微型电教室、视听阅览室、电教教材库。

三系统:(1)广播系统。分为室内广播系统和室外广播系统,由广播网及前端构成。(2)闭路电视(有线电视)系统。分为播放系统、监控系统和双向传输系统三大类,是一种通过电缆传输图像和声音信号的电视系统。(3)CAI网络系统。计算机网络从覆盖范围的大小,可分为广域网(WAN)、局部网(LAN)和城市网(MAN)。CAI网络一般指在学校范围的计算机网络,属于一种小型的局部网络。CAI网络系统主要由下列硬件设备组成:文件服务器、教师机、学生机、网络适配器、电缆及其他连接件。

软件建设主要是教材建设。它的主要任务是建立现代教材体系。

现代教材体系由两个部分构成:一是书本教材(又叫文字教材或印刷教材)系统,包括教科书、讲义、教学指导书、学习指导书、习题集、实验实习指南等;另一是非书教材(又叫音像教材、视听教材或电教教材)系统,包括幻灯、投影、录音、电影、电视、计算机课件、唱盘、视盘等。两类教材都以教学大纲为依据,为实现同一教学目的服务。现代教材体系有两个明显的特点:一是成套化、系列化;二是多媒化。

建立现代教材体系也就是要实现各科教材的系列化、成套化、多媒化,最后建成教材箱和学习包。

潜件建设主要是理论、方法的建设。它的主要任务是建立电化教育理论体系、电化教学方法体系。

我国的电教理论建设,经过十多年的艰苦探索,已初步建立主要由七论构成的电化教育理论体系。七论是本质论、功能论、发展论、媒体论、过程论、方法论、管理论。电教方法的建设,也已初步形成一套电化教学方法体系, 包括以传授知识为主要目标的播放教学法和程序教学法;以训练学生的技能为主要目标的微型教学法;以检查学生学习成绩为主要目标的成绩考查法。当然,我国电教理论和方法体系的建立都还是稚嫩的,很不成熟,需要不断地充实、完善。

上述"三件"建设,紧密相连,互相促进,互相制约,都很重要,缺少任何一件,电教面临的问题都难以解决,都不能使我国电教健康地走向 21 世纪,并得到较高层次的发展。

十多年来,我国电教的"三件"建设,取得了很大成绩,但也有不少问题。硬件和软件建设方面的主要问题:量少、面窄、质量低,在建设中,效益观念不强。理论建设方面的主要问题:联系实践不够紧,抽象程度不够高,无论在概念体系上,基础理论概括上,研究方法上,都还不够成熟,不够规范。

如何解决上述问题,不断提高三件建设的水平?这是当前我们面临的主要任务。

### 三、解决问题的思路:走科研兴电教之路

解决问题的思路大致有两条:

第一条,落实两个保证。人才、经费。

这两个保证不落实,问题将无法解决。

关于人才问题，也就是队伍建设问题，这是保证电教发展的关键。如何解决这个问题？概括各方意见，大致如下：

1. 抓好两支队伍的培训。电教部队由两支队伍组成：一支是电教专业人员队伍；另一支是在岗教师队伍。抓好这两支队伍的培训，是当前最为紧迫的事。

2. 进一步办好电教专业，不断为电教队伍输送新生力量。

3. 举办不脱产电教成人大专班和大专起点的本科班以及研究生班，逐步提高在职电教人员的专业水平，并为他们解决学历不足的问题。

4. 建立颁发电教人员岗位合格证书制度和教师电教合格证书制度，并与工资、职称挂钩。

关于经费问题，一直是电教发展的难点问题。有钱不一定万能，但无钱却是万万不能。如何解决这个问题？目前的思路概括起来大致是这么一句话：皇粮要吃，但不能光靠吃皇粮，要走多渠道筹集经费之路。

第二条，找出一条路子。走科研兴电教之路。

办电教靠“三材”，兴电教靠科研。没有“三材”（器材、教材、人材）办不了电教；没有科研，三材水平提不高，电教水平提不高，上述问题解决不了，电教兴不了。

“走科研兴电教之路”的基本内涵，主要是做好两件事：

1. 实现电教工作的重心转移。由主要是“拍片子放带子”的简单教学服务型，转向主要是“三深入”（深入教学、深入学科、深入课堂）的较高层次的教学研究型。

重心转向教学研究型，并不是不要教学服务，不管宣传教育，不要去通过多种必要的途径获取经济效益。要正确处理“三深入”与宣传教育的关系，教学效益与社会效益、经济效益的关系。要充分发挥电化教育的多种功能。

2. 广泛开展电化教育科学研究,特别是学科电化教学实验研究。

我国的电教科研,是20世纪80年代初开始兴起的。80年代前期,主要是构建理论体系的框架,建立了由“七论”构成的电教理论体系雏形。80年代后期,逐步进入了电教理论大厦的内部安装阶段,对“七论”作了初步的艰苦探索,取得了一批成果,使“大厦”初具规模。80年代末以后,我国电教科研向新的较高层次迈进,其主要标志:

(1)电教科研,基础研究与应用研究相结合,以应用研究为重点,直接为教学教育改革与发展服务的指导思想日益明确;

(2)重视了从整体出发,用系统论的观点与方法来分析研究电教全过程;

(3)研究课题的深度和广度以及研究水平在不断提高。

今后加强电教科研,以下几点值得注意:

(1)要特别重视实验研究,尤其是学科电教实验研究。这是一条能同时促进“三件”建设的非常有效的路子。如何开展电教实验研究?前面介绍的“电化教育促进中小学教学优化”课题实验和“高等学校课程电教试验”两个成功经验,值得借鉴。

(2)要重视认知学习理论的研究,但不能忽视行为主义学习理论和人本主义学习理论的研究, 三者对电教理论建设和实践都有指导意义。

近年来,我国电教界,有的同志很重视认知学习理论的研究,并对认知学习理论与电化教育的关系问题进行了较深入的探讨, 取得了不少成果,这是非常可喜的现象。至于有人认为,有了认知学习理论, 行为主义学习理论和其他学习理论对电教实验就没有什么用处了,就不必去研究了。这种认识是有问题的。大家想想,我们目前在电教改革实验中,普遍采用的“教学设计系统方法模型”,不就是在行为主义学习理论指导下构建的吗？我们在教学设计中提倡使用行为术语陈述教学目标，这种方法不也是来自行为主义学习理论吗？因此，不能说行为主义学习理论对电教实践没有用处。有没有一种学习理论能解决学习上的所有问题呢？恐怕没有。行为主义学习理论有它不足之处，认知学习理论同样也有不足之处。正因为如此，所以又出现了一种人本主义学习理论，并日益受到人们的重视。但是，不能认为人本主义学习理论出现了，认知学习理论就没有用处了。不能那么说。认知学习理论、行为主义学习理论和人本主义学习理论对学习与教学实践，对电教实践都有用处。三者有以下方面的主要区别。

从教学目标看：行为主义学习理论强调知识、技能的掌握，认知学习理论强调智能的发展；人本主义学习理论强调个性与创造性的培养。

从教学任务看：行为主义学习理论强调教学生知识；认知学习理论强调教学生怎样学习；人本主义学习理论强调教学生如何“自我实现”。

从媒体作用看：行为主义学习理论强调通过媒体提供丰富的感性材料；认知学习理论强调通过媒体激发学生的思维；人本主义学习理论强调通过媒体激发学生的情感。

从教学设计看：行为主义学习理论强调对学习者外显行为的控制；认知学习理论强调对学习者内部心理加工的指导；人本主义学习理论强调放手让学生自我选择、自我实现。

从以上可以看到，三者都有它的优势与不足，我们可以根据电教实践的需要，运用不同的学习理论，解决不同的学习与教学中的问题。

(3)要重视多媒体技术教学应用的研究，但不能忽视其他教学媒体的应用研究。

以计算机为核心的多媒体技术或多媒体系统的建立，是当前电教领域的热门话题。近年来对这方面的研究受到普遍的重视,并取得了不少成果。许多学校的电教专业都开设了这方面的专题讲座,有的把它作为一门必选课程。“计算机多媒体技术教育应用”正在形成一门电化教育学和教育技术学的分支学科。

计算机多媒体技术的特点和优越性，主要是它的集成性和交互性。集成性,就是它使文、图、声、像、视、听一体化,使“四电”(电算、电视、电传、电话)功能综合化。交互性,就是它使人与机器之间实现了双向沟通。

计算机多媒体的教育功能主要体现在两个方面：

①它能扩大学习时空,使学习者从全球信息网络获取所需信息,有助于解决当前学习上遇到的一个最大问题：需要学习的知识越来越多与学习的时间有限的矛盾,提高学习效率,使学习者学得多些、快些。

②它能优化学习过程,使学习者享受“量体裁衣”的学习方式,提高学习质量,使学习者学得更好。

重视多媒体技术教育应用的研究,是完全应该的、必要的。但是,如果认为计算机多媒体可以取代其他教学媒体,可以取代教师;只要重视研究计算机多媒体的教育应用就行了，不必再去研究其他媒体的教育应用。如果有这种认识,那就是有问题的,不正确的。

20 世纪 50 年代,美国出现了程序教学和教学机器,计算机开始应用于教学,当时在社会上引起了一股研究教学机器的热浪,有人预言“计算机将取代教师,取代其他媒体,学校即将消亡”。几十年过去了,这个预言并没有实现。后来有人分析这种预言产生的原因,认为是由于这种人把计算机的教育影响放在了一种狂热和偏激的心态之下。

今天我们在对计算机多媒体教育影响进行估计时,也要防止“把它放在了狂热和偏激的心态之下”。

计算机多媒体的教育应用,将会引起教学教育上的重大变化,但它不会取代其他教学媒体,不会取代教师,不会使学校消亡。那种认为只要重视计算机多媒体技术教育应用就行了,不必再去研究其他教学媒体的想法,既不符合中国国情,也不符合时代精神和国际实际。新时代、信息社会是多元化的,它呼唤多样性,它不是要让世界变得单一和枯燥,而是要让世界变得更加丰富多样,多姿多彩。当今世界各国在教学领域中使用得最多的媒体依然是投影、录音与电视,而不是计算机多媒体。因此,我们的观点是要重视研究多媒体技术的教学应用,但不能忽视其他教学媒体的应用研究。

(原载于《电化教育研究》1996 年第 3 期)

# 20 世纪 80 年代以来中国电化教育的发展

## 一、20 年电教发展取得的三项业绩

第一,在中国这样一个发展中国家,营造了世界上最大规模的电教事业。我们的电教机构的建设、电教专业的建设、空中学校系统的建设等等,就规模来说,都是举世无双的,这是中外教育史上的伟大壮举。

第二,20 年的电教实践,大大改变了人们对电教的认识。“没有电教的突破,不会有教改的突破”“现代教育技术是教育改革与发展的制高点”等结论,已为越来越多的人们所接受,并正在取得支配地位。20 年的电教实践,也端正了电教者对自身的认识。电教者不应是单纯的“三子”(做片子、放带子、修机子)服务员,而应是教育革新者。

第三,20 年电教实践,取得了许多宝贵的经验。以下 4 条经验,更是值得我们重视。

1. 成功的电教,必须遵循两种理论

(1)双翼理论(两只翅膀理论)。其基本观点:电教的发展,电教的腾飞,需要依靠两只翅膀,一只是现代信息技术,另一只是现代教育思想。靠一只翅膀,飞不起来,双翼才能腾飞。

现代信息技术,主要是三种技术:视听技术、信息处理技术(计算机技术)、整合技术(多媒体技术、网络技术、虚拟技术等)。

现代教育思想,主要是 6 种现代教育观:素质教育观、终身教育

观、创新教育观、双主体教育观、情商为主教育观、四大支柱教育观。

电教工作只有在上述6种现代教育观的指导下，用好上述三种现代技术，才有望取得成功。

（2）双轮理论（两个轮子理论）。这是美国著名脑生理学家，1991年诺贝尔医学奖获得者罗杰尔·斯佩里“双脑”理论的引伸。罗杰尔说：人的大脑的两半球，好像一辆车子的两个轮子，只有两个轮子同步运转的时候，车子才能前进。人的大脑也是如此，只有左右两脑协同运作时，才能发挥它的聪明才智。

遵循这条理论，要求我们的电教工作，既要重视提供形象，促进感知；也要或者说更要重视发展思维，特别是创造思维的发展。电化教育不能是偏脑教育。有人说，传统教育是偏左脑教育，电化教育不能是偏右脑教育，而应是全脑教育。电教工作应该有助于左右脑的协调发展。

2. 成功的电教，必须处理好两种关系

（1）人机关系。办电教必须使用机器，如幻灯机、录音机、录像机、计算机等等，但是，电教姓“教”，以人为本，机是为人所用，为人服务的。电教追求的，不是教育的机械化，而是教育的最优化。

（2）借鉴与创新的关系。办电教，要借鉴，对中外古今好的东西，可以拿来，但不能止于拿来，要把拿来变成拿去，在借鉴的基础上有所创新。

3. 成功的电教，要从两个方面出发

（1）要从中国的国情出发。邓小平说：无论是革命还是建设，“照抄照搬别国经验、别国模式，从来不能得到成功。”江泽民说：“中国是一个发展中国家，推进科学发展必须坚持有所为，有所不为。”办电教，不从国情出发，很难成功。

（2）要从学生出发。教是为了学，学生是学习的主体。电教工作，不论是设计、开发利用和管理教学过程和教学资源,都要从学生的实际需求出发。要强化学生主体意识,强调学生自主学习。

4. 成功的电教,要实践两个公式

(1)爱因斯坦的成功公式:W=X+Y+Z。

成功=艰苦劳动+科学方法+珍惜时间。

办电教,要不畏劳苦,善于运用科学的方法和先进的技术手段,并少说空话、多干实事,才能有望成功。

(2)贝塔朗菲提倡并强调的2>1+1,即整体大于部分之和的公式。

实践这个公式,要求电教者要十分重视发扬团结协作的精神。电教工作,不论是硬件开发、软件制作、潜件建设,都需要多方合力,才能取得成功。

上面所说的三项业绩,是我国22年电教发展留下的三笔宝贵财富。它为新千年我国电教的腾飞奠定了良好的基础,提供了必要的条件,使我国电教展现了无限美好的前景。

## 二、"三件"建设的现状与问题

"三件"建设就是硬件建设、软件建设、潜件建设

硬件建设主要是电教设备、设施的建设,其主要任务是电化教育系统工程的建设,也就是现代教育技术环境的建设,主要内容包括八室一站三系统。八室:普通电教室、多媒体综合电教室、语言实验室、计算机室、学科专用电教室、微型电教室、视听阅览室、电教教材库。一站:卫星地面接收站。三系统:广播系统、闭路电视系统、计算机网络系统。

软件建设主要是电教教材的建设。其主要任务是建立各科现代教材体系。现代教材体系由两个部分构成:一是书本教材(又叫文字

教材、印刷教材)系统,包括文字教科书、讲义、教学指导书、学习指导书、习题集、实验实习指南等;另一是非书教材(又叫音像教材、视听教材、电教教材)系统,包括幻灯、投影、录音、电影、电视、唱盘、视盘、计算机课件等两类教材都以教学大纲为依据,为实现同一教学目的服务。现代教材体系有两个明显的特点:一是成套化、系列化;二是多媒化。建立现代教材体系,也就是实现各科教材的系列化、成套化、多媒化,最后建成各科的教材箱和学习包。

潜件建设主要是电教理论和方法的建设。其主要任务是建立电教理论体系和现代信息技术环境下的现代教学模式体系。

20 世纪 80 年代以来,我国电教的“三件”建设取得了很大的成绩,但也有不少问题。

主要成绩:

硬件建设方面,普通电教室(三机一幕)的建设发展相当快,有些经济发达地区已经基本普及计算机室的建设,近几年也有较大的发展,有的地区,学校计算机的拥有量甚至超过了幻灯、投影,1996 年,我国教育信息公路——“中国教育与科研计算机网络”也初步开通,联接了 150 多所高等学校和一些设备较好、技术力量较强的中小学。

软件建设方面,20 世纪 80 年代以来,各级学校制作了数以万计的各类电教教材,包括幻灯、投影、录音、电视、计算机课件等,特别是制作了一批与九年义务教育文字教材配套的音像教材,在一定程度上缓解了学校对电教教材的急需状况,促进了教学质量的提高。

潜件建设方面,经过二十多年的探索,我们已初步构建了一个以七论(本质论、功能论、发展论、媒体论、过程论、方法论、管理论)为内容的理论体系框架,初步形成了以课堂播放教学法、远距离播放教学法、程序教学法、微型教学法、现代成绩考查法等为内容的电化教育方法体系。

主要问题:“三件”建设不同步,“重硬轻软忘了潜”,只重视硬件建设,忽视软件建设,忘了潜件建设。有些地方把网络系统建设的经费 83%用于建网,只有 15%用于建库、建人,结果是,网建起来了,但网上资源贫乏,使用者甚少,效益不高。

## 三、当前的三个热点

当前,在电教领域,人们普遍关心的事情,主要有三个:

(一)开展网络教育

20 世纪 90 年代中期,在全球信息高速公路热浪的冲击下,我国于 1996 年开通了“中国教育与科研计算机网(CERNET)”。在教育界,校园网和网络学校的建设,成了人们普遍关注的热点。

关于校园网建设。校园网是学校教育信息化的基础设施,各级学校建网的热情高涨,目前,已有 400 多所高等学校建立了校园网,中小学建立校园网的有 500 多所;尚未建网的学校,也多有建网计划。据一项调查显示,尚未建网的学校,打算在一年之内建校园网的占 42%,两年之内建的占 44%,两年以后建的占 14%。

校园网建设采取的模式,大致有三种:

(1)建网—建库—建人,即先建网,再建库(信息资源库),后建人(人员培训)。

(2)建人建库建网,即先建人,再建库,后建网。

(3)三建同步,即建人、建库、建网同时进行。

开始时,人们都只重视硬件,现在都知道软件比硬件更重要,潜件是最关键的,因此,采用第三种模式的最多。

关于网络学校。随着“中国公用计算机网(Chinanet)”和“中国教育与科研计算机网”的开通,就出现了网络学校。近几年,网校越办越多,大约有了 200 家。

网校的办学模式,大致有三种:

(1)以企业为主体开办的网校,如万恒、科利华、联想等企业办的网校。

(2)以学校为主体开办的网校,如清华大学、湖南大学、中国人民大学等办的网校。

(3)由企业和学校联合开办的网校,如"全通达—101 网校"等。

网校的教学模式,目前多数是网络授课+多媒体课件学习+网上讨论答疑+面授辅导+考试。

网络授课——通过互联网或卫星电视网播放教师授课录像及声音、文字、动画演示。

多媒体课件学习——由学校提供多媒体光盘,供学生自学。

网上讨论、答疑——每门课程都设有教师在线时间表,学生通过上网与之交流,或通过 E-mail 提问,教师在 48 小时内提供反馈。

面授辅导——定期在本地教学服务站集中面授辅导。

网校的教学管理,一般采取学分制,专科本科学位,须修满 80~160 学分,研究生学位不得少于 34 学分。国家承认的网上大学共 31 所,这些学校可以开设研究生课程,本专科学位学历教育,招生时可以通过高考、成人高考录取,也可以自行组织考试,学生学完规定学分,考试合格,由学校发给毕业证书。

目前开办的网校中,很多都是"网上同步教学型",应试教育的网上翻版,没有体现现代网校的基本特征:开放性、非线性、交互性;没有"触摸到网络教育的灵魂":要向所有的人开放,要给每个人同样高质量的教育,"要把本属于学生的一直被剥夺的自由,归还给学生"。

(二)发展电教专业

我国举办电化教育专业始自 1984 年。十多年来,该专业报考的学生越来越多,就业状况越来越好,一直保持着旺盛的发展势头。进入20世纪90年代,举办电教专业更成了教育领域的一个热点,原来主要是师范院校办电教专业,现在许多综合大学和理工大学,如北京大学、清华大学、浙江大学、上海交通大学等也都办起了电教专业。目前,我国举办电教专业的高等学校,约有近40所。

我国的电教专业又叫教育技术专业,分为专科、本科、研究生三个层次,研究生层次包括硕士学位研究生和博士学位研究生,已经形成一个完整的体系,这在世界各国都是少有的。

我国的电教专业不仅是多层次的,而且是多方向、多性质的。多方向,是指目前我国电教专业设置的方向有电教基础理论;教育电视;计算机多媒体网络技术教育应用;现代远程教育等。多性质,是指有师范性的(多数),也有非师范性的和半师范性的。

我国电教专业十多年来为国家培养了大批专业人才,他们现已成为电教工作的骨干力量。

(三)扩展电教实验

我国有组织有计划地开展电化教育实验,始自20世纪80年代后期。进入90年代,电教实验日益广泛深入,成为推动电教发展和促进学校教学改革深化的重要动力,成为人们普遍关注的教育领域的热点之一。

电教实验又叫现代教育技术实验。所谓现代教育技术实验,就是在现代教育思想、理论的指导下,用三种技术,做两件事情,实现一个目标。

在现代教育思想、理论的指导下,就是主要在六种现代教育观(素质教育观、终身教育观、双主体教育观、创新教育观、情商为主教育观、四大支柱教育观)和三个三种学与教理论(三种学习理论:行为主义学习理论、认知主义含建构主义学习理论、人本主义学习理论;三种教学理论:赞可夫的发展教学理论、布鲁纳的结构发现教学理论、巴班斯基的教学最优化理论；三种传播理论：拉斯威尔“5W”理论、施拉姆的双向传播理论、贝罗的 SMCR 理论）的指导下开展实验工作。

用三种技术：(1)现代媒体技术，即教学教育中应用的现代技术手段，也就是现代教育媒体，是一种物化形态的技术；(2)现代媒传技术，即运用现代教育媒体进行教学教育活动的方法，也就是媒传教学法，是一种智能形态的技术；(3)教学系统设计技术，即优化教学过程的系统方法，也就是教学设计，是一种应用广泛的智能形态的技术。三种技术合起来，就是现代教育技术。现代教育媒体、媒传教学法、教学设计是组成现代教育技术的三个基本要素。所以，用三种技术，也就是运用现代教育技术。

做两件事情：(1)开发、利用教学资源。教学资源包括教学信息、教学媒体、教学人员、教学环境等。现代教育技术实验中，需要积极开发、充分利用的教学资源，最主要的是现代教材资源和现代教育技术环境资源。(2)优化教学过程就是使教学过程各组成要素及其相互关系都处于良好状态，做到整体优化。

实现一个目标就是建立适应素质教育要求的、以教学模式为核心的现代教学体系。

20 世纪 90 年代以来，我国学校进行的现代教育技术实验，规模较大、影响较广的主要有五个：(1)“电化教育促进中小学教育优化”课题实验；(2)小学语文“四结合”教改实验；(3)电化教育促进中小学由应试教育转向素质教育的实验研究；(4) 全国 1000 所中小学现代教育技术实验学校教改实验；(5)高等学校课程电化教育试验。这五大实验都取得了优良的成绩，对我国学校教育现代化建设起了重大的促进作用。

## 四、新世纪电教的发展趋势

1999 年 12 月 10 日，在《中国电化教育》杂志通讯报道工作会议上，我曾谈到 21 世纪初中国电化教育的 10 大发展趋势：(1)电化教育将紧紧围绕素质教育这个中心开展各项工作；(2)计算机网络建设在 10 年内都会是热点问题，建设的重点将随时间的推移逐步转移；(3)非书教材和电子读物在教育教学中将得到广泛的应用；(4)现代远程教育和网上学校将得到较快发展；(5)电化教育专业在 10 年内仍将保持强劲的发展势头；(6)广大教师的电教基础知识和基本技能培训工作将普遍开展；(7)电教科研和电教实验将成为电化教育发展的主要动力；(8)广大农村和老、少、边、穷地区的电化教育会得到更多的关注；(9)国际间的学术交流活动会日益增多；(10)广大电教工作者将日益重视自身的改革，为建设具有中国特色的电化教育体系而继续努力。

现在，我想再加一条，作为第 11 大趋势：电教学术研究领域的分化，将出现多种学派。

近日，同一位朋友谈起电教理论研究形成学派问题，他说，形成学派，对繁荣学术研究、提高学术水平、促进学科发展，会产生积极深远的影响，并引用了许多事例加以论证。我很赞成他的这种见解。我赞赏学术争鸣。20 世纪 80 年代末，在一次关于学科名称问题的争议中，我曾提出教育技术学、电化教育学、教育传播学“三科鼎力，同步发展”的主张，但那只是“个人的不同见解的商榷”，并未从“学派”的角度进行过思考。我向往着“学派林立，友好竞争，纷呈异彩”局面的出现，我也相信，这种局面将会在 21 世纪初呈现在我们面前。

我的这位朋友还从电教学术研究发展的动态分析中，看到 21 世纪“可以屹立或崭露头角的学派”将会是“电化教育学派”“现代教育技术学派”“计算机多媒体学派”“教育应用技术学派”“教育产业开发学派”等五种学派。

在他的启发下，我所看到的则主要是这样四种学派：(1)电化教育学派。研究对象：在现代教育思想、理论的指导下，现代教育技术教育应用的理论与实践。(2)教育技术学派。研究对象：学习过程和学习资源的设计、开发、利用、管理与评价的理论与实践。(3)现代信息技术学派。研究对象：计算机多媒体、网络技术教育应用的理论与实践。(4)电教产业学派研究对象：电教产品设计与开发的理论与实践。

当然，以上只是我们对未来的猜想，将来到底会是怎样，那就要看今后的发展了。

（原载于《电化教育研究》2000年第12期）

# 教育信息化建设的几个理论和实际问题

## 一、教育信息化的概念

(一)什么是教育信息化

对教育信息化的概念,有多种不同的理解,我们的理解:所谓教育信息化,是指在教育中普遍运用现代信息技术,开发教育资源,优化教育过程,以培养和提高学生的信息素养,促进教育现代化的过程。

教育信息化是一个过程,一个运用现代信息技术,不断改进教育教学,培养、提高学生的信息素养,促进教育现代化的过程。

教育信息化的内涵,包括两方面的意义:

(1)教育的计算机化、网络化、智能化。教育要从模拟时代走向数字时代。即在教育教学中,以计算机多媒体与网络为基础的现代信息技术将日益得到广泛的应用;智能化程度将日益提高(用机器设备系统代替人完成某种教育教学任务的现象将日益增多);数字化学习将成为学习的重要方式。

这是从技术层面来理解教育信息化的概念。另一方面是从教育的层面来理解。

(2)教育以培养和提高学生的信息素养,特别是信息能力为重要目标。

从教育层面来理解教育信息化的概念,目前有三种不同的表述法:①教育以培养和提高学生的信息能力为重要目标;②教育以培养和提高学生的信息素养为重要目标;③教育以培养学生的信息素养,特别是信息能力为重要目标。我们采用了第三种表述,意思是教育应以培养和提高学生的信息素养,不仅是信息能力,也包括信息意识、信息知识、信息道德,但是要特别重视信息能力的培养,因为信息能力是当今社会人类生存的最基本能力,它深深地影响着人们的生活、工作、学习的方方面面,是个人寻找职业、融入社会的决定性因素。

学生的信息能力主要是:①获取信息的能力。如从互联网、光盘检索、采集信息的能力。②处理信息的能力。如对信息的鉴别、筛选、编码、译码、生成新信息,以及储存信息的能力。③发送信息的能力。如在网上发送电子邮件、建立网页、进行在线双向多向交流、网上协作性科研的能力等。④信息免疫能力。如能自觉清除信息垃圾,避免有害信息的侵蚀与干扰的能力等。

对教育信息化概念的理解,不能只停留在技术的层面上,也不能只停留在教育的层面上,必须同时从两个方面去理解,才会是正确的、完整的。

教育信息化与信息化教育(信息技术教育):

教育信息化是实现现代信息技术与教育整合的过程;信息化教育(信息技术教育)是现代信息技术与教育整合后的表现形态。其关系如图 1。

教育信息化与教育现代化:

教育信息化是教育现代化的重要内容和主要标志,是实现教育现代化的必由之路。以教育信息化带动教育现代化是当今世界教育改革与发展的共同趋势。

自从 20 世纪 90 年代前期,美国克林顿政府提出建设“国家信息基础设施”(National Information Infrastructure,简称 NII,俗称“信息高

现代信息技术教育

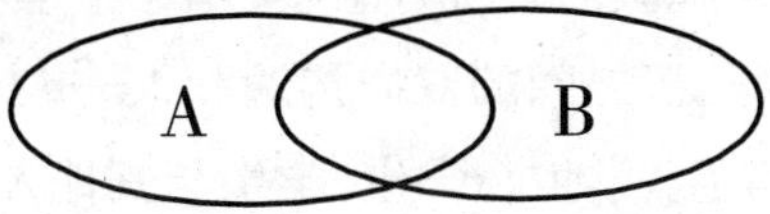


A、B 为了自身的发展，需要进行整合，整合过程中，出现你中有我，我中有你的现象，这就是教育信息化

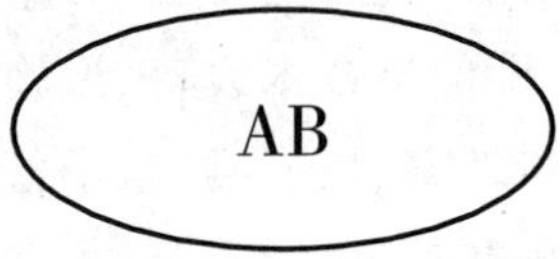


整合的结果，AB 融为一体，这就是信息化教育(信息技术教育)

**图 1　教育信息化与信息化教育关系图**

速公路")计划：发展以因特网为核心的综合化信息体系和推进信息技术在社会各个领域的普遍应用，尤其是把信息技术在教育中应用作为实施面向 21 世纪教育改革的重要途径，各国对教育信息化建设都十分重视，我国也同样如此。以教育信息化带动教育现代化已成为教育改革与发展的全球趋势。

(二)教育信息化的基本特征

关于教育信息化的基本特征，也有多种不同的认识，大致可以归纳概括为"五化三性"。

"五化"：教育信息显示多媒化；教育信息处理数字化；教育信息存储光盘化；教育信息传输网络化；教育信息管理智能化

“三性”:①开放性。它能超越时空,使教育向所有需要和愿意学习的人开放,并实现资源共享。②非线性。它的学习内容和方式,都打破了传统的线性框框,在电子课本和网上教材中,知识间的联结不再是线性的,而是网状的、发散性的、板块的,可以有多种组合和检索方式,它是一个因人施教的系统,照顾着每一个学习者的需求。③交互性。它能实现人—机之间的双向沟通和人—人之间的远距离交互学习,促进教师与学生、学生与学生、学生与其他人之间的多向交流。

## 二、教育信息化建设的三大范畴

教育信息化建设的内容,主要是“三件”建设。

(1)硬件建设。即信息技术设备、设施的建设。主要是计算机教室、多媒体教室、网络教室、校园网、电子备课室、电子阅览室、数字图书馆等的建设。这是基础。

(2)软件建设。即信息技术课程、教材的建设。主要是网上课程、电子教材、教学信息资源库等建设。这是核心。

(3)潜件建设。即信息技术理论、方法的建设。主要是教育信息化建设的理论基础、教育信息化建设的基本理论与方法等的建设。这是关键。

20 世纪 90 年代以来,我国的“三件”建设取得了不少成绩,也存在一些问题。

主要成绩:

硬件建设方面。据 1999 年年底不完全统计,全国中小学拥有计算机 165 万台,计算机教室近 10 万个,建立校园网的学校近 3000 所。到 2001 年年底,全国中小学拥有计算机 367 万台,比 1999 年增加 202 万台。建立校园网的学校 15579 所。学生拥有计算机平均台数由 1999 年每 121 人中有一台提升为每 51 人中有一台。发展速度是很快的。

软件建设方面。据1995年年底的统计，全国中小学拥有计算机课件28万个，光盘教材约9万张。当然，这个数字现在会有不小的变化，特别是96~750项目(计算机教学软件的研究与开发)的实施，使我国教育信息化软件建设，不论是数量和质量方面都有了不小的提升。

潜件建设方面。初步建立了以六种现代教育观(素质教育观、终身教育观、创新教育观、双主体教育观、情商为主教育观、四大支柱教育观)和三个三种学与教理论(三种学习理论：行为主义、认知主义、人本主义学习理论；三种教学理论：赞可夫、布鲁纳、巴班斯基的教学理论；三种传播理论：拉斯威尔、宣伟伯、贝罗的传播理论)为基本内容的理论基础的框架，以及多种现代教学模式(多媒体优化组合课堂教学模式；计算机及辅助教学模式；利用互联网及卫星传播授课模式；基于多媒体网络的交互式教学模式；利用网上资源自主学习模式)。

主要问题：

"三件"建设不同步，重硬轻软忘了潜。对硬件建设比较重视，对软件建设就不那么重视，对潜件建设则有所忽视。造成有一段时间，校园网建成了，有了"路"了，但"路"上无"车"，"车"中无"货"，"货"中无精品的现象。近两年这种状况虽有所改变，但并未根本改变，今后仍需注意大力改变这种现象。"三件"建设互相联系、互相制约，都很重要，特别在硬件、软件建设有了一些基础之后，更要注意对潜件的建设，必须记住潜件建设是教育信息化建设的关键。为什么我们有些网络系统的建设，如校园网、城域网、网络教室的建设不尽如人意？为什么我们开发的许多电子教材、计算机课件进不了课堂，不受师生的欢迎？为什么我们有的课堂教学应用了现代化信息技术，但不成功？

一个重要原因,就是这些实践活动缺乏科学理论的照明,没有现代教育思想理论的指导。我们从事教育信息化建设时,必须注意对“三件”建设给予同样的关注,要改变重硬轻软忘了潜的现象。

## 三、教育信息化建设的主要领域

我国教育信息化建设主要是在以下三个领域进行。

(一)学校信息技术教育领域

学校教育领域的信息化建设,要做的事情主要有:

(1)建立各种信息技术设施。当前的重点是多媒体教室和校园网的建设,推进“校校通”工程。2010 年前争取使全国 90%以上的中小学都能上网。

(2)开发各科电子教材,建立教学信息资源库。

(3)开设信息技术必修课。2005 年前,争取在全国 90%以上的中小学开设。

(4)对教师进行现代教育技术的全员培训。要求掌握三种基本技术:现代媒体技术、现代媒传技术、教学技术设计。

(5)深入开展现代教育技术实验,加快信息技术与课程教学的整合。

20 世纪 90 年代以来,我国学校进行过多次现代教育技术实验。规模较大, 影响较广的主要有五大实验:“电化教育促进中小学教学优化”课题实验;小学语文“四结合”教改试验;电化教育促进中小学由应试教育转向素质教育实验研究;全国 1000 所中小学现代教育技术实验学校教改试验;高等学校课程电化教育实验。这五大实验都取得了丰硕成果,对推进学校教学改革的深化起了重大作用。

进入新世纪,在“十五”期间,我国将广泛开展“信息技术与课程整合”的课题实验。关于“信息技术与课程整合”,下面对几个有关概念,简要地谈一点认识。

什么是课程?课程有广义和狭义两种。广义的课程,指学校中所有学科的总称,或指学生学习活动的总和。课堂学科教学、课外和校外活动以及有组织有计划的自学活动,都属课程的范畴。狭义的课程,指一门学科,狭义的理解,课程与学科是同等的概念,课程即学科,学科即课程。

什么是整合?整合不是混合,而是融合,是把两者融合在一起,成为不可分割的整体。整合不是盖浇饭或盒饭,而是扬州炒饭或手抓饭。

什么是信息技术与课程整合?信息技术与课程整合是指将信息技术以工具的形式与课程融为一体,也就是将信息技术融入课程教学体系各要素中,使之成为教师的教学工具,学生的认知工具,重要的教材形态,主要的教学媒体。或者将信息技术融入课程教学的各个领域:班级授课、小组学习、自主学习,成为既是学习的对象,又是学习的手段。整合后,课程教学不仅具有传授科学知识的功能,而且具有培养和发展学生信息能力的功能。实现信息技术与课程整合,这是信息时代课程教学深化改革的需要,也是信息技术本身发展的需要。整合则两兴,不整合则两衰。搞好信息技术与课程整合试验,必将有力地推进教育信息化建设的深入发展。

(二)现代远程教育领域

现代远程教育领域的信息化建设,要做的事情,总的来说,就是要加快现代远程教育工程的实施,不断完善"三件"建设,努力提升以中国教育与科研计算机网和卫星电视教育网为基础的现代远程教育网的水平,特别是远程教育资源的建设,这是较薄弱的环节,要对网络课程和教材的开发给予更多的重视。目前国家正积极组建为各级各类教育服务的软件开发基地,促进优秀教学方案快速形成优秀教学软件。在近三年中，拟建设500门高等本专科教育的主干网上课程和20个网上本专科专业，改造100门、开发50门网上电大课程，网上开设100个大学后继续教育项目，建立10~15个学科的教育资源库。希望这个计划能够按时实现。现代远程教育领域信息化建设的实施机构，主要为三个系统。

1. 中国广播电视大学系统

始建于1978年，经过20多年的发展，现已成为由中央电大、44所省级电大、814所地市级电大分校、1742所县级电大分校以及17076个教学点(班)组成的学科齐全、功能完备、特色突出、面向基层的庞大的远程教育系统。是目前我国实施现代远程教育的主流之一。

2. 普通高校网络教育学院

自从1999年教育部批准清华大学、北京邮电大学、湖南大学、浙江大学等四所高校作为启动我国现代远程教育第一批试点高校以来，到现在，试点高校已发展为67所，在校生达百万人。

3. 面向中小学的“网校”

约200多所，也是实施现代远程教育的重要阵地。

发展现代远程教育，已经成为我国发展教育事业的一项战略抉择，其目的和任务是，到2010年基本形成多规格、多层次、多形式、多功能，具有中国特色的终身教育体系。

(三)教育管理和信息技术队伍培训领域

教育管理领域的信息化建设，要做的事情，主要是建立和完善学校教育管理信息系统，如教学计划管理系统、计算机辅助测验系统、学习监控系统、课堂信息处理系统、学校机关办公自动化系统等。据国外资料报道，除了多媒体教学外，学校管理占用了最多的计算机网络资源。如何组织与建设好学校教育管理信息系统，更好地实现本校的各级管理目标,这是摆在各校面前的重要课题。

信息技术队伍培养领域的信息化建设,要做的事情,主要是办好教育技术专业和现代教育技术培训。

1. 关于教育技术专业

我国从 1984 年起,在一些高等学校举办了教育技术专业,分为专科、本科、研究生三个层次。研究生层次包括硕士学位研究生和博士学位研究生,形成了一个比较完整的教育技术人才培养体系。这在世界各国都是少有的。

我国的教育技术专业不仅是多层次的,而且是多方向、多性质的。多方向,一般设置的方向有教育技术基础理论、教育电视、计算机多媒体、网络技术教育应用、现代远程教育等。多性质,有师范性的,也有非师范性和半师范性的。

20 世纪 90 年代后期以来,我国教育技术专业得到迅速发展,目前,我国举办教育技术专业的高等学校,估计已超过 100 所。

2. 关于信息技术队伍培训

这也是教育信息化建设的重要领域。近几年来,中央和地方分别举办了不同层次的多种形式的培训活动,以满足不断增长的教育信息化建设的各种人才需求。

培训的主要对象:

(1)信息技术课教师。这是当前的培训重点,国家规定大中小学都要开设信息技术课,而教师严重不足。特别是中小学。我国现有中小学约 70 万所,到 2005 年,如果 90%的中小学都开课,按一校一人计算,也要 60 多万人,教师的需求量是很大的。据统计,2000 年年底,我国中小学有专兼职计算机教师约 11 万人,所以,“十五”期间每年至少应有 10 万该课新教师走上岗位。光靠高校所办教育技术专业来提供,是远远不能满足这一需求的,必须举办培训班来解决这个问题。

(2)现有任课教师。我国现有教师1400万人,近几年,其中一部分人参加过现代教育技术培训,但离实现全员培训还远。

(3)教育行政管理干部。接受过现代教育技术培训的仍属少数。

(4)现代教育技术应用人员。如数字摄影、电脑美术、电视广告、网络管理人员等的培训需求量也是不小的。

## 四、教育信息化建设中的几个问题

(一)教育信息化建设的理念取向

这里,我想针对人们认识上可能存在的误区,提出以下几个论点进行讨论:

1. 互联网不是"围城"也非万能

20世纪90年代中期以来,随着信息高速公路建设的迅猛发展,随着互联网进入教育教学领域,世界上许多国家都兴起了网络学习的热潮,我国也是如此。在这期间,社会上出现了几种颇为流行的说法。

一是互联网不是"围城",在这里,外面的人想冲进去,而里面的人不想出来。

这个说法,借用了钱钟书的名著《围城》中的用语。钱钟书在《围城》中将社会的某个局部(如大学、婚姻)比喻为一座被围困的城堡,并提出其经典名言:"城内的人想冲出去,城外的人想冲进来。"而互联网不是围城。

二是互联网进入教育教学后,将取代其他媒体,取代教师,让学校消失。

对于第一种说法,多数人都是认同。认为,互联网确实有着巨大的吸引力,它是信息的海洋,交流信息的快捷通道,它能超越时空,实现资源共享,进行量体裁衣的学习,为建立学校—社会—家庭一体化的终身学习体系提供极为有力的支持。开展网络教育是大势所趋,一切可能的学校应创造条件开展网络教育。在这个问题上,应少一点彷徨、犹豫,多一点参与、探索,大胆实践,敢于迈出第一步,在干中求发展。

对于第二种说法,多数人不认同。认为,互联网进入教育教学后,不会取代其他教学媒体,印刷媒体和其他视听媒体会依然存在。网络教学虽有许多优点,但也有其不足之处,有其局限性。如对情感的陶冶、实际操作能力的培养,在这些方面,它比传统教育并没有什么优势。计算机网络作为一种教学媒体,它不是万能的。当代媒体理论所揭示的:“没有一种万能的媒体。某一种媒体,对某一种教育、教学活动来说,可能比别的媒体更为有效,但是没有人人适用、处处适用的万能媒体。”这个理论并没有过时。

互联网进入教育教学后,也不会取代教师。有人说:实施网络教育,学生可以选择教师,但学生不能没有教师。因为网络教育不是自学,学生学习离不开教师的引导。国外有种说法:网络可以克隆教师。认为,网络教学不需要教师本身,只需要其克隆,即虚拟教师或教师的图像。多数人对这种说法持否定态度。认为,网络教学教师是不可缺少的,只是发生了角色的改变,由知识提供者转变成为学习引导者。他们的责任是教导学生如何分析从网上取得的资料,并把它们运用得当。

互联网进入教育教学后,也不会让学校消失。传统学校会依然存在并有所发展。有一种看法认为,未来的教育会有机地融合虚拟的网络学校和现实的传统学校,形成一种全新的学校体系。这种看法颇有道理。

2. 建构主义学习理论，提倡而不迷信

什么是建构主义学习理论，有多种不同的理解，这里介绍一种简洁的理解。

建构主义学习理论的基本观点："知识不是通过教师传授得到的，而是学习者在一定的情境，即社会文化背景下，借助他人的帮助，利用必要的学习资料，通过意义建构的方法而获得。"

建构主义学习理论的基本特征：(1)提倡在教师指导下的以学习者为中心的学习；(2)强调"情境"与"协作"在学习过程中的重要作用；(3)主张用探索法、发现法建构知识的意义。

20世纪90年代，建构主义学习理论被引进我国教育教学领域，受到人们极大的关注。在教育科研中、研究生选题中、教学实践和教改试验及教育信息化建设中，我们都可以看到它的影响。建构主义学习理论对推进我们教育信息化建设和深化教学改革起了良好的作用。

在学习和应用建构主义学习理论的过程中，也存在着认识上的误区。有人认为，有了建构主义学习理论，其他的学习理论就没有什么用处了，就不必去研究了。它们把建构主义学习理论与其他学习理论对立起来，并全盘否定行为主义学习理论。这种认识恐怕是有问题的。

我们认为：行为主义学习理论、建构主义学习理论、人本主义学习理论，三者不是对立的，而是互相补充的。他们对改进学习都可以起作用，在不同层面上起作用。对我们的教改实践都有用处。三者的主要区别：从教学目标看，行为主义学习理论强调知识、技能的掌握；建构主义学习理论强调智能的发展；人本主义学习理论强调个性与创造性的培养。

从教学任务看：行为主义学习理论强调教学生知识；建构主义学

习理论强调教学生怎样学习;人本主义学习理论强调教学生如何"自我实现"。

从媒体作用来看:行为主义学习理论强调通过媒体提供丰富的感性材料;建构主义学习理论强调通过媒体激发学生的思维;人本主义学习理论强调通过媒体激发学生的情感。

从教学设计看:行为主义学习理论强调对学习者外显行为的控制;建构主义学习理论强调对学习者内部心理加工的指导;人本主义学习理论强调放手让学生自己选择,自我实现。

以上可以看到,三者都有它的优势与不足,我们可以根据教学实践的需要,运用不同的学习理论,解决不同的学习与教学中的问题。

对建构主义学习理论,我们赞同以下几点认识:(1)要重视和提倡建构主义学习理论,因为它对当今的教育信息化建设和深化教改更有现实意义。(2)建构主义学习理论和行为主义学习理论、人本主义学习理论三者不是对立的,而是互相补充的,三者对改进学习都可以起作用,而建构主义学习理论占优势地位。(3)没有一种万能的学习理论,各种学习理论都有它的优势和不足。我们可以根据教学实践的需要,运用不同的学习理论,解决不同的学习中的问题。对待理论的态度,应是不盲目崇拜,不简单批判,不机械照搬,兼容并包,择善而从。

3. 知识的拥有和知识的应用都重要,而后者更重要

长期以来,在我们的教育教学中,非常重视教学生掌握知识、拥有知识,而对教学生应用知识、用知识去解决现实中的问题,使知识产生价值,推动社会、经济的发展,则重视不够,或有所忽视。应该改变这种状况,建立一种新的理念:知识的拥有和知识的应用都重要,而后者更重要。

杨振宁先生在一次接受记者采访和一次演讲会上谈到两件事,

很值得我们深思。

一件事是在一次接受记者采访时，一位记者问他："您在国外教书多年，您看中国留学生与外国留学生有哪些不同？"杨先生回答说："在国外，中国留学生的学习成绩都是非常出色的，但中国留学生胆量小，老师没讲过的不敢想，老师没做过的不敢做，创造性、创新精神相对来说要差一些。"

另一件事是在一次演讲会上，杨先生说了这么一段话："过去的十年是美国信息产业发展最迅速的十年，而这十年也是美国年轻一代在世界基础科学大赛中考分最差的十年。"确实如此。近些年，国际化学、生物、数学奥林匹克竞赛结果，美国学生的成绩都落后于亚洲和欧洲许多国家和地区。

在那次演讲会上有人问，为什么考分最差的十年，反而成就了美国最辉煌的十年？杨先生回答：美国不是看重分数这种知识拥有的形式，而是更看重知识的应用，用知识创造价值，推动社会、经济的发展。他们认为，知识的应用比知识的拥有更重要。他们比较重视科技创新。美国在学科竞赛中落后于许多国家，而在科技创新方面，却是走在世界各国的前列。20 世纪的重大发明大致有 29 项，其中 19 项属于美国人，诺贝尔奖获得者也多数是美国人。一个是重视知识的拥有，以"学富五车"、考试高分为追求目标；一个是重视知识的应用，以知识的价值化为追求目标。一个是重视学科竞赛明星；一个是重视科技创新能手。我们的教育到底需要培养哪种人呢？这是新世纪需要我们认真、深入探讨的一个问题。

4. 教育信息化建设要围绕素质教育进行

教育信息化建设要十分重视素质教育观的指导，才能保证建设成果的科学性、实用性、先进性、精品性。

什么是素质教育观？素质教育观的基本观点：教育的根本任务是

促进学生的“三个发展”,即全体发展、全面发展、个性发展。应围绕“三发展”来设计、实施、管理、评价教育教学工作,以是否有利于“三发展”作为衡量各项工作好坏的标准。

素质教育观是20世纪90年代以来，随着教育改革的不断深化而逐渐形成的一种现代教育观。1993年2月,中共中央国务院颁布的《中国教育改革和发展纲要》提出:“中小学要由应试教育转向全面提高国民素质的轨道。”自那以后,素质教育问题日益受到人们的普遍关注。近十年来,不少同志在这方面进行了探索,取得了不少成果,发表的文章有上千篇,出版的专著有上百种,人们对素质教育下的定义也有几十个。但是到底什么是素质教育?能不能用简洁的几句话来说明它的内涵和本质特征,这仍然是当今不少人心目中存在的问题。

到底什么是素质教育? 对素质教育概念的理解的最简洁方法是什么?

我认为,正确理解素质教育,最要紧的是记住三个数字:3、2、1。

“3”是三个字:三发展,即全面发展、全体发展、个性发展。这是素质教育的基本特征。是素质教育与应试教育最明显的不同的地方。素质教育的基本特征是三个字:三发展,所以有人将素质教育又叫做三发展教育。应试教育的基本特征是两个字:“三死”,即死抠书本、死记硬背、死追分数。

“2”是两个重点:创新精神和实践能力。培养学生的创新精神和实践能力是素质教育的重点。

“1”是一句话:培养创造型人才,这是素质教育所追求的目标。

什么是创造型人才? 有多种不同的解释,下面介绍三种。

(1)创造型人才需要具备三个基本素质:①受过充分的教育,具有广博的知识;②善于独立思考,富有创新精神和创新能力;③有高尚的理想和道德情操。创新精神与创新能力是创造型人才的基本品质和构成主体。创新精神和创新能力的培养是当前人力资源开发的重心所在。创新精神三要素:拼搏、开拓、发展。创造能力就是对新知识的探索与再更新;对新技术的运用与再革新;对新原理、新方法、新产品的发明与创造等方面的能力。

(2)创造型人才是同时拥有三本教育证书的人。一本是学术性的;一本是职业性的;一本是证明一个人的事业心、开拓能力和自我发展能力的。

(3)创造型人才具有三个基本特征:①全面+个性。既是全面发展,又有个性特长,即全面发展与个性发展完满结合的人。②人脑+电脑。既善于用人脑,又善于用电脑。善于用人脑就是能做到左右脑并用,抽象思维与形象思维协调运作,充分发挥大脑的聪明才智。美国著名脑生理学家,1991年诺贝尔奖获得者罗杰尔斯·佩里说,整个大脑的两半球,好像一辆车子的两个轮子,只有双轮同步运转,车子才能前进。人的大脑,只有左右脑协同运作,才能发挥它的聪明才智。③智商+情商。既有较高的智商,又有较高的情商,智商与情商和谐发展的人。

记住上述三个字、两个重点、一句话,这就是正确理解素质教育概念的最简洁的方法。

教育信息化建设要围绕素质教育进行。就是教育信息化的三件建设,都要有助于"三发展",有助于培养创造型人才。

(二)教育信息化建设中的两个实际问题

1. 应该建立怎样的校园网

近几年来,我国学校对建设校园网的热情很高。但应该建立怎样的校园网呢?人们都希望对这个问题能够有一个满意的答案,而这是不容易的。下面谈一点自己的认识。

我曾参加石家庄陆军参谋学院校园网建设与应用的鉴定工作。

鉴定委员会认为校园网的建设与应用是很成功的。时任教育部韦钰副部长于1998年10月8日在该校主持了有200多位教育系统领导、专家参加的现场会,同时,为了推进我国校园网的发展,该校正式被确定为教育部电教办"全国电教多媒体网络应用培训基地"。

我对该校校园网建设的总体思路、构建的系统模型、设计原则、实施步骤很是赞同,认为是合理的。特别是对他们在网络系统建设中采取"三建"(建网、建库、建人)同步以及在建设多媒体教室时采取"四代同堂"(既有多媒体计算机、数字投影机、视频展示台、银幕,又有录放像机、光学投影器和粉笔黑板)的做法很是赞赏。既符合中国国情,又体现了时代精神。新时代呼唤多样性,为人们提供多种选择。

我国校园网建设,经过几年来的实践,人们形成了一些共识,大致有以下几点:

(1)校园网建设要全面规划,总体设计。遵循教育部《初中等学校校园网建设规范(征求意见稿)》中提出的校园网总体设计的"十性"原则:先进性、实用性、开放性、灵活性、发展性、可靠性、安全性、使用性、抗干扰性、经济性。特别是前三性。

(2)校园网建设的基本内容是"三建",即建网、建库、建人(队伍)。"三建"都重要,应同步进行。如此建了就能用,就能发挥效益。

(3)校园网的基本功能有四个:教学、科研、管理、信息交流和远程教学。其系统结构一般也由这四部分(块)组成。

(4)校园网建设没有固定模式,各地各校的具体情况不同,要因地、因校制宜,量体裁衣,从学校的需要与可能出发,采取不同的方案进行建设。近几年,各方面提出了不少校园网建设方案,这里介绍几个,供参考。

某高校校园网系统结构模型包括四部分:多媒体教学信息源、多媒体教学信息库、多媒体用户终端和传输网络。①

适用于一般规模的中小学多媒体网络教学系统包括四个部分:管理中心、电子阅览室、多媒体课件制作室、多媒体网络教室。②

普通中小学校园网的基本构成,包括八个部分:本校教学资源管理系统、学习信息交流平台、网上课程、教学管理系统、图书管理系统、一卡通管理系统、网络化校园文化环境、家庭与社会教育平台。③

基于城域网的校园网方案,以七个大功能模块为主体:校园信息中心、多功能教室、电子教室、电子备课室、电子阅览室、电子办公室、电子图书馆。④

(5)校园网建设,既要着眼未来,又要面对现实。不要贪大求全,盲目攀比,一步到位。可分期、分块进行,如分三步进行:①在各个学校建立电子教室、电子备课室和教育教学资源库;②建设信息中心、数字图书馆、多媒体信息库;③建设办公自动化、远程教学、外部访问。⑤

(6)"校校通"不是"校校网"。不是"校校网"也可实现"校校通"。广州芳村区采用"区域性整体解决方案",区内44所中小学在没有铺一条光纤、没有堆砌更多硬件设备的情况下,充分利用各学校现有的信息技术设施,全面实现了"校校通",而总投资却没有超过100万元,每所学校投入也仅万余元。⑥

---

①王庆武、李琪:《教育技术手册》,总参军训部电教局,2000年。

②祝智庭:《现代教育技术——走进信息化教育》,北京:高等教育出版社,2001年。

③黎加厚:《教育技术教程》,上海:华东师范大学出版社,2002年。

④《方案服务全面亮相,联想教育航母扬帆远航》,载《电化教育研究》,2002(10)。

⑤《让区域性教育网与校园网紧密结合》,载《中国教育报》,2002年01月24日。

⑥《区域性整体解决方案服务"校校通"》,载《中国教育报》,2002年01月10日。

2. 什么是精品？优秀电子教材和教育资源库的标准是什么

对于教育网络系统(教育信息高速公路)建设,人们有一种说法:“路已基本开通,但路上车太少,车中货太少,货中精品太少,这是一种浪费。”这个说法如何,是否符合实际,可以做点调查研究。

为什么精品太少?什么是精品?《广州日报》2000年2月12日登了一篇文章《尴尬的精品》说:“传媒与评论家只是一直在举荐精品,却从不教我们鉴别精品的方法。”

如何鉴别精品？优秀电子教材和教育资源库的标准是什么？

我国音像电子教材的建设，大致经历了三个发展阶段:20世纪70年代末以前,以幻灯、电影教材为主体的阶段;80年代以后,投影录音、电视教材为主体的阶段;90年代中期以来,步入以计算机多媒体与网络教材为主体的阶段。

20多年来,我国的音像电子教材建设,一般是遵循着“五性”(教育性、科学性、技术性、艺术性、经济性)原则进行的。对音像电子教材的评价,基本上都是按照“五性”标准。凡是具有“五性”,符合“五性”标准的,就是优秀的音像电子教材,就是精品。自从计算机多媒体网络教材的兴起,出现了多元化的趋势,有了多种评价的标准。下面列举几种:

(1)原“五性”标准。不过在内涵的表述上有所不同。

(2)新“五性”标准:先进性、开放性、交互性、共享性、探究性。

(3)“三要求”标准:①教学性要求。包括教学目标、教学内容、教学过程。②技术性要求。包括程序运行、信息呈现、用户界面。③文档资料要求。包括文档资料完整性、文档资料规范性。[①]

(3)“三特性”标准:①内容特性。包括内容的科学性、教育性、适

①全国中小学计算机教育研究中心:《我国中小学教学软件评审标准》。

当性。②教学特性。包括教学目的明确性、达到预定目的、教学条理性、难度适当性、激励学习动机、激发学生创造性、反馈有效性、学生控制程度、教学继承性、学习迁移性。③技术特性。包括信息首先是有效性、发挥计算机特点使用方便性、程序可靠性、后援资料充分性。[①]

(5)“四要素”标准:①全新的教育理念;②丰厚的教育资源;③一流的教育技术;④探究的教育方法(主要用于教育资源库的评价)。

(6)“四性”标准:①原始素材的技术性能;②半集成素材的灵活性;③微教学单元的适用性;④素材库管理的科学性(主要用于多媒体素材库的评价)。[②]

上面列举的几种标准，可以作为我们对电子教材和教育资源库进行评价时的参考。关于到底什么是精品,如何确定电子教材和教育资源库的各级指标,建立较完整、较科学、较易操作的评价指标体系,这仍是需要我们进一步深入探讨的问题。

(原载于《电化教育研究》2002 年第 11、12 期)

①祝智庭:《现代教育技术——走进信息化教育》，北京：高等教育出版社，2001 年。

②彭绍东:《信息技术教育学》,长沙:湖南师范大学出版社,2002 年。

# 从视听教育到信息化教育
## ——我国电化教育25年

### 一、两个阶段

自1978年我国电化教育重新起步以来,已经过去25年。这25年,大致可以分为两个阶段:视听教育阶段和信息化教育阶段。

(一)视听教育阶段(20世纪70年代后期—90年代初期)

20世纪70年代后期,随着我国的经济重建,教育复苏,电化教育重新起步,一切从头做起,立机构、组队伍、添设备、编教材、出书刊、开课程、建专业、搞试验,各项建设,红红火火,迅速发展。电化教育的"三件"(硬件、软件、潜件)建设:硬件建设,由"两机一幕"到电教系统工程建设(主要内容包括八室一站三系统);①软件建设,由个别学科的重点、难点幻灯、录音教材的开发到各科现代教材体系(由书本教材系统和非书本教材系统两个部分构成)②的初步建立;潜件建设,由电教概念、特点、作用等的简单阐释,到初步构成以"七论"(本质论、功能论、发展论、媒体论、过程论、方法论、管理论)③为内容的理论体系框架等,都取得了较大的进展。在视听教育阶段,电教领域应

①②南国农:《世纪之交,电教者的使命》,载《电化教育研究》,1998(1)。

③南国农:《我国电化教育学科建设的回顾与展望》,载《华东师范大学学报(教育科学版)》,1990(1)。

用的主流技术:投影、录音、电视技术。起主导作用的理论基础:戴尔的“经验之塔”和行为主义学习理论。

(二)信息化教育阶段(20 世纪 90 年代中期至现在)

这一阶段的重要标志是教育信息高速公路——以计算机为核心的多媒体网络教育系统的建设并投入使用。20 世纪 90 年代中期,随着网络教育的兴起,我国的电化教育进入了一个新的发展阶段。电教“三件”建设的重点发生了变化。硬件建设,以网络教室和校园网的建设为主;软件建设,以网上课程和数字化教材的建设为主;潜件建设,以网络环境下学与教理论和方法的探究为主。进入信息化教育阶段,电教领域的主流技术是多媒体技术、网络技术。起主导作用的理论基础是建构主义学习理论。

## 二、四项主要业绩

1. 25 年的电教实践,打破了传统教育方式的一统天下,促进了自主、合作、探究的学习方式的发展。电子技术媒体的开发与应用,大大丰富了教育教学资源,改变了人类获取知识和经验的途径。网络教育的兴起,极大地扩展了教育教学的空间,为学习者营造了第二学习空间——虚拟学习空间。电教实践中构建的各种新型教学模式优化了教育教学传播过程,为我国教育教学改革的深化和教育现代化建设做出了重要贡献。

2. 在中国这样一个发展中国家,营造了世界上最大规模的电教事业。我们的电教机构的建设、电教专业的建设、空中学校系统的建设、电教基础设施的建设,等等,就规模来说,都是举世无双的。这是中外教育史上的伟大壮举。

3. 25 年的电教实践,大大改变了人们对电教的认识。“没有电教的突破,不会有教改的突破”“现代教育技术是教育改革与发展的制高点”等结论,已为越来越多的人所接受,正在变成大众的自觉行动。

4. 25 年的电教实践,不断提高了电教者对自身的认识。(1)树立了“大电教”的概念,明确了大小电教的九点区别。①(2)端正了对电教者角色的认识。电教者不应是单纯的“三子”(做片子、放带子、修机子)服务员,而应是教育革新者。(3)初步探明了成功电教的 5 个标准。办好电教,要重视现代教育媒体的研究与应用,但这不是唯一的。成功的电教由 5 个要素组成:全新的电教理念(主要指 6 种现代教育观:素质教育观、终身教育观、双主体教育观、创新教育观、情商为主教育观、四大支柱教育观);丰厚的电教资源(主要指要有完善的现代信息技术环境和现代教材体系; 要有广大的具有较高信息素养和创新能力的电教人员);先进的电教技术(主要指 3 种技术:现代媒体技术、现代媒传技术、教学设计技术);探究的电教模式(以培养学生探究兴趣、促进学生智慧潜能的发展为宗旨,强调学习者对知识的自主建构,而不仅是信息的传递与接受);规范的电教管理(管理要规范化,要制定相关的规章制度,依法管理)。上述 5 个方面,是成功电教的五大支柱,也是衡量电教是否成功的 5 个标准。

## 三、当前的问题

### (一)名称问题

这是一个老问题,争议了几十年,有多次高峰期,但问题并未最终解决。同是主要运用电子音像媒体(不是主要用粉笔、黑板、文字教科书)来改进教育教学,提高教育教学质量和效率这件事,而名称不同,如电化教育、教育技术、现代教育技术、教育传播、教育工艺、教育

---

①南国农:《我国电化教育学科建设的回顾与展望》,载《华东师范大学学报(教育科学版)》,1990(1)。

信息技术、信息技术教育、信息化教育,等等,主张不一。到底用什么名称呢?关于名称问题,笔者也谈过一些浅见,有点文字记载,[①②]不在这里重复了。前几年,有人问笔者,为什么要坚持电化教育这个名称?笔者说,其实不是要坚持电化教育这个名称,而是要坚持它的实质。它的实质,可以用两句话来表述:强调以现代教育媒体的研究和应用为重心;强调现代教育思想、理论的指导。这也是我国的电化教育与美国的教育技术最大的不同。如果它的内涵包括了上面所说的两句话,用什么名称都无关紧要。如果说的是教育技术,做的是电化教育,改名又有多大意义呢?

鉴于目前我国信息技术产品社会化和教育信息化的水平并不是很高的,仍然非常需要提倡利用现代技术媒体(包括录音、投影、电视、计算机、多媒体网络等)优化教育教学过程,提高教育教学质量和效率,保留"电化教育"的名称,不会有什么坏处。或者用"现代教育技术"的名称。为了更加体现时代特色,也可以用"信息化教育"的名称。"电化教育""现代教育技术""信息化教育",三者名称虽不同,但他们可以是同义的。

(二)定位问题

学科定位问题,是学科建设中的头等重要问题。对这个问题,目前人们看法不一。下面谈谈笔者对这个问题的一点认识。

我国的教育技术(现代教育技术)学科,应定位为现代教育思想、理论与现代信息技术的结合。现代教育技术是现代教育思想、理论与现代信息技术相结合的产物。它的完整公式是:

---

①南国农:《我国电化教育学科建设的回顾与展望》,载《华东师范大学学报(教育科学版)》,1990(1)。

②南国农:《面向21世纪的中国电化教育》,载《电化教育研究》,1996(3)。

现代教育思想、理论×现代信息技术=现代教育技术

现代教育技术的内涵,包括两个方面,四个要素。

1. 两个方面

现代教育思想、理论:①现代教育思想,主要是6种现代教育观;②现代教育理论,主要是学习理论、教育传播学、教育信息论等。

现代信息技术,主要是3种技术:①教育教学中应用的现代技术手段,即现代教育媒体,是一种物化形态的技术;②运用现代教育媒体进行教育教学活动的工作方法,即媒传教学法,是一种智能形态的技术;③优化教育教学过程的系统方法,即教学设计,也是智能形态的技术。

2. 四个要素

①现代教育理论的基本知识和方法;

②现代教育媒体的理论和应用;

③媒体教学的理论和方法;

④教学设计的原理与方法。

应按照这四个要素建立我国教育技术学的内容体系；应按照这四个要素建立我国教育技术专业的课程体系；应按照这四个要素建立我国教育技术学人员的素质体系。

关于定位问题,前两天,在《中国电化教育》杂志上看到一篇文章,说"采用'全部物化形态+部分智能形态'技术定义的教育技术定位。""这是我国当前最为领先的教育技术定位的观点",并举出了其代表论著。①最后,觉得有些问题值得商榷。不知道该文的这个结论是怎么得出的?是引用率最高?发行量最大?实践中应用得最广?笔者

①刘美凤:《广义教育技术定位的确立》,载《中国电化教育》,2003(6)。

想起了55年前(1948年)看过的第一本视听教育的书,[①]以及后来看过的一些视听教育的书,不都是这样的“定位的观点”吗?该文还谈到要确立“‘全部物化形态+全部智能形态’这种广义技术定义下的教育技术定位”。这不就是要走进“普通教学论”了吗?“教育技术”可能也就会是多余的了。

(三)过渡问题

近几年来,我国教育领域出现了这样两种说法:第一种是“电化教育只管幻灯、投影、录音、电视,不包括计算机、多媒体与网络”;第二种是“从电化教育向教育技术过渡”,令人困惑。

第一种说法,显然是对电化教育的误解。从书本看,所有的电教概论书,都有专门的章节论述计算机及其教育应用;从实际看,最初的计算机技术与课程整合试验,如“小学语文四结合教改试验”,许多高校开设的“计算机辅助教育与管理教育”课程、石家庄陆军学校的“计算机教学应用系统”的建设、“计算机辅助教育学会”,等等,不都是由电教人做出来的吗?怎么能说“电化教育不包括计算机多媒体与网络”呢?

第二种说法与第一种说法可能有关,也可能没有。但笔者总觉得有些不妥。理论上难以说通,实践上弊多利少。目前“过渡”的情况,有些地方“名称”过渡掉了,但“实质”好像还没有。教育技术领域人们做的事情,如网络建设、课件开发等,各级学会组织进行的课题研究,如“新教学模式”的探索,也是在“现代教育信息技术环境下的”,等等,都没有越出电化教育的范畴。令人惋惜的是各级电教机构职能“过渡”掉了不少。机构的设置,除电教中心或教育技术中心外,又有了信息中

---

①Edgar Dale:*Audio-Visual Methods in Teaching*,The Dryden Press,Inc. 1946年。

心、网络中心、计算机中心等等,机构重叠,造成了不少浪费。有利家家争着做,无利家家不愿做的现象也有发生。特别是中央电教机构职能的削弱,并不利于电教事业的发展。我国电教系统是一个大系统,它由5个子系统所组成:普通学校电教系统;高等学校电教系统;成人教育电教系统(包括各行业电教部门、部队电教部门、党员电教部门等);广播电视教育系统;计算机网络教育系统。按照我国国情,需要在中央有个组织、领导、协调各方面工作的管理机构。也许有人说,美国就没有这样的机构。是的,美国没有,他们有他们的国情。我们不能只是解读"外经",也可以另立"新经"。中国人应该也有自己的东西。

如果要说"过渡",不如说"从视听教育过渡到信息化教育",这样可能要好些。

## 四、头10年的展望

21世纪头10年,将是我国电化教育全面繁荣的10年。其主要标志:

### (一)电化教育的信息化特征将日益显著

信息化特征指"五化三性"。(1)五化:教育信息显示多媒化;教育信息处理数字化;教育信息存储光盘化;教育信息传输网络化;教育信息管理智能化。(2)三性:开放性;非线性;交互性。

### (二)电化教育的整合功能将日益加大

将更加重视现代信息技术与课程的整合,深入各科教学领域,促进各科新型教学模式的建立。将更加重视现代信息技术与现代教育思想、理论的整合,使之成为新世纪教育改革与发展的两大支柱。

### (三)电化教育的效益观念将日益加强

重视效益、讲究效益的观念将有所发展。做事不讲效率和效益、制作教材不计成本、制作与使用不挂钩等毛病会有所改善。电化教育效果的研究将有所加强。

(四)电化教育产业将日益兴旺

电教产品的性能会得到不断改进和提高,会变得越来越小、越便宜、越方便、越“聪明”。电教器材、教材的商品市场会日益扩大。

(五)数字化教育社区[①]将异军突起,成为促进学校—社会—家庭教育一体化和建立终身教育体系的重要动力

进入新世纪后,数字化社区的建立开始为人们所关注,今后将受到越来越多的关注。

(原载于《电化教育研究》2003 年第 9 期)

---

①李克东、谢幼如:《构筑数字化教育社区的理论与实践研究》,载《电化教育研究》,2003(3)。

# 新世纪信息化教育工作者的使命
## ——推进“14345 工程”

新世纪信息化教育工作者的使命是什么?用一句话来说,就是推进“14345 工程”。“14345 工程”的内涵包括五个项目:明确一项任务、做好四件事情、采取三个途径、遵循四个公式、实现五个标准。这五个项目连起来,组成一个系统工程,即“14345 工程”。下面,对五个项目作点扼要的解释。

### 一、明确一项任务

新世纪信息化教育工作者的基本任务:自己并帮助他人学会数字化学习,学会创新,不断提高信息素质和创新素质,特别是信息能力和创新能力,做一个创造型的人。

什么是学会数字化学习?数字化学习,是一个由国外引进的概念,它的原名是 E-learning。这个概念是由美国提出的,美国教育部 2000 年度致国会的教育技术白皮书中最早使用了这个概念。现在,这个概念已流行于世界各国。

所谓数字化学习,有多种不同理解,多种不同的说法。一种说法是,数字化学习,就是通过多媒体计算机和因特网进行的学习;另一种说法是,数字化学习,就是在现代信息技术环境下利用多媒体软件和网上资源进行的学习活动。上面两种说法,我们认为后一种比前一种较完善、准确。因为,不是通过多媒体计算机和因特网进行的学习,例如,通过光碟机和数字电视或通过数字卫星电视系统进行的学习,也可以是数字化学习;多媒体软件既可通过计算机显示,也可通过光碟机和数字电视显示,网上资源包括了天网和地网的资源。

数字化学习是信息时代学习的一种全新的方式,重要的方式,但不是唯一的方式。在信息时代,人们需要善于同时在三个世界采取多种方式进行学习:一是经验世界,在做中学习;二是语言文字世界,向书本学习;三是虚拟现实世界,进行数字化学习。这里只提到数字化学习,并不是要否定其他两种学习,而是因为它是一种全新的学习方式。人们对于前二种学习方式一般是熟悉的,对后一种学习方式,有些人则比较生疏,甚至不会。而不会数字化学习,就要成为现代文盲。联合国教科文组织给文盲下了新定义:文盲就是不能识别现代信息符号,不能应用计算机进行信息交流和管理的人,也就是不会数字化学习的人。信息化教育工作者岂能是现代文盲?所以必须学会数字化学习。不仅自己,而且要帮助他人学会和善于进行数字化学习,这是新世纪信息化教育工作者不可推卸的责任。

什么是学会创新?创新就是造作新的,不是重复原有的,不是模仿旧的。特出新意,将原有的东西重新排个队,也可以是创新。例如,把教学上的“三中心”(教师中心、书本中心、课堂中心)变成“三结合”(学与教结合、书本与经验结合、课堂与活动结合),也是一种创新。创新是多方面的,科学发现、技术发明、工艺设计以及政治、经济、社会、教育领域的深化改革等,都可以是创新。

学会创新,要注意做到以下几点:(1)创新是思维的革命,学会创新,就要改变传统的思维方式,学会创造性思维;(2)创新来自科学研究,学会创新,就要不断增强科研的意识,掌握科学的研究方法;(3)创新不是不要继承,学会创新,就要注意处理好创新与继承的关系。我们要继承和借鉴百家之长,走自己开辟的创新之路。对于古今中外一切好的东西,可以采取拿来主义。把它拿来,但不能止于拿来,要在拿来的基础上有所创新,把拿来变成拿去。新世纪是一个瞬息万变、纵横交错的时代,它不否定继承,但更需要创新。

什么是信息素质和创新素质?信息素质主要体现在信息意识、信息知识、信息能力、信息道德四个方面。创新素质主要体现在创新意识、创新精神、创新能力三个方面。信息素质和创新素质是信息时代人们必须具备的基本素质。

为什么特别强调信息能力和创新能力?信息能力主要是获取信息的能力、处理信息的能力、发送信息的能力和信息免疫能力。创新能力主要是独立思考、独立判断的能力,对新知识、新技术、新产品的探索、发明、开发的能力。这两种能力是当今社会人类生存的最基本的能力,它深深地影响着人们的生活、工作、学习的方方面面,是个人寻找职业、融入社会的一个决定性因素。

什么是创造型的人?有多种不同的解释,下面介绍两种。(1)创造型的人是同时拥有三本教育证书的人:一本是学术性的,一本是职业性的,一本是证明一个人的事业心、开拓能力和自我发展能力的。(2)创造型的人需具有三个基本特征:一是全面+个性。既是全面发展,又有个性特长,即全面发展与个性发展完满结合的人。二是人脑+电脑。既善于用人脑,能左右脑并用,充分发挥大脑的聪明才智;又善于用电脑,能用电脑不断地改进自己的学习、工作和生活。三是智商+情商。既有较高的智商又有较高的情商,是智商与情商和谐发展的人。

## 二、做好四件事情

要完成上述任务,必须做好四件事情:

### (一)硬件环境建设

就是以前常说的电化教育系统工程建设,其内容包括八室一站三系统。八室：普通电教室、多媒体综合电教室、语言实验室、计算机室、学科专用电教室、微型电教室、视听阅览室、电教教材库；一站：卫星地面接收站；三系统：广播系统、闭路电视系统、计算机网络系统。

硬件环境建设的重点，新世纪前，是三机一幕普通电教室的建设；当前，是校园网和多媒体网络教室的建设，积极推进“校校通”工程，争取2010以前90%的学校上网。

(二)软件资源开发

就是以前常说的现代教材体系的建设，其内容包括两个教材系统：书本教材系统，主要由印刷教科书、习题集、实验实习指南、学习指导书、教学指导书组成；非书本教材系统，主要由幻灯、投影、录音、电影、电视、唱盘、视盘、计算机和网络教材等组成。

软件资源开发的重点，新世纪前，是投影、录音、电视教材的开发；当前，是网上课程、数字化教材、教学信息资源库的开发。

(三)新型模式建立

其重点，新世纪前，是以教为中心的投影、电视及多媒体组合教学模式的建立；当前，是以学为中心的网络环境下新型教学模式的建立。要不断完善已经初步形成的几种数字化学习模式：利用网络资源自主学习、通过网络进行协作学习、基于网络的研究性学习、将数字内容整合于学科课程在课堂教学中学习。

(四)基本理论研究

基本理论研究的任务主要有两个：

1. 建立和完善教育技术学的基本理论体系

什么是教育技术学的基本理论？有人说，教育技术系的许多毕业生和教育技术领域的不少工作人员，你问他教育技术学的理论基础是什么，尚能回答一二，如建构主义学习理论等；若问他教育技术学的基本理论是什么，却说不出来。这个话，不知是否符合实际。

我认为,教育技术学的基本理论,应该主要是四种:(1)现代教育信息技术媒体的理论和应用;(2)现代媒传教学的理论和方法;(3)现代教学设计的原理和方法;(4)现代信息技术环境下,教育信息转换成知识、技能、智慧、思想品德的理论和方法。以上四个方面,也就是基本理论研究的主要对象。

2. 解决现实中的有关认识问题

现实中,我们面对的问题很多,如名称问题、定向问题、过渡问题,以及应该建立怎样的校园网、优秀电子教材和教育资源库的标准、"打机入魔"问题,等等。特别是名称、定位、过渡问题,这是近几年来人们比较关心的问题。在不少场合,有的同志总要我谈谈这个问题,我也本着百家争鸣的方针零碎地谈了一点个人的粗浅认识。今年(指 2003年,编者注)7 月,《中国电化教育》杂志为了纪念中央电教馆建馆 25 周年,准备出纪念专刊,要我写篇文章,我写了一篇,题为"从视听教育到信息化教育——我国电化教育 25 年",刊登在《中国电化教育》2003 年第 9 期,里面也简单地谈了上述三个问题。①我的基本认识是:

关于名称。我不赞成用"教育技术"这个由美国引进的名称来代替电化教育。因为,"94 定义"下的教育技术,其内涵与我国这一领域的实践有不小的差异。我赞成用"国产"的名称,即电化教育、信息化教育或现代教育技术。这三者名称虽不同,实质一样,可以互相换用。实质可用两句话来表述:(1)强调以现代教育媒体的研究和应用为核心;(2)强调现代教育思想、理论的指导。

关于定位。我不赞成采用"全部物化形态+全部智能形态"技术定

---

①南国农:《从视听教育到信息化教育——中国电化教育 25 年》,载《中国电化教育》,2003(9)。

义的教育技术定位。[1]因为,这种定位把整个教育领域都当作了"教育技术",教育技术学这门学科失去了它特定的研究对象,也就难以存在下去了。我赞成我国的教育技术(现代教育技术)定位为现代教育思想理论与现代信息技术的结合。

关于过渡。我不赞成"电化教育向教育技术过渡"的提法。因为,这种提法理论上难以说通,实践上弊多利少;我赞成"由视听教育向信息化教育过渡"的提法。

围绕基本任务,做好四件事情,这就是新世纪特别是头十年,信息化教育工作者的主要工作内容。

怎样才能做好上述四件事情?要做好上述四件事情,需要采取三个途径、遵循四个公式、实现五个标准。下面就来谈谈这三方面的问题。

## 三、采取三个途径

### (一)开设信息技术必修课

2005年以前,争取在全国90%以上的中小学开设。据统计,全国普通高中14907所,将信息技术列为必修课的高中学校比例已经达到92.15%;全国共有初中学校6.66万所,大中城市的初中将信息技术列为必修课的开课率达到65.32%;全国共有小学49.13万所,独立建制的小学将信息技术列为必修课的开课率达到10.33%。[2]

### (二)广泛开展信息技术与课程整合实验

信息技术与课程整合是指在课程教学中引入信息技术,并使之与课程教学融为一体,以促进学习。整合后,课程教学不仅具有传授

①刘美凤:《广义教育技术定位的确立》,载《中国电化教育》,2003(6)。

②祝智庭:《中国基础教育信息化进展报告》,载《中国电化教育》,2003(9)。

科学知识的功能,而且,具有培养和发展学生信息能力的功能。实现信息技术与课程整合,这是信息时代课程教学深化改革的需要,也是信息技术本身发展的需要。整合则两兴,不整合则两衰。搞好信息技术与课程整合实验,必将有力地推进教育信息化建设的深入发展。

(三)办好教育技术专业和现代教育技术培训

关于教育技术专业。我国从 1983 年起,在一些高等学校举办了教育技术(电化教育)专业,分专科、本科、研究生三个层次,研究生层次包括硕士研究生和博士研究生,形成了一个比较完整的现代教育技术人才培养体系,这在世界各国都是少有的。我国的教育技术专业不仅是多层次的,而且是多方向、多性质的。多方向,一般设置的方向有教育技术基础理论,教育电视以及计算机、媒体、网络技术教育应用和现代远程教育,等等。多性质,有师范性的,也有非师范性和半师范性的。20 世纪 90 年代后期以来,我国教育技术专业得到迅速的发展。目前,我国开设教育技术专业的高等学校,估计已近 200 所。

关于现代教育技术培训。近几年来,中央和地方分别举办了不同层次的多种形式的培训活动,以满足不断增长的教育信息化建设的各种人才需求。培训的主要对象:(1)信息技术课教师。各级学校都要开设信息技术课,而教师严重不足,这是当前培训的重点。(2)现有任课教师。我国现有教师 1150 万人,近几年,其中一部分人参加过现代教育技术培训,但离实现全员培训还远。(3)教育行政管理。接受过现代教育技术培训的仍属少数。(4)现代教育技术应用专业人员。如网络管理、电脑美术、电脑音乐、数字摄影人员等的培训,需求量也是不小的。

## 四、遵循四个公式

(一)成功=艰苦劳动+科学方法+珍惜时间

这个公式是爱因斯坦提出的。爱因斯坦是20世纪的科学巨人。有人问他,为什么获得如此巨大的成就?他写下了这样一个公式。这个公式告诉我们,要做好信息化教育工作,取得成功,就必须艰苦劳动。艰苦劳动是获得成功的最基本要素。艰苦劳动,这里主要指脑力劳动,也就是说,要成功,就要不怕动脑,要善于动脑,勤于动脑,脑子越动越灵,而不是越动越笨。

(二)2>1+1,即整体大于部分之和

这个公式是美国科学家、系统论的创立者贝塔朗菲所提倡并强调的。他告诉我们,要做好信息化教育工作必须十分重视团结协作,组合有序。

信息化教育工作,不论是硬件环境建设、软件资源开发、新型模式建立、基本理论研究,都需要多方合作,才能有望成功。一位日本记者在接触过许多中国留学生后说:中国学生聪明能干,但协作精神不够。并说:一个中国人肯定干得过一个日本人,但三个中国人,肯定干不过三个日本人。这个话很值得我们深思。

(三)20%智商+80%情商=100%成功

这个公式是美国哈佛大学教授丹尼尔·高曼提出的。1995年,高曼发表了《EQ》(情商)一书。在这本书里,高曼认为,人们过去只是重视IQ(智商),认为高智商就等于高成就,必须改变这种传统观念。他通过科学论证得出结论:EQ是人类最重要的生存能力,人生的成就,至多有20%可归之于IQ,另外80%,则要归于以情感为主的其他因素,即EQ。因而提出了继爱因斯坦之后的这个新的成功公式。这个公式告诉我们,要做好信息化教育工作,取得成功,必须重视发挥以情感为主的非智力因素的作用。情感对于做好工作,搞好学习有着直接的、重大的影响,它是人们追求真理的动力,正如列宁深刻指出的:没有人的情感,就从来没有,也不可能有人对真理的追求。

(四)现代教育思想理论×现代信息技术=信息化教育

这个公式告诉我们,信息化教育是现代教育思想理论与现代信息技术相结合的产物。在信息化教育中,两者的关系是相乘的关系,不是相加的关系,即任何一方为零,其结果都会是零,两者不可缺一,否则不可能取得成功的信息化教育。

## 五、实现五个标准

成功的信息化教育由五个要素组成。

(一)全新的教育理念

主要是六种现代教育观:素质教育观、终身教育观、双主体教育观、创新教育观、情商为主教育观、四大支柱教育观。考虑到近几年来在信息化教育实践中,人们认识上可能存在的误区,以下三种新的理念的建立,值得重视:(1)知识的拥有和知识的应用都重要,而后者更重要。(2)没有一种万能的教学媒体,互联网不是"围城",也非万能。(3)没有一种万能的学习理论,对建构主义学习理论,提倡而不迷信。①

(二)丰厚的教育资源

教育资源是一个比较广泛的概念,包括教育信息、教育媒体、教育人员、教育环境,等等。这里,丰厚的教育资源主要是指要有完善的现代信息技术环境和现代教材体系,要有广大的、具有一定的信息素

---

①南国农:《教育信息化建设的几个理论和实际问题》,载《电化教育研究》,2002(12)。

养和创新能力的信息化教育人员。

(三)先进的教育技术

主要指三种技术:(1)现代媒体技术。教育教学中应用的现代技术手段,即现代教育媒体,是一种硬技术。(2)现代媒传技术。运用现代教育媒体进行教育教学活动的工作方法,即媒传教学法,是一种软技术。(3)教学设计技术。优化教学过程和教学资源的系统方法,也是一种应用广泛的软技术。

(四)探究的教育模式

这种教育模式,以培养学生探究兴趣、促进学生智慧潜能的发展为宗旨,它强调学习者对知识的自主建构,而不仅是信息的传递与接受。例如研究性学习模式、基于情境或问题解决的教学模式、利用网上资源自主学习模式,等等。

(五)规范的教育管理

信息化教育的管理要规范化,要制定相关的规章制度,依法管理。管理的主要内容是人、财、物,核心是人的管理。人的管理要做到16个字:晓之以理,明之以法,动之以情,导之以行。这样,才会是有效的、成功的。

以上五个方面,是成功的信息化教育的五大支柱,也是衡量信息化教育是否成功的五个标准。

(原载于《电化教育研究》2003年第12期)

# 教育技术(电化教育)理论研究三十年的回顾与探索

## 一、难忘的记忆:开辟时期(20 世纪 80 年代—90 年代初期)

在这里,主要谈 20 世纪 80 年代到 90 年代初期电化教育理论研究领域的一些有关事情。这里,我用了“电化教育”这个名称,而没有用“教育技术”,这是因为,“教育技术”(Education Technology)这个术语是自美国引进的,它普遍得到使用是在 90 年代中期以后,在此以前,它的名字叫做“电化教育”。

我国的电化教育理论研究, 是 20 世纪 80 年代初在实践的呼唤下开始兴起的。在这个时期的十多年里面,经过我们广大教师和电化教育工作者的辛勤耕耘,取得了不少成绩。不论是在电化教育基础理论研究方面,还是电化教育的应用和发展研究方面,以及在电教的基本文献资料和工具书的编纂方面,都有着一批有一定价值的成果。对电教理论建设中的一些较为重大且带有根本性的问题, 有了一定的认识。以下是几点基本认识。

(1)电化教育是有现代技术媒体参与的教育,没有现代技术媒体参与的教育不是电化教育。

(2)电化教育姓“教”,不姓“电”,它是属于现代教育范畴的一种新的教育方式。它不只是一种新的教育工具,不只是一种新的教育方法,不只是一种新的教育内容传递形式,不只是一种新的教育形式,而是所有这些的综合,是一种新的教育方式。

(3)电化教育是现代教育思想理论与现代教育媒体相结合的产物。它的完整公式是:

现代教育思想理论×现代教育媒体=电化教育

(4)电化教育以现代教育媒体的研究和应用为核心,它的理论体系由“七论”(本质论、功能论、发展论、媒体论、过程论、方法论、管理论)构成。

(5)电化教育是一门学科,一项事业,也是一种产业。

(6)电化教育的服务对象是各种教育:幼儿教育、普通教育、高等教育、职业教育、成人教育、特殊教育、继续教育等。

(7)电化教育系统是一个大系统,由四个子系统构成:普通学校电教系统、高等学校电教系统、成人教育电教系统、现代远程教育系统。

(8)电教工作者不应是单纯的媒体服务员,而应是教育革新者。他们的使命,不仅是支持和服务教育,而更是改革和发展教学、教育。

以上是20世纪80年代到90年代初我们电化教育理论研究开辟时期取得的几点主要的认识。

回顾这个时期的研究,让我最难忘的记忆是电化教育完整公式的提出,即上述几点基本认识的第三点。

这个电化教育公式是在20世纪80年代提出的。1987年在广州举行的“教育理论与技术研讨会”上,让我做主题发言,做主题发言的还有北京师范大学的黄济教授、日本的坂元昂教授。在那次会上的发言中,我第一次谈到了这个公式,并作了简略的介绍。记得那次发言后,有位日本朋友来找我说他想复制几张我发言时使用有关介绍这个公式的投影片。那时用的是光学投影明胶片,与现在用的PPT不同。并问要多少版权费。我说,欢迎您复制,不需要版权费。当时也根本没什么知识产权意识。

这个公式是怎样形成的？在讨论电化教育的特点和成功电化教育的组成要素时，想起诺贝尔医学奖获奖者罗杰尔·斯佩里关于人脑的“二轮说”。他说：人脑的两半球(左脑和右脑)，好像一辆车子的两个轮子，只有两轮同步运转时，车子才能前进。这个道理很清楚。车子的两个轮子如果不同步运转，只有右轮转，左轮不动，车子能前进吗？不能，只能在原地打圈子。人的大脑也是如此，只有左右脑协同运作，才能发挥出它的聪明才智。在“二轮说”启发下，我提出了“双翼说”，或者成为“两只翅膀理论”：电化教育要发展、要腾飞，要靠两只翅膀，一只翅膀飞不起来。电化教育要成功，必须要有现代教育思想理论的指导，它必须要有现代媒体技术的支持，两者不可缺一，否则难以成功。把这个说法公式化，便产生了这个电教公式。这个公式，最初是以加法来进行表述的，即“现代教育思想理论+现代教育媒体=电化教育”，但是很快意识到这样不妥，不利于改变当时存在的“重技轻教”的状况。因而改用乘法来表达。因为，如果用加法，两者的关系是相加的关系，我只要把一方面的工作做好，比如对技术支持做得出色，得了100分，对另一方面的工作即使了得0分，其结果还可以是100分，还可以是优秀。而用乘法，两者的关系是相乘的关系，即任何一方为0分，结果都会是0，必须及时做好两个方面的工作，实现两者的融合，才能取得成功的电化教育。

这个公式，从20世纪80年代(1987年)提出，到现在还在使用。只是在文字表述上有点改变，1995年将“现代教育媒体”改为“现代教育技术”。2004年又改为“现代信息技术”。实质未变，都是先进技术媒体的教育应用。

我想，这个公式在今后学科理论体系的重构中，仍将会有着意义，发挥一定的作用。

## 二、遗憾的变迁：多元发展时期(20世纪90年代中期—新世纪初)

20世纪90年代中期到新世纪初期，是我们教育技术理论研究的多元发展时期，研究的问题、观点和方法都呈现出多样化的特点。多种理论专著和教材都搭起了自己的框架。有的概括为七论(引论、发展论、教育媒体论、教育信息资源论、教学设计论、信息化教学论、远程教育论)(李康)；有的有十三论(绪论、本质论、发展论、课程与目标论、教材论、过程与原则论、方法与模式论、人本论、技能论、资源论、病理论、实践论、未来论)组成(彭绍东)；有的分为三大部分(教育技术哲学、教育技术学基本理论、教育技术学的应用)(何克抗)；有的分作三篇(活动篇、讲座篇、资源篇)(祝智庭、钟志贤)、(教育技术基本理论、学习资源开发与利用、教学过程设计与评价)(张剑平)；有的由五大支柱(基本理论研究、硬件环境建设、软件资源开发、新型模式建立、有效管理探索)和三大应用领域(学校信息化教育领域、现代远程教育领域、信息化教育管理与培训领域)构成(南国农)，等等。

随着教育技术理论研究领域的分化，对许多研究问题出现了多种学术观点和学派。如对教育技术理论研究逻辑起点的认识，桑新民认为至少存在着三大主流学派：媒体起点派、学习起点派、借助媒体的学习起点派。[①]何克抗认为有十种较有代表性的逻辑起点观，并作了评析。[②]刘瑞儒、黄荣怀认为，国内有影响的逻辑起点观有13种，并

---

①桑新民：《现代教育技术学基础理论创新研究》，载《中国电化教育》，2003(9)。

②何克抗：《关于教育技术逻辑起点的论证与思考》，载《电化教育研究》，2005(11)。

且对其中一些进行了比较深入的分析。[①]汪基德认为,截至2007年2月,关于教育技术学的逻辑起点至少有15种观点,并对于其中主要的9种作了评析。[②]

有人说,20世纪90年代中期到新世纪初期这段时期,是我们教育技术理论研究的"春秋时期"(公元前770—475年),多种多样的主张、观点,为这一领域形成了一幅百家争鸣的亮丽图景。

这一时期,我们教育技术理论研究领域发生的最重大的事件是美国AECT教育技术1994定义的引入,以及两项新技术(多媒体技术、网络技术)和两种新理论(建构主义理论、教学系统设计理论)的介入。这也是引发我国教育技术领域诸多变迁的重要根源。

在这个时期,是我国教育技术理论研究的繁荣时期,但繁荣的背后也有些令人感到困惑和遗憾。准确地说,它是整体繁荣,而留有遗憾。

遗憾,主要是两点:一点是改名,一点是改制。

关于改名。将"电化教育"改成"教育技术"(Education Technology)。"电化教育"是一个国产名称,"教育技术"是从美国引进的。"电化教育"这个名称是20世纪30年代出现的,1936年开始正式使用。新中国成立以后,沿用了这个名称。1988年,国家教委发布了《高师本科专业目录》,正式确定了"电化教育"的名称。

1993年,原国家教委发布的《普通高校本科专业目录》将"电化教育专业"这个名称改为"教育技术学专业"。

2002年,中国电化教育协会在昆明举办的年会上,将协会名称改

---

①刘瑞儒:《黄荣怀.也谈教育技术学的逻辑起点》,载《电化教育研究》,2006(8)。

②汪基德:《中国教育技术学科的发展与反思》,北京:中国社会科学出版社,2008年。

为“中国教育技术协会”。随后，高校的电教组织、电教专业的名称也都改为“教育技术”。也有没有改的，如清华大学仍叫做电教中心。中央和省市县的电教机构的名称没有改，仍叫做电教馆。有些学术期刊的名称也没有改，如《中国电化教育》《电化教育研究》等。

在改名成风的那段时间，社会上还出现了这样一种言论：不改名是“半拉子”革命，改名才是彻底的革命。网上有篇文章(《目睹教育技术学十年之十大怪状》)说：“电化教育期刊和电化教育机构没有改名为‘教育技术’，这是‘半拉子革命’。”又说：“电化教育期刊长期以来没有改名的原因，是不敢为人先的习惯思维作怪。”

2006 年 8 月，在上海举行的首届全球 ET 学术峰会的教育技术学高级研修班上，有同志要我谈谈对上述说法的意见，我谈了自己的一些认识。我说，网上那篇文章说：“电化教育期刊长期以来没有改名的原因，是不敢为人先的习惯思维作怪”，这个判断，未免有点主观，说明文章作者对杂志社同仁的“思维”并不了解。我是《电化教育研究》杂志社的成员之一，我们杂志社曾经讨论过关于改名的问题，讨论结果，决定不改。原因主要有两个方面：

第一，“电化教育”这个名称本身具有的魅力。

“电化教育”名称的本身具有的魅力主要表现为以下几点。

(1)它能较恰当地反映本学科的本质特征。什么是本学科的本质特征？是否可用这样三句话来表述：电化教育是先进的信息技术与先进的教育理论相结合，应中国教育改革的需要而产生的教育创新；电化教育是中西文化交融的结晶；电化教育是中国接受西方文化，并将其本土化的一个典型范例。这三句话不是我说的，这是当时华南师范大学郭琴老师说的。郭琴老师现在澳大利亚的一所大学工作。当时，她跟我讨论这个问题时，我说，郭老师我很同意你的观点，我只是要在你第三句话里面加一个字。加什么字呢？加一个“又”字，就是“它是中国接受西方文化,并将其本土化的又一个典型范例"。为什么呢?因为这个电化教育是来源于美国的视听教育,但又不同于美国的视听教育,它是以现代媒体的应用和研究为核心的,它不同于美国的视听教育。就像陶行知所讲的生活教育是来源于杜威的进步教育,而又不同于杜威的进步教育。我们说的杜威的进步教育的基本观点是什么呢?就是教育即生活、学校即社会、从做中学。而陶行知的生活教育的基本观点是生活即教育、社会即学校、教学做合一,他刚刚好把杜威的教育主张颠倒,人们所说的"翻了半个跟斗"。杜威是他的老师,但是,因为杜威进步教育的这些基本观点的正确而完全将其拿到中国来用,那是行不通的,所以他把它改成生活教育而提出来这些基本观点,即陶行知的生活教育。而它在20世纪20年代就基本形成了,比电化教育时间还要早,所以我加了一个"又"字。

(2)电化教育这个名称能够较恰当地反映本学科领域的研究与实践。何克抗教授在他的文章里说:用"电化教育"这一术语来概括这一领域的研究与实践,实在是有高度智慧的创造——既能定位于教育,从而把定大方向,坚持姓"教",不姓"电",又能准确反映那个时代"技术在教育中的应用"的本质,而且用语中国化,有民族特色。何教授的这个观点跟我们杂志社同仁的观点是基本吻合的。

(3)"电化教育"中"电化"这一术语具有较大包容性。前天的电化是电气化,前天的电化是电力化,昨天的电化是电子化,今天的电化是信息化。它始终扮演着先进技术代表的角色。

第二,改用"教育技术"之后造成的影响。

改用"教育技术"这个名称是不合适的,可能造成的影响最少有这样几点是比较明显的:

(1)与我国这个学科领域的实践和理论研究的实际是不相符的。所以人们常说,改了名你没有改事,名是"教育技术",做的是"电化教育”,那何必改名呢?

(2)难以摆脱对外国特别是美国 AECT94 定义的依附。

(3)将难以走出“严重泛化”研究领域。

这就是我们当时为什么没有改名的理由。当然我们《电化教育研究》杂志社的同仁对于这个改名问题有他们自己的看法,这种看法也许是不合适宜的、是错误的,但是这是他们原来的看法。

关于改制。撤销电教办(1994 年,原国家教委成立了电化教育委员会,委员会包括有关司局和“三电”,即中央广播电视大学、中央电化教育馆、中国教育电视台的主要领导,教委副主任韦钰任主任。随着电教委的成立,电教大楼的正式启用,电教大楼集“三电”于一家。“三电”分中有合,合中有分,有力地推动着我国电教事业健康发展。委员会设办公室,负责具体事宜),取消电教馆的行政职能。学校电教组织除了电教中心或者教育技术中心外,又有了信息中心、计算机中心、网络中心等等,机构重叠,造成了不少浪费。有利家家争着做,无利家家不愿做的现象也有发生。特别是中央电教机构职权的削弱,并不利于电教事业的发展。我们的电教系统是一个大系统,前面已经谈到,它由四个子系统组成,按照我国国情,需要在中央有个组织领导、协调各方面工作的管理机构。也有人会说,美国就没有这样的机构。是的,美国没有,他们有他们的国情,我们不能只是解读“外经”,也可以另立“新经”,中国人应该有自己的东西。

以上两件事也是令人感到困惑,也留有遗憾的。

## 三、走向希望:重构时期(2005 年以后)

新世纪后自 2005 年开始,教育技术理论研究进入重构的时期,充满了发展生机。这个时间,跟日本的教育工学的重构时间是相接近的。上次在中日教育技术学研究与发展论坛上,坂元昂跟我谈到,日本教育工学的重构也是从这个新世纪开始,他们早一点,是从2002年左右开始的。我们是从2005年开始,因为2005年在我们这个领域的理论研究当中出现了几件事情,最主要的是美国AECT教育技术2005定义的公布,这对中国有着很大的影响,引起了我们对20世纪90年代的一种反思。很多人对20世纪90年代我们引进1994定义以及改名为“教育技术”进行了比较深刻的反思,引起了我们又进入到重构的时期。如何重构有中国特色的现代信息技术环境下的教育技术理论体系,是这一时期教育技术理论研究的第一主题。重构这一新理论体系,必须回答以下几个紧迫问题:第一,新理论体系的逻辑起点是什么?第二,对前一时期理论研究的反思,存在哪些问题?第三,如何寻求指导思想和理论基础?第四,什么是重构新体系的新思路?

(一)新理论体系的逻辑起点是什么

因为我们这里讨论的是重构现代信息技术环境下的教育技术理论体系,因此,它的逻辑起点是不是应该是有现代信息技术参与的学习、教学、教育。

(二)存在哪些问题

境外华人学者关于国内教育技术研究的“意见书”中提到的那些问题:“题目过大多——内容充实少;表面讨论多——科学方法少;提出原则多——可操作的少;提出误区多——解决办法少;名词概念多——问题解决少;引用他人多——注明出处少;介绍别人多——自己观点少;提出模型多——能实现的少。”

我看存在的问题,主要是两个方面的问题。

1. 研究态度的问题

主要是“重他轻我”现象,表现:(1)重视他国,特别是美国教育技术理论的研究,轻视有中国特色教育技术理论的探讨。有些人,对美国教育技术学的发展线索还算明白，而对本国教育技术学的发展历史却不明白。对建构主义学习理论是什么，尚能回答，对教育技术学的基本理论是什么，却说不出来。据刘美凤博士统计，截至2001年，在北京师范大学和华南师范大学已毕业的教育技术学专业的硕士和博士学位论文中，关于教育技术学自身的研究论文数量非常少，分别占所有论文总数的5.9%和2.4%。两校合起来关于教育技术学自身问题的研究论文占全部论文的4.9%。[①]理论研究的多样化是需要的，而"重他轻我"现象则是不好的。

2. 研究方法的问题

不善研究。首先是不善选题。在选题方面存在的较普遍的问题有两个：①喜大嫌小，追求大而全，而非小而深。研究成果往往使人产生"一厘米深，一英里宽"的感觉。②关注社会太少，贴近教改不够，不重视针对性和直接社会效益原则。为什么我们辛辛苦苦搞出来的科研成果，常常得不到社会的认可、人们的欢迎，产生不了效益？其主要原因就在这里。

在选择和确定研究选题方面，美国人和我们有所不同。1991年，我去美国访问，参观了几所大学的学术论坛。各大学举行的学术论坛或研讨会，一般是由研究生做主题发言，介绍他们的研究成果，然后大家围绕主题展开讨论。我所看见的几所大学举行学术论坛或研讨会的情况：

(1)"学童午餐含脂肪量问题"(哥伦比亚大学教育学院)。据说，许多家长和社会人士认为，学校提供的学童午餐含脂肪量过高，要求学校改进。应该如何改呢？学童午餐应包含多少水果、蔬菜、肉类、谷

①转引自汪基德：《中国教育技术学科的发展与反思》，北京：中国社会科学出版社，2008年。

类才有利于儿童的发展？他们正在探讨这个问题。

(2)“死亡牌香烟畅销的原因”(纽约商学院传播系)。据说,美国市场上,1991年非常流行一种“死亡牌”香烟。这种香烟包装奇特,图案是一具大骷髅头加上两根交叉的白骨,烟盒另面印着这样的警句:“如果你不吸烟,就不要学着吸,如果你已经吸了,那么就戒掉它。”这种烟售价2元,与其他牌子同价,而且不做广告,畅销为什么？他们去研究人际传播与媒介传播效能问题。

(3)“垃圾学的对象和范畴”(纽约州立罗切斯特理工学院环境管理系)。据说,美国人每年要制造二亿吨垃圾,垃圾的处理问题已经成为关系到许多城市的市容市貌、市民健康和城市发展的重要社会问题,因此引起了人们的关注和研究。20世纪90年代初,美国经济不景气,3000多所大学,每年有几所关闭,却在环境管理系新增垃圾学专业。

加州大学设有中国问题研究中心,那天正举行秋季学术研讨会,主题是“为什么20世纪80年代以来,中国大陆地区农村送礼风气有增无减”。一个社会学专业博士生正在宣读他的论文提要,据说他的那篇论文是去我国东北农村经过2个多月的调查基础上完成的。

从以上可以看到,美国人的研究题目多比较具体,比较小而微观,他们在选择和确定研究选题时,很是重视针对性和直接社会效益原则。他们认为,适应社会需求,讲求社会效益,特别是直接社会效益,才会受到社会的欢迎,体现旺盛的生命力。我们在这方面是重视不够的。

我们进行理论研究,确定选题一般应从两个方面出发:学科发展与社会需求,注意选择当前热点问题和小一点的问题。团队搞课题可以大一点。“缺态度”和“缺方法”,这是我们过去研究中存在的两个问题。最近钟志贤写了一篇文章《方法还是态度》,认为,当前教育技术学存在的问题,主要不是研究方法问题,而是科学研究态度不端。必须重视端正研究态度,才能推动教育技术研究的发展。这个观点,颇为有理。

(三)如何寻求指导思想和理论基础

我认为,重构新体系,应以“科学发展观”为指导思想,“以人为本、以和为贵、和而不同、求同存异”为总原则。以“你我不同、你我都好”为发展理念,学会宽容、学会尊重,学科营养应该来自博采众长。不采取有我无你,有你无我,你死我活的斗争办法。因为那样做,正如人们所说的,必然会是“死者死不绝,活者活不好”。

关于理论基础。应多一点关注从中华传统文化经典著作,我们古代儒家、道家、法家的教育思想中,和近现代的陶行知等教育思想中去吸取智慧。对西方有关理论,多一点关注四种学与教理论的学习与应用:多元智能理论、混合学习理论、创新推广理论、最小代价与绩效理论,特别是前两种学与教理论。多一点关注,并不是说其他学与教理论就不需关注了,人们常提到的四种学习理论、四种教学理论、四种传播理论都可以是新体系重构的理论基础。

(四)什么是重构新体系的新思路

上面谈到,在多元发展时期,我国教育技术研究建立了多种理论体系框架。多种理论体系框架,按其建立的依据,大致可分为两类:一类是主要以美国 AECT 教育技术 94 定义为依据建立的;另一类是主要在不断总结本国理论研究和实践经验的基础上建立的。目前,两类理论体系框架的建设都是处于初期阶段,外部结构初具规模,内部安装远未完善。

当前,重建新的理论体系,就要使两类理论体系实现交融互补,结合起来。结果交融互补,使两者相同之处日有增多,不同之处日有减少。

然后,遵循“你我不同、你我都好”的发展理念,本着“求同存异”的和谐精神。把“同”的事(共同要做的事):构建“现代信息技术环境下学与教相结合的教育技术(电化教育)理论体系”,齐心协力,先做起来;而把“异”的事(你愿做我不愿做或我愿做你不愿做的事):构建“非现代信息技术环境下以学为中心的教育技术(电化教育)理论体系”,暂时“存”下,以后再说。现时,日本重构教育工学:“从传统的教育工学,向着重构网络环境下以学习为中心的教育工学发展”,①似乎也是选择这种思路。

关于新理论体系的内容结构,由六论组成:总论(信息化教育的概念、信息化教育的功能、信息化教育的发展)、基础论(信息化教育媒体理论、信息化教育过程理论、信息化教育系统优化理论)、技术论(信息化教育硬件环境建设、信息化教育软件资源开发、信息化教学设计)、模式论(信息化课堂教学模式,现代远程教育模式,信息化环境下自主、协作、探究学习模式)、方法论(信息化环境下学习方法、信息化环境下教学方法、信息化教育研究方法)、管理论(信息化教育管理体制、信息化教育专业建设、信息化教育评价)。

关于新理论体系的名称:信息化教育理论体系。信息化教育也就是信息时代的电化教育。采用这个名称,既可保持中国特色,也可凸现时代特征。新时代的核心特征是信息化,这已是人们的共识。

(此文系2009年4月21日在北京大学教育大讲堂、4月23日在清华大学教育技术研究所学术演讲稿),未发表,收入《教育技术学科建设:中国道路》,北京师范大学出版社,2010年出版。)

---

①坂元昂:《重构网络环境下的日本教育工学》,载《中国电化教育》,2006(5)。

# 教育技术理论研究的新发展

当前,教育技术理论研究的新发展是什么?下面,我想从理论基础研究、研究领域、研究心态三个方面,谈点个人的认识,不对的地方,请予指正。

## 一、理论基础研究的新发展

在这个方面,有两点值得注意:

(一)研究焦点的转移:由建构主义学习理论转向混合学习理论

1997年,《电化教育研究》(第三期)发表了何克抗教授的《建构主义——革新传统教学的理论基础》一文。这篇文章对把西方建构主义学习理论引进我国教育技术领域并受到广泛关注、成为研究热点,起了重要作用。随后,从20世纪90年代末到21世纪前两年,在我国教育技术领域兴起了一个学习、研究和应用建构主义学习理论的热潮。2003年以后,人们对建构主义学习理论的研究热情开始降温,把研究焦点转向了混合学习理论。

为什么转向?主要原因大致有以下几个:

1. 建构主义学习理论在教学、教育中造成的影响不够令人满意

建构主义学习理论主张"以学生为中心",强调"发现法学习""生成性策略",忽视教师的主导作用,排斥"接受法学习""呈现性策略"。它对教学、教育改革,既有积极影响,也有消极影响。积极影响:有助于革除旧教育的两大弊端(忘了学生、忘了能力的培养)和破除"三中

心”(教师中心、书本中心、课堂中心)。消极影响:它破除了一个“三中心”,又带来了另一个“三中心”(学生中心、生活中心、能力中心)。而不论推行哪个“三中心”,都难以保证教学、教育质量,取得成功的教学、教育。

2. 它自身的功能,不是人们想象得那么强大

经过多年的应用实践以后,人们发现建构学习理论并不是想象中的那么有力,它只是在实现认知发展目标时有着优势,在实现情感发展目标和简单技能训练目标时,远不如人本主义和行为主义学习理论。

3. 美国基础教育质量出现滑坡引发的思考

自20世纪90年代末到21世纪初,美国的教育质量特别是基础教育质量出现明显滑坡。为什么滑坡?人们(包括美国教育部门官员)认为,重要原因之一,是由于教育上奉行乔纳森等的建构主义理论所导致的。乔纳森的建构主义和他的“二维图”①对我国教育技术界也是有着一定影响的。人们质疑,我国实现信息技术与课程整合效果并不尽如人意,是否也与此有着关系?

4. 混合学习理论(Blending Learning)

混合学习理论主张把传统学习方式优势和数字化学习优势结合起来,使两者优势互补。它的基本精神是“淡化中心,强化结合”,这种学习理论符合学与教规律,适合我国国情,对当今的教育信息化建设和深化教改更有现实意义。

(二)心理学取向的一统天下被打破,传播学研究在复苏

20世纪90年代以来,我国教育技术界学人对本学科理论基础的

---

①何克抗:《从Blending Learning看教育技术理论的新发展》,载《电化教育研究》,2004(3)。

研究，主要集中在心理学方面，特别是认知心理学的两个流派：建构主义和信息加工。近几年来，这种情况开始有所改变，有些人的研究兴趣和热情在逐渐转向教育传播学。主要表现如下：

1. 对教育传播学著作的社会需求在增加

高等教育出版社出版的《教育传播学》(第二版)于 2005 年 8 月出版，四年来重印了 8 次，平均每年两次，每次 4000~9000 册，重印数超过了它的第一版。宣韦伯和余也鲁合著的《传媒·教育·现代化——教育传播的理论与实践》，应出版社要求，正在进行修订，不久可以完稿。

2. 教育传播学术研究队伍在扩大

华南师范大学教育信息技术学院新增设教育传播系，组成了一个实力相当雄厚的学术研究团队。有些学校则是联合成立小组，进行学术研究。

3. 出现了一些国家级研究课题和新的优秀研究成果

全国教育科学“十一五”规划一般课题“信息化进程中教育传播的理念发展与实践应用研究”中期成果之一：《信息时代的教育传播研究：范式迁移与理论透视》，不久将正式出版。此外，在一些教育技术专业期刊上，也可看到不少优秀的教育传播理论与应用研究的文章。

上述这些，都在说明教育传播研究正在渐渐复苏。

出现这种转向的原因，主要是：

1. 实践的呼唤

教育技术实践领域的一些难题，例如，寻找把互联网与学习、教学结合在一起的好办法，要解决这个难题，光靠借鉴心理学知识去分析了解学习者的心理过程(认识、情感、意志)是不够的，还需要传播理论的支持，以掌握信息处理和媒体运作的规律。只有做好这两方面的工作,才有可能找到把互联网与学习、教学结合在一起的好办法。

2. 重构的需求

重构网络时代的教育技术学,必须做好一件事:对网络文化垃圾进行批判,树立健康的价值观、道德观。这就需要传播理论,特别是批判学派传播理论的支持。

## 二、研究领域的新发展

研究领域在扩展:由偏重学校教育到同时关注社会教育。

我国的教育技术,过去叫电化教育,最早是从社会教育领域兴起的。陶行知、晏阳初等运用幻灯推行识字教育,镇江文化馆利用电影巡回播演车推行民众教育,都是属于社会教育范畴的事。当年管理电化教育的政府机构是教育部社会教育司,高等学校电教专业培养的主要是社会教育工作人员。新中国成立后,我国的电教活动也主要在社会教育领域施行,由文化部科普局电教处负责组织领导,各省市文化馆系统具体实施。我国几位老一辈著名电教工作者,如肖树滋等,自美国回国后,就是先在文化部科普局电教处工作的。20 世纪 70 年代末,电教重新起步后,我国电教实践和研究的重心发生了很大变化,由社会电教转移到学校电教,对社会电教的研究很少关注,除部队电教和党员电教外,对其他社会电教进行较深入系统的研究很少。进入新世纪以后,随着互联网和终身教育、学习型社会的兴起与发展,人们逐渐恢复了对社会电教的关注,从事这方面研究的人日有增加,并做出了一些有价值的成果,如《构筑数字化教育社区的理论与实践研究》(《电化教育研究》,2003 年第 3 期)、《虚拟学习社区原理与应用》(高等教育出版社 2004 年出版)等,还出现了一些全国立项的课题研究,如“利用现代信息技术加强家校协同教育研究”(教育部中央电教馆重点研究课题)。博士生学位论文中也有一些这方面的选题和成果，如《虚拟学习社区的社会网络结构》《技术支持的协同教育研究》等。最近听说，我国电教产业界正在酝酿成立中国电教产业协会，并组织力量从事有关研究。

早在20世纪80年代后期，我国电教界就形成了“大电教”的概念，“电化教育的研究，以大电教为范围，覆盖五大系统（普通学校电教系统、高等学校电教系统、广播电视学校系统、卫星电视教育系统、电子计算机教育系统），涉及三大领域（认知、动作技能、情感），为发展多种教育（包括学校教育、社会教育、家庭教育）服务。”[①]近年来，教育技术理论研究也出现了这样的发展趋势。

### 三、研究心态的新发展

依附心在削弱，自信心在提升；言必“94定义”的时代基本过去，走自己道路的呼声日益增强。

20世纪90年代中期，我国教育技术界引进了美国AECT教学技术1994定义：“教育技术是为了促进学习，对有关的过程和资源进行设计、开发、利用、管理和评价的理论和实践。”[②]随着“1994定义”的引入，在我国教育技术界，特别是理论研究领域，掀起了学习、研究、应用“1994定义”的高潮。有人统计，围绕“1994定义”发表的学术论文达400多篇。不少人把“1994定义”视为经典，作为学科建设的指南、建立学科理论体系的依据，有的教科书成了仅是“1994定义”的解读，甚至有的学者主张对教育技术不应再有中国的定义。面对这种

①南国农：《我国电化教育学科建设的回顾与展望》，载《华东师范大学学报（教育科学版）》，1990(1)。

②巴巴拉·西尔斯等著，乌美娜等译：《教学技术：领域的定义和范畴》，北京：中央广播电视大学出版社，1999年。

现象，不禁让人想起新中国成立初期苏联凯洛夫教育学被引进中国教育界时的情景。有的苏联专家说“中国教师比苏联教师更信奉凯洛夫教育学”,与此相似,有的美国学者说:中国教育技术界学人比美国学人更信奉‘1994定义’”。这个现象说明了什么?人们认为,这是“西方中心主义”和依附心理的一种表现,也就是说学术研究以西方为标准,如果与西方理论、方法有差异,这个研究就是“非科学的”“不成熟的”。认可“发展中国家对发达国家在学术领域存在不可避免的依附甚至依赖”这种西方依附理论的观点,失去了对本土文化的自信。

“1994定义”的引入,给我国教育技术学科建设和事业发展带来的既有好的影响,也有不好的影响。好的影响:它确定的教育技术的两个研究对象和五个工作范畴,给了我们很大的启示。不好的影响:它导致了我们研究领域的泛化,培养目标的模糊,管理机构的混乱。

“1994定义”是美国文化的产物。美国的教育技术和中国的教育技术有所不同,它们的不同,主要表现在以下几方面:

1.研究取向不同

中国的教育技术,重学科建设,关注本学科自身基本理论和理论体系的探讨,以及本学科专业体系的建设,并已建成由专科、本科、研究生层次(包括硕士、博士、博士后)组成的完整学科体系。

美国的教育技术,重问题研究,喜欢用其他相关学科的理论去解决实践领域中的问题，他们对建构本学科自身的基本理论和理论体系不感兴趣。美国教育技术的基本理论是什么?行为主义学习理论、认知主义学习理论、人本主义学习理论,很明显不是教育技术自身的基本理论。建构主义学习理论、信息加工理论是认知主义学习理论分裂出来的两大流派,也不是它自身的基本理论。那么,它自身的基本理论是什么?他们对回答这个问题不感兴趣。他们对建构学科专业体系也不感兴趣。美国的教育技术专业,一般都挂靠在教育学科上,较多的是在教育学科下的一个专业方向，也有的是在教育学院形成一个系，独立设为学院的还没有看到。

2. 研究重心不同

中国的教育技术，以现代教育媒体的研究和应用为核心。

美国的教育技术，以学习过程与教学设计的研究和应用为核心。

3. 研究范围不同

中国教育技术研究的范围：现代信息技术环境下的学与教的理论和实践。

美国教育技术研究的范围：学习过程和学习资源的理论和实践。

美国的教育技术和中国的教育技术，由于研究取向、重心、范围明显不同，形成了不同的发展轨迹。这是两种植根于各自文化土壤的不同类型的教育技术研究，各有自己的特色，各有长处和短处，彼此不存在谁先进或落后、谁科学或不科学、谁现代或传统的差别，都非至善至美，应互相借鉴，平等对话，共同发展。

近几年来，我国教育技术学人，经过对前一时期理论研究的反思，认识有所提高，心态有所改变，依附心在削弱，自信心在增强。对于推进我国教育技术学科与事业的发展，我们选择的是一条既不依附西方，也不自我封闭，而是从国情出发与国际接轨的自主创新之路。

## 四、发展中的问题

当前，教育技术理论研究发展中的问题，主要是两方面的问题：

(一)在理论建设方面出现的问题

主要有两类问题：

1. 名称、定义、定位、起点、理论体系问题

这些问题，对学科的理论建设来说，都是带根本性的重大问题，长期存在，虽经多次讨论，并未最后解决。

2. 什么是教育技术学的基本理论

我们曾提出三种理论作为教育技术学本身的基本理论：现代教育媒体理论、现代媒传教学理论、现代教学设计理论。这个提法对不对？如果对,这三者的内涵是什么？如果不对,那又是什么呢？

(二)在实践应用方面出现的问题

主要有三个:(1)如何把教学、教育领域信息技术应用的潜能和效益充分发挥出来？(2)什么是能够真正把互联网与教学、教育结合在一起的好办法？(3)什么是医治网络疾病的有效处方？

上述这些问题,是当今世界许多国家都在着力探讨的问题,也是我们今后研究中需要特别关注的重要问题。

(原载于《电化教育研究》2010年第1期)

# 我国教育信息化发展的新阶段、新使命

## 一、我国教育信息化发展的新阶段

我国教育信息化发展,大致分为三个阶段,每个阶段都有其各自的特征、主流媒体、主导理论和研究热点,如表1所示。

**表1　我国教育信息化发展的三个阶段**

| 阶段 | 萌芽起步（从无到有） | 初期发展（从小到大） | 深入发展（从大到强） |
|---|---|---|---|
| 时间 | 20世纪80年代—90年代后期 | 2000年—2009年 | 2010年—2020年 |
| 基本特征 | 计算机教育的兴起 | 网络教育的兴起 | 普适计算的兴起 |
| 主流媒体 | PC机 | 多媒体计算机、因特网 | 电子书包、移动无线设备 |
| 主导理论 | 行为主义学习理论 | 建构主义学习理论 | 混合学习理论 |
| 热点 | 教学计算机、计算机辅助教学 | 建网建库建队伍、网络教学模式 | 泛在学习、非正式学习 |

21世纪的第二个十年,是我国教育信息化发展的新阶段:深入发展,从大到强阶段。

从近年来发展趋势看,这个阶段的基本特征:普适计算的兴起。普适计算(Ubiquitous Computing)是西方发达国家正在兴起的一种学习方式和学习环境,它由无线网络、移动无线设备、因特网、社会性软件工具等组合而成。置身其中,学习者可以随时随地使用多样的数字设备进行学习。

这个阶段的主流媒体:电子书包、移动无线设备。

主导理论:混合学习理论(基本观点:把传统学习方式的优势和数字化学习的优势结合起来,使两者优势互补,才能获得最佳的学习效果)。

热点:泛在学习(主要依托移动学习终端,如智能手机等,随时随地进行学习的一种新的学习方式)和非正式学习(课堂之外的,通过博客、虚拟社区、CSCL、移动学习网站、电子图书馆、电子博物馆以及教育游戏等获取知识技能的学习)。

## 二、新阶段的新使命

2010 年 7 月,国务院颁布了《国家中长期教育改革和发展规划纲要(2010—2020 年)》(以下简称《教育规划纲要》),将“加快教育信息化进程”作为六大保障措施之一专列一章,并明确指出:教育信息化是推进教育改革与发展的战略制高点, 信息技术对教育发展具有革命性影响,必须予以高度重视。

《教育规划纲要》是我国教育界人人都必须遵行的纲领性文件,贯彻落实《教育规划纲要》第 19 条的精神,加快教育信息化进程,是当前我国教育信息化工作者的第一使命。

具体任务:主要做好四件事情,为实现我国教育改革发展的三大核心任务(实现教育公平、提高教育质量、推进教育创新)做出贡献。

四件事情:(1)教育信息基础设施建设(基础);(2)优质教育资源开发与应用(灵魂);(3)教师信息技术能力培养与提升(关键);(4)建构国家教育管理信息系统(保障)。

这四件事情，在过去的十多年里，我们已经做了不少。在基础设施建设方面：覆盖全国的教育信息化基础设施基本建成，高校已全部建成校园网，多媒体教室比例达到44.40%，师生人均拥有计算机0.628台；在教育资源开发方面，已初步建立国家数字化资源体系；在教师信息技术能力培训方面，各类培训已广泛开展，仅"国培计划"，已培训教师110多万人，英特尔教师培训180万人；在建构教育管理信息系统方面，已初步建成国家教育管理信息系统。

我们已经做了不少事情，取得了很多成绩，但仍有许多不足。主要的不足：

一是教育信息化基础设施的投入与产出比很低，资源建设与硬件建设投入比例失调。一般来说，教育信息化建设的投入，应是资源建设占70%，硬件建设占30%，而目前情况却是相反的。

二是信息技术教育应用效率不高。这是一个世界性的问题。原因很多，就我国来说，最主要的有两点：(1)认识上的不足。信息技术在学校的应用，主要是助教、助学、助管，而不是代替"教、学、管"，提高应用效率，首先要解决教师使用信息技术的动力问题。对此，认识不足。(2)实施中的不足。特别强调教学资源库的建设和应用，强调用技术支持备课、上课、做课件、课程整合、新教学模式的建立等，这些都是可以的，但也要同时重视学生"成长袋"的建设和应用，这是更需要的。

## 三、完成使命的策略

### (一)建立两种理念

1. 以人为本，以和为贵

以此作为加快教育信息化进程，做好上述四件事的指导思想。

以人为本。教育信息化建设应以"人"为本，不是以"机"为本，它所追求的不是教育的机械化、数字化,而是教育的最优化。

从学校教育来说,以人为本主要就是要以学生为本,以实现全体学生个性的全面发展、协调发展、持续发展为总目标。

以和为贵。“和”是中国文化的价值取向和基本精神,也是当今世界发展的潮流。从事教育信息化建设,要以“你我不同,你我都好”为发展理念,不搞“有我无你,有你无我”,要和平竞争,交融互补,共同发展。要学会宽容,事业和学科的发展,应该来自博采众长。

2.“建”与“用”都重要,而后者更重要

我国教育信息化建设,经过十多年的努力,基础设施建设和资源建设已初具规模。新阶段,深入发展的关键是提高信息化应用的水平。当前,加快教育信息化进程,既要关注“建”,更要关注“用”。要重视用技术去解决教学教育实践中的问题,使技术产生价值,推动教育改革的深入发展。信息技术如果不能实质上提高教育教学的效果、效率和效益,就必然会丧失生命力。

(二)使用两件法宝

1.一个公式

现代教育思想理论×现代教育思想理论=成功的信息化教育

现代教育思想,主要是六种教育观:素质教育观、终身教育观、双主体教育观、创新教育观、情商为主教育观、四大支柱教育观。

现代教育理论,在新阶段,需要我们多一点关注的是这样五种学与教理论:多元智能理论、建构主义学习理论、混合学习理论、创新推广理论、最小代价与绩效理论。

现代信息技术,主要是三种技术:现代媒体技术、现代媒传技术、现代教学设计技术。

现代媒体技术的发展日新月异,过去十年,影响较大的三种技术:教育博客、Moodle(学习管理系统)、电子白板。

新世纪第二个十年(新阶段),据有关研究,将会是这六种技术:电子书、移动设备、增强现实、基于游戏的学习、基于手势的计算、学习分析。

这个公式表明:(1)现代教育思想理论和现代信息技术是构成信息化教育的两个基本要素,信息化教育是既有先进技术,又有科学理论的教育;(2)在信息化教育中,现代教育思想理论与现代信息技术的关系,不是相加的关系,而是相乘的关系,即任何一方为“零”,其结果都会是“零”。

这个公式告诉我们,加快教育信息化进程,去做上述四件事情,都必须要有现代教育思想理论的指导,必须要有现代信息技术的支持;必须同时做好这两方而的工作,实现两者的融合,否则,很难取得成功。

信息化教育与教育信息化是同一件事情(实现现代信息技术与教育的整合)在不同发展阶段的不同称谓。教育信息化是实现现代信息技术与教育整合的过程;信息化教育是现代信息技术与教育整合后的表现形态。实践这个公式对教育信息化建设有着同样的意义。

2. 一个口号:中国电教是一家

电化教育也就是信息化教育,信息化教育是信息时代的电化教育,所以,这个口号在今天也可说成“中国信息化教育是一家”,即所有从事信息化教育事业、学科、产业的人都是信息化教育人,都是一家人,大家见面时感到分外亲切,离别时,彼此常常思念,工作上互相帮助,生活上互相关怀,有成果大家共享,出了成绩同感荣耀。

这是一个温暖人心的口号,一个催人奋进的口号,它把全体信息化教育人凝聚在一起,产生 1+1>2 的效应,成为战无不胜的强大力量。在这个口号的驱动下,我们从事上述四件事,将不难取得成功。

（三）发扬两种精神

1. 实事求是精神

发扬这种精神当前要特别注意做到以下三点：戒浮躁、不作假、重诚信。

（1）戒浮躁：①不盲目贪多、求快。不论是环境建设、资源开发、模式建立，都要从教学、科研、管理的实际需求出发，遵循学科发展规律，体现先进技术与科学理论的深度融合。教育信息化建设的发展是渐变过程，并非一夜之间实现，要逐步完善，稳步前进。②不浅尝辄止。略微尝试一下就停止，不肯下功夫深入钻研，满足于一知半解，有的网上文章中说："中国的教育技术研究，一厘米深，一英里宽"，这话不一定合适，但值得思考。

（2）不作假。当前要特别注意防止学术腐败。学术腐败主要表现为抄袭、剽窃、侵吞他人学术成果。2009 年 7 月 10 日，中国科协在北京发布的《第二次全国科技工作者状况调查报告》中说："调查发现，过半数（55.5%）科技工作者表示确切知道自己周围的研究者有过至少一种学术不端行为。"

自从媒体爆出院士被投诉"抄袭剽窃"的新闻后，全国震惊。教育部于 2009 年 3 月 20 日发出《关于严肃处理高等学校学术不端行为的通知》，要求对七种学术不端行为。必须采取切实措施加以解决，绝不姑息。在从事加快教育信息化进程各项工作时，一定要注意防止学术腐败现象发生。

（3）重诚信。从事教育信息化建设，诚信是建设者必需具备的基本条件，也是社会对建设者进行评价的主要标准。没有诚信，加快教育信息化进程所需做的各项工作，都不可能做得完满成功。

教育部为进一步贯彻落实《教育规划纲要》精神，今年（指 2011 年，编者注）首次设立人文社科研究"科研诚信和学风建设"专项课题，对科研诚信问题开展研究。其公布的“课题指南”中，有的课题如“数字、网络技术在科研诚信和学科建设中作用研究”与我们的学科专业直接相关，业内同仁可以申报进行研究。

2. 自强不息精神

要发扬这种精神，以下三点值得注意。

(1)注意培养坚强的意志力。意志是一个人事业成功的保证，一个意志坚强的人，一般表现了以下主要特征：①坚毅性。就是坚韧不拔，不因一点挫折和困难就轻易放弃自己的目标和追求，而是百折不挠、坚定不移，不管遇到什么困难，都能坚持到底。②自制力。就是善于控制自己的情绪，善于调节和支配自己的思想和行为，不为一时的感情冲动而丧失了理智，不因任性而放纵自己，我行我素，听不进别人的有益意见和建议。

(2)注意培养坚定的自信心。做事勇于负责、有胆有识，不犹豫不决、优柔寡断。要有信心，面对强手也不自卑。你能做到的，经过努力，我也可能做到。费里德曼说：“世界是平的，每个人都站在同一起跑线上，有着相同的发展机会。”季羡林说：“只要我们多一点自信，少一点自卑，我们是大有可为的。”我相信这些说法。

(3)永葆朝气，坚持探索，走自己的路，为构建有中国特色的信息化教育而努力。

在从事教育信息化建设过程中，要注意摆脱“西方中心”“依附理论”的影响，对于外国一切好的东西，要学习借鉴，可以拿来，但不能止于拿来，要在拿来的基础上有所创新，使之变成拿去，要借鉴，还要超越。

(原载于《电化教育研究》2011年第12期)

# 我与电化教育:旧事追忆

我在大学时,学的是教育学专业。20世纪40年代末,我在美国哥伦比亚大学读研,选修过视听教育课程。回国后,1953年来到西北师范学院(西北师范大学前身),任教育系教授,教教育学课;1980年,由教育系转到电教系,直到现在,在这里做教师工作,整整一个甲子。60年的悠悠岁月随风而去,做过的许多事,大都已忘却,但也有一些,仍保留在记忆中。

## 一、我国设有"电化教育"专章的第一本教育学教材

1978年10月,教育部、人民教育出版社在河南开封召开全国教育学教材讨论会,主要讨论五院校(华中师大、河南大学、西北师大、湖南师大、湖北大学)协作编写公共课教育学教材事宜,有60多所高师院校代表出席了讨论会。我们学校派吕方教授(时任教育系副主任)和我参加。我在会上作了"我对电化教育的基本认识"的专题发言,并提出一个建议:在新编教育学教材里增加一章"电化教育",会议认同了这个建议。1980年,由人民教育出版社出版的五院校新编教育学教材的内容体系中,有了专门论述"电化教育"的一章,即第12章,由我编写。这是我国设有"电化教育"专章的第一本教育学教材。

当时为什么会提出这个建议?主要是受凯洛夫的一次谈话的启发。20世纪50年代初,苏联教育科学院院长凯洛夫在参加英国伦敦的一次国际会议后,来中国访问,住在北京饭店。在北京的教育学术

界十几人集会(朱智贤、王焕勋、刘文修、陈侠等出席,我也参加了)。在这次小型聚会上,请凯洛夫讲话。他指出,这次参加伦敦学术会议,给他印象较深的是关于制约教育发展因素的讨论。会议认为,制约教育发展的主要因素,除社会的政治经济外,还有儿童的年龄特征。他打算回国后,修订他主编的《教育学》,增列一章"儿童年龄特征"。他果然这样做了,1956 年苏联新版《教育学》(旧版为 1948 年版)增加了"儿童年龄特征"一章。

这件事引发了我的一个思考:制约教育发展的主要因素,难道就只是凯洛夫说的那两个吗?我觉得应该还有第三个——"现代科学技术",而电化教育就是现代科技成果在教育中的应用。也可以说,电化教育就是现代科技在教育领域的代表,在教育学内容体系中不能没有电化教育的篇章。基于这个想法,我提出了那个建议,在教育学中增加一章"电化教育"。电化教育从此进入了教育学,成为教育学内容体系的一个组成部分,进入了学科范畴,取得了学科身份。

## 二、中国电教系统的"黄埔军校"

全国教育学教材讨论会确定在新编教育学教材里增加一章"电化教育"后,不少兄弟院校与会代表提出,建议西北师院筹办一次电化教育进修班,以便派人参加学习。回来后,我们向学校党政一把手阮迪民书记兼校长作了汇报。阮书记很同意举办这个班,要我负责,尽快筹办,并勉励大家一定要努力办好。

我们以教育研究室电化教育组为基础,调来外语系电教组的萧树滋、物理系黄宝文、美术系杨改学、教务处彭守德等,组建了筹备组并开展筹备工作,制订方案、编印教材和参考资料、检修和补充设备、改装教室和实验室、准备学员宿舍等。经过半年,筹备工作基本就绪,我们向全国 40 多所高师院校发出通知:我校定于 1979 年 6—7 月举办一期"电化教育研讨班"。

举办这样的研讨班,在我国是首次,没有经验可以借鉴,我们都是电教新兵,只是有从事这项新兴事业的热情,而关于这方面的知识和能力都很不够,单靠我们是办不好这个班的,必须借助全国的力量。为此,我和萧树滋到北京,拜会了我国电教前辈孙明经和廖泰初,向他们求教并请他们为研讨班作"关于中国早期的电化教育"专题报告,他们都欣然同意。我们又在吴在扬的带领下,去教育部电教局会见了程光局长,程局长高兴地接见了我们,在听过我们的汇报后说,他早有意委托我们办这样一个班,并说,这次研讨班可以是一半时间在兰州办,一半时间来北京办。程局长的话给了我们很大的鼓舞,增添了我们办好这个班的信心和力量。

1979 年 6 月初,第一期全国电化教育研讨班在兰州西北师院如期举办。41 所高校的 50 多名教师参加了研讨班。研讨班开班的第一天,我向全体学员介绍了这次研讨班的学习计划,并提出一点希望。这次研讨班在兰州开学,在北京结业,历时两个月,完成了预定学习目标,为新中国电化教育的建设和发展培养了最初的种子,很多电教机构的高管和骨干都来自这里。人们称它为我国电教系统的"黄埔军校"第一期。

### 三、《电化教育研究》杂志的创办

1979 年 7 月,首届"全国电化教育研讨班"快要结束的时候,在北京香厂路国务院招待所举行了一次电化教育座谈会,参加会议的有研讨班全体学员和全体教员、教育部电教局程光局长、吴在扬处长等。在会上,成立了中国电化教育研究会,选举产生了理事会及负责人:程光(理事长)、南国农(副理事长)、吴在扬(秘书长),理事有萧树滋、孙明经、廖泰初、刘茂森、林克诚、朱纯等。在会上还讨论了由研讨班学员提出的关于创办两个杂志的问题:一是《电化教育》(即现在的《中国电化教育》),面向普教,兼顾高教,主要任务是宣传党的电教方针政策和经验交流,由电教局主办;二是《电化教育研究》,面向高教,兼顾普教,主要任务是电教理论研究和实践探索,由中国电化教育研究会和西北师范学院(现西北师范大学)联合主办,作为研究会会刊,由南国农担任主编。这个提议获得全体通过。

1980年,我校领导班子换届,李秉德任校长。我是教育科学研究所所长、电化教育中心主任。《电化教育研究》杂志的筹办工作由电化教育中心具体负责。我们从外单位调进了李怀仁同志(多年担任甘肃日报社编辑、记者),负责杂志的编辑工作。1980年9月,《电化教育研究》创刊号在兰州正式出版,李秉德和我联合撰写了题为《大力开展电化教育研究》的发刊词。

办刊初期,我们对办好学术期刊没有经验,没有深入研究,凭着一点粗浅认识,讨论制定了以下几条办刊守则:(1)努力办成一流、办出特色,对电化教育学科建设、事业发展产生价值,具有积极影响。(2)"百家争鸣,百花齐放",鼓励质疑与创新。(3)用稿底线,必须合格。一流杂志,不一定每篇文章都是一流的,二流杂志也可能有一流文章。我们采用的稿件,不一定每篇都是最优秀的,但必须都是合格的。(4)尊重读者和作者,尽可能满足他们的需求。

《电化教育研究》最初是季刊,每期80页;1997年改为双月刊,版面扩至每期96页;自2000年起,改为月刊,版面扩至120页;现已成为面向国内外公开发行的重要学术刊物(中文核心期刊,CSSCI来源期刊,RCCSE中国权威学术期刊);在CSSCI(2012—2013)收录来源期刊目录的教育学37种期刊中排名第四,素有"中国电化教育理论研究基地"之称誉,备受国内外数万读者的喜爱。

## 四、一个大型电化教育展览

20世纪80年代初,电化教育在我国尚属新生事物,人们对它知之甚少,还很陌生。在我校电教中心的一次例会上,大家谈到,可否举办一次电化教育展览,大力宣传电教,以提高人们的认识,推进电教发展。在一次与甘肃省副省长朱宣人的会见中,我把这个想法向他作了汇报。他很赞同,要我进行策划。我草拟了一份展出计划,面呈省教育厅分管电教工作的副厅长汪都。他很同意举办一次"甘肃省电化教育展览",由他和我担任总策划,省教育厅主办,西北师院承办。西北师院电教中心负责总体设计和布展工作,省电教馆负责征集展品。筹备工作进展顺利,按照计划,展览日期:1983年11月17日至12月5日,共20天;展览地点:兰州市甘肃省博物馆二楼,面积2000平方米;展览内容分五大部分:一是综述,包括教育上的四次革命,我国电化教育的历史和现状,外国电化教育发展概况;二是普通学校电化教育;三是高等学校电化教育;四是社会电化教育;五是未来展望。

展览于11月17日如期开始。甘肃省各地、市、县教育系统都组织参观团队来兰州参观。来兰州参观展览的还有全国20多个省、自治区、直辖市和香港地区的教育界同仁,总共5万多人。

这是我国电教领域的一件非常有意义的事情,在全国范围内产生了巨大影响。展览期间,按计划举行了4次学术报告会,报告人:余也鲁教授(香港中文大学传播系主任)、李运林教授(华南师范大学电教系主任)、萧树滋和南国农。

## 五、全国电化教育考察万里行

1992年5月,受国家教委电教局的委托,西北师大电教系和《电化教育研究》杂志举办了"全国电化教育考察万里行"活动。我作为电教系名誉主任、杂志主编，组织和主持了这次活动。

我们讨论制定了考察方案，成立了由 5 人组成的考察组：南国农、杨改学（当时任西北师大电教系副主任）、张小红（原《电化教育研究》编辑部副主任）、冯锐（原西北师大电教系摄像师）、黎加厚（西北师大教育科学研究所博士研究生）。

这次考察活动得到了各方面的热情关怀与支持。成都大地汽车制造厂为这次考察活动赞助“大地”牌越野汽车一辆，并派邓福兴师傅全程驾驶。西北师大党委书记阎思圣、校长王福成亲自参加启程仪式，为考察组授旗并祝福送行。

考察活动依靠各地政府、教委、电教馆及学校等组织的支持和帮助，运用访谈、实地观察、问卷调查、定向约稿、文献资料收集、录音、录像、摄影等方法，如实记录各地电教的实际情况，同时与各地教育界同仁充分交流信息，总结已经取得的典型经验，探索在新形势下加快电化教育发展的新思路、新做法。

考察活动从 1992 年 5 月 23 日开始至 7 月 11 日结束，历时 50 天；途经 17 个省、自治区、直辖市，行程一万二千八百五十公里，采访单位和个人近千人次，完成了考察报告、随记、录音、录像、照片等多项考察成果。《全国电化教育万里行考察报告》于 1992 年 7 月底上报国家教委电教局，并在《电化教育研究》1992 年第 7 期发表。《万里大地尽风流——全国电化教育考察万里行随记》也先后在《电教世界》和《电化教育研究》杂志连载。

这次考察活动为政府制定电教政策和发展规划提供了依据，对推动我国的电化教育发展起了积极作用。

## 六、一本教材、三次修订、四个版本

我国的电化教育自 20 世纪 70 年代末重新起步后，在全国各地蓬勃开展起来。各高师院校相继开设了电化教育公共课,不少高校设置了电化教育专业。为了提高全国开设电化教育课的质量和统一课程要求,教育部电化教育局于1984年3月成立了“全国电化教育课程教材编审组”(教育部高等学校教育技术学专业教学指导委员会的前身),聘任南国农为组长,李运林为副组长,组员有萧树滋(河北大学)、徐仁声(北京师范大学)、孙天正(东北师范大学)、高汝淼(华南师范大学)、庄秀娟(华东师范大学)、舒泽湖(南京师范大学)、梁育滕(湖南省电教馆)、丁学儒(辽宁省电教馆)等,负责组织、审定各类电教课程的文字教材和音像教材的编制工作。截至1990年,组织编写、审定了高师电化教育公共课教材《电化教育学》、中师电化教育公共课教材《电化教育基础》以及电化教育专业的15门课程的教材。

《电化教育学》由我担任主编,参与编写的人员都是多年从事电化教育理论研究和实践探索的学者。该书的内容体系,以高师电化教育学教学大纲(修订稿)为依据,分为三大部分:电教基本理论;电教媒体与教法;电教管理。1985年该教材由高等教育出版社出版。它是我国第一本正式出版的电化教育公共课统编教材,深受广大读者欢迎,先后发行40余万册。1990年,被台湾新学识文教出版中心购买了繁体字版权,以《视听教育学》(原名《电化教育学》)的名称在中国香港、澳门、台湾地区出版发行。这是改革开放以来大陆学者的教育学术著作首次在台湾出版发行。

《电化教育学》于1985年出版后,曾经三次修订,拥有四个版本。各版本既有相同,也有不同。

## 七、成功电教的两件法宝

### (一)一个公式的诞生:E×T=S

E×T=S,即现代教育思想理论×现代教育媒体=电化教育。

这个电化教育公式是在20世纪80年代提出的。1987年在广州举行的“教育理论与技术研讨会”上，让我做主题发言，同时做主题发言的还有北京师范大学的黄济教授、日本的坂元昂教授。在那次会上的发言中，我第一次谈到这个公式，并作了简略的阐述。

这个公式是怎样形成的？20世纪80年代中期，在讨论电化教育的特点和成功电化教育的组成要素时，我想起诺贝尔医学奖获得者罗杰尔·斯佩里关于人脑的“二轮说”。他说：人脑的两半球(左脑和右脑)，好像一辆车子的两个轮子，只有两轮同步运转时车子才能前进。这个道理很清楚，车子的两个轮子如果不同步运转，只有右轮转左轮不动，车子能前进吗？不能，只能在原地打圈子。人的大脑也是如此，只有左右脑同时运作，才能发挥出他的聪明才智。在“二轮说”的启发下，我提出了“双翼说”或“两只翅膀理论”：电化教育要发展、要腾飞，要靠两只翅膀，一只翅膀飞不起来。电化教育要成功，必须要有现代教育思想理论的指导，必须要有现代技术媒体的支持，两者缺一不可，否则难以成功。把这个说法公式化，便产生了这个电教公式。

这个公式，从20世纪80年代(1987年)提出，到现在还在使用，只是在文字表述上有点改变，1995年将“现代教育媒体”改为“现代教育技术”，2004年又改为“现代信息技术”，但实质未变，都是先进技术媒体的教育应用。

我想，这个公式在今后学科理论体系重构中仍会有意义，将发挥一定作用。

(二)“中国电教是一家”——一个温暖人心的口号

1982年年尾“全国高等师范院校电化教育课程教师进修班”快要结束时，举行了一次联欢会。联欢会开始，要我说几句话，我即兴发言，无意中说出了这个口号：“中国电教是一家。”这是我几个月来和大家共同学习、生活的真实感受和内心表白。在进修班的结业式上，全班学员给学校赠送了一面锦旗,锦旗上写的就是这个口号。

“中国电教是一家”这个口号的意思:所有从事电教事业、学科、产业的人,都是电教人,都是一家人。大家见面时感到分外亲切,离别后彼此常常思念,工作上互相帮助,生活上互相关怀,有成果大家共享,出了成绩同感荣耀。这个家,总部设在北京复兴门内大街160号,“三兄弟”(三电:中央电教馆、中央电大、中国教育电视台)同居于此,“家长”叫“电教办”,成员分布全国各地。

“中国电教是一家”是一个温暖人心的口号,是一个催人奋进的口号,也是那个时期电教界人际关系的真实写照。

十分可惜,进入新世纪,2001年8月以后,随着改制,教育部电化教育办公室被撤销,三电分离,各事其主。“中国电教是一家”这个口号,这个优良传统,渐渐在人们心中淡化,有人发出这样的叹息:“中国电教是一家,没有亲爸和亲妈。”回顾历史,那次改制,撤销电教办,是对还是错,值得反思。

我很是怀念电教办和三电一家的年代,那个温暖、和谐、奋进的年代。

上面所说的一个公式和一个口号,是成功电教的两件法宝。如能拥有并善于使用这两件法宝,电化教育的五件事(硬件环境建设、软件资源开发、新型模式建立、有效管理探索、基本理论研究)不论做哪一件,都会在成功路上充满希望。

## 八、理论体系重构的希望之路

新世纪第一个5年过去后,从2005年起,我国电化教育(教育技术)理论研究进入了一个新的发展时期——理论体系重构时期。如何重构?2008年秋,我们设想了一张路线图,由五个部分组成:理念、策略、途径、融合、目标。

(一)理念

建立一种理念,用作重构工作运行时需遵循的基本原则。要建立一种什么样的理念呢?我们想到的是“人为本,和为贵”。这是我中华优秀文化的精粹,也是当前理论体系建设发展的潮流。

(二)策略

即重构工作运行时需采取的基本方法。对此,我们想到的是“和而不同,求同存异”。人们认为,这是当今世界解决难题的有效处方。

(三)途径

重构工作主要通过三个途径进行,也就是要特别关注三个方面的研究:三重、三化、三防。

1. 三重。要多一点关注三个重点的研究:基础、前沿、特色。

2. 三化。要多一点关注三化的研究:(1)中华传统文化经典的现代化;(2)有关西方理论的中国化、本土化;(3)学科本身基本理论的细化、深化。

3. 三防。要多一点关注三防的研究:(1)西方中心;(2)浅尝辄止;(3)学术腐败。

(四)融合

新理论体系的重构,是在已有的研究基础上进行的,不是从零开始的。主要是实现已经形成的两类理论体系框架的融合:一是主要以美国 AECT 教育技术 94 定义为依据建立的理论体系框架;二是在不断总结本国理论研究和实践经验的基础上建立的理论体系框架。

(五)目标

建构一个适合中国文化土壤、符合中国实际需要、具有中国特色的新理论体系。

1. 新理论体系的基本特征:(1)以现代教育媒体的研究和应用为核心;(2)是现代教育思想理论与现代信息技术相融合的产物;(3)同

时关注学习者认知、情感、动作技能的发展;(4)同时为学校教育、家庭教育、社会教育的改革与发展服务。

2. 新理论体系的内容结构。由六论组成:总论、基础论、技术论、模式论、方法论、管理论。

3. 新理论体系的名称:信息化教育理论体系。“信息化教育”这个名称,中国造,植根于中国文化土壤,符合中国实际需要;采用这个名称,既可保持中国的特色,又可凸显时代的特征。新时代的核心特征是信息化,这已是人们的共识。

这张路线图是引领我国电化教育(教育技术)理论体系重构走向成功的希望之路。目前,重构工作正在进行中,任重道远,需要我们电化教育(教育技术)学界同仁共同努力。

## 九、电教人生:反思与感悟

### (一)两件羞愧事

近几年来,在反思时,有两件事常在心中涌动,挥之不去。

一件是,2005 年 11 月 21—22 日在广州参加 “中日教育技术学研究与发展论坛”期间,在与日本专家坂元昂等的一次交谈中,西之园晴夫教授说,日本的“教育工学”这个名称是在读过《天工开物》这本中国名著后受到启发而提出来的。他还说,日本教育工学界的许多学者都把《天工开物》和《梦溪笔谈》作为必读的经典文献。听后,我心情很不平静,既感自豪,又感惭愧。自己作为一名电教理论研究工作者,对自己祖先如此宝贵的精神财富,竟然一无所知,只知道这本书名,并没有阅读过,研究过,真是惭愧。那次交谈,李克东教授也在场,他听后也很受触动。

联想起从报纸上看到 2008 年 7 月联合国秘书长潘基文来中国进行为期三天的正式访问期间,在接受新华社记者专访时,说起《论语》来如数家珍。一些外国人对中华优秀文化传统如此敬重,对照自己,又是如何对待自己祖国的优秀文化、学术经典的呢?为此而深感惭愧!

另一件是,2005年11月,参加在广州举行的"中日教育技术学研究与发展论坛",我是大会主题发言人之一,规定发言时间40分钟,我讲了44分钟,超了4分钟。2006年8月,在上海举行"首届全球ET学术峰会",我也是大会主题发言人之一,规定发言时间为1小时,我讲了1小时零5分钟,超了5分钟。这两次发言都超时,造成了很不好的影响。当时网上有人批评说:许多中国学者发言,生怕自己说少了,总是超时,时间观念差,控时能力弱。而外国学者发言很少超时的,我们应该向人家学习。这个批评很正确,很好。虽然没有直接点名,但我感到很惭愧,丢了中国人的脸。超时,影响了会议的程序安排,侵犯了他人的发言权利,造成中国学者不良形象。在这方面,确实应该向外国学者好好学习。从那以后,我更加注意自己在不同场合发言的时间控制。在与研究生交谈时,我也常常会谈到这件事,建议他们特别是在开题报告和论文答辩时,要注意时间管理,学会精练,组织好发言内容,一定不要超时。

(二)一点感悟

人生三件事:做人、做事、做学。三者都重要,而做人最重要。

做人,要做到两句话:(1)对他人和同事,要多一点尊重,少一点苛求;(2)对社会和集体,要多一点奉献,少一点索取。

做事,要做到四个字:朝气——始终保持朝气、蓬勃向上、与时俱进、开拓创新,你有朝气就年轻,有朝气就有希望,朝气是迈向成功之路的路标;敬业——敬重你的工作,把它当作自己的事业。

做学,要做到八个字:放胆、细心、拿来、拿去。放胆、细心就是做学问、搞科研、写文章,一要放胆,二要细心。不放胆,不会有创新;不细心,难以做到准确与精练,难以达到高峰。拿来、拿去,就是做学问、搞科研、写文章可以采取拿来主义,对古今中外一切好的东西,可以拿来,可以借鉴,但不能止于拿来,要在拿来的基础上有所创新,把拿来变成拿去,要借鉴,更要超越。

（原载于《课程·教材·教法》2014 年第 10 期）

# 教育技术学科与专业建设

# 我国电化教育学科建设的回顾与展望

在我国,电化教育作为一项事业,已有 50 多年的历史,作为一门学科,则仅仅是近几年的事。我国电化教育的发展,是先有电化教育这个事,后有电化教育这个名,再有电化教育这个学。

20 世纪 30 年代初期,我国有的大学开始利用幻灯、电影和播音辅助教学。电化教育这个事出现了。

1936 年,我国教育界人士在讨论为当时推行的电影、播音教育定名的问题时,提出并确认了电化教育这个名称。电化教育这个名出现了。

电化教育作为一门学科,则出现得比较晚。电化教育学的学科体系是进入 80 年代后逐步形成的。

70 年代末,我国进入社会主义现代化建设新时期,各项事业迅速发展,电化教育事业也突飞猛进。

(一)电化教育对整个教育事业的影响越来越明显、强烈

首先,在扩大教育规模方面。20 世纪 70 年代末以来,我国兴起广播电视教育,1979 年成立全国广播电视大学,现已开设 80 多个专业,400 多门课程,在校学生 60 多万人,接近普通高等学校本、专科在校生总数的三分之一,占成人高等学校在校生的 32%。电大的毕业生已达 59 万多人,相当于同时期(1982 年至 1986 年)普通高等学校本、专科毕业生总数的 47%。广播电视中等专业学校、电视职业高中,有在校生 17 万多人,已有毕业生 4 万 8 千人;中央农业广播学校,有在

校生 68 万人。1986 年,我国开始实施卫星电视教育,建立了中国电视师范学院,先开设两个层次的师资培训业务——中师和高师专科。中师现有学生 28 万多人,自学收看学生 50 多万人。高师专科有 7 个专业已经招生,共开出 15 门课程,近千学时。广播电视和卫星电视高等、中等专业学校的建立,扩大了教育规模,促进了教育事业的发展。

其次,在提高教育质量,增进教育效率,促进教育改革等方面,也都体现了电化教育的影响。电化教育的深入开展,帮助人们逐渐改变了传统的学校观、教学观、教材观和学生观,有效地促进了教育结构、教育形式和方法、手段的改革,使之从单一化向多样化发展。

电化教育的实施，为发展我国教育事业开辟了一条新的高速优质道路。

(二)电化教育越来越成为社会、教育活动中的一个独立部门,一种专门职业

1978 年以来,我国各级电教机构先后建立,到现在,已在全国各地基本形成网络。中央电教机构:作为国家教委主管电教事务的电化教育司。另在国家教委下设立三个直属电教机构:中央电化教育馆、中央广播电视大学、中国电视师范学院。省级电教机构:省、自治区、直辖市电教处、电教馆、广播电视大学、高教电教中心等。地级电教机构有:地(市)电教馆、站、电大分校等。县级电教机构:县(市)电教馆、站、科,电大工作站等。另在高等学校建立了电教中心,在中小学建立了电教组。各级电教机构在各级教育行政部门领导下,独立地行使其各自的职能。

20 世纪 80 年代以来，电化教育工作日益成为一种社会承认的职业,社会对电教专业人员的需求日有增加。据 1985 年统计,我国现有电教人员 101799 人,其中专职人员 52746 人,兼职人员 49053 人。这个统计数字,不包括广播电视大学系统的专、兼职人员,电大系统

现有专职人员约24000人。为了满足社会的需要，截至目前，我国举办电化教育专业的高等院校已达30余所，包括专科、本科、研究生三个层次，培养各种电教专业人才。

蓬勃发展的电化教育事业，需要理论的指导，也为电教理论建设创造了必要的条件，在这个背景下，电化教育学的研究在我国迅速开展起来。

## 一、框架的建立

随着电化教育的开展，1978年后，有越来越多的电教媒体（幻灯、投影、录音、电影、电视、语言实验室、电子计算机等）被引进学校教学、教育领域。要管好、用好这些设备，使之在提高教学、教育质量和效率方面发挥良好的作用，需抓紧电教专业人员和教师的培训。

为了全面规划电教专业人员和教师培训工作，1979年6月，原教育部电化教育局在兰州召开了座谈会，对各种电教人员的培训、师范院校电化教育课的开设、电教专业的设置等问题进行了讨论。座谈会提出：(1)随着电教工作的开展，电教人员的培训迫在眉睫；(2)电教涉及面广，当前应注意培养一般电教机构所需的一专多能的"通才"；(3)师范院校应尽快开课，可先开讲座、选修课，逐步发展成必修课；(4) 要采用短训班的形式对电教人员进行单项训练，以应急需；(5)既要注意培养电教器材的维修人员，更要重视培养电教教材的编制人员；(6)设置电教专业要统一规划，不要一哄而上，造成重复浪费。这次座谈会对促进师范院校电化教育课的开设和各种电教人员的培训工作起了积极的作用。

为了培训在师范院校开设电化教育课的师资，原西北师范学院于1979年6—8月在兰州举办了电化教育研讨班。参加的有北京师范大学、华东师范大学、东北师范大学、华南师范大学、上海外语学院等37所高等院校的50名教师。研讨班以讨论为主,也开设了一些讲座。

在研讨班学习期间,同志们对一些电化教育的基本概念、基本理论进行了认真的讨论。对当时较易造成误解的一些问题作了澄清,如电教姓“教”不姓“电”;在电化教育中,教师仍起主导作用;在电化教学中,电教媒体与传统媒体两者是互相补充,非互相排斥,等等。此外,对电化教育的理论体系也作了探讨。研讨班为电化教育学框架的建立作了初步的奠基工作。

1981年9月,原教育部电化教育局在杭州召开“电化教育”课教学大纲讨论会,草拟了高等师范院校和中等师范学校用的“电化教育概论”课的教学大纲草案。大纲确立了《电化教育概论》的基本结构,其内容包括电教理论、电教媒体、电教教材编制、电化教学法、电教管理等几个部分,大纲为电化教育学的建立搭起了框架。此后,电化教育的理论大厦主要就是以此为基础建造和发展起来的。

## 二、在争议中发展

在电教理论大厦的建造过程中,曾经有过不少争议的问题,简介如下:

### (一)电化教育的名称问题

这个问题,争议持续的时间较长,参与人员也比较多。它涉及三个方面:要不要改变名称?何时改和如何改?改成什么?

关于要不要改名,基本上有两种主张:要改;暂时不改。两种主张都提出了许多理由,这些在电教刊物的有关文章中都作了综合介绍,这里就不去详细介绍了。

关于何时改和如何改?大致有以下几种主张:(1)现在就改,再没有必要保留“电化教育”这个名称。(2)对内,目前仍保留“电化教育”

的名称;对外的学术交流,则改用新的名称。(3)"七五"期间,有的还主张在社会主义初级阶段,仍用电化教育的名称,以后再定。

关于改成什么,提出的名词很多,其中主要的有这样几个:教育技术、现代化教育技术、教育传播、教育传播与技术等。

关于名称的争议,1984—1986 年是高峰期,1987 年以后渐渐平息下来,但问题并未最终解决。1987 年,国家教委发布了"高师本科专业目录",正式确定了"电化教育"的名称,这对缓解电化教育名称的争议,可能产生一定的影响。

(二)电化教育的本质问题

什么是电化教育的本质?这也是一个有着争议的问题。对于这个问题,大致有以下几种不同的见解和说法:

(1)教育方式说。认为电化教育从本质上说是一种新型的教育方式。它所涉及的是教育的某几个部分,而不是教育的全体。它并没有自己的特殊的教育目的和教育内容,只是采取特殊的教育器材、教材形态、教育方法、教育形式、教育设施来传递教育内容,实现教育目的。

(2)新教育说。认为电化教育是教育发展的新阶段,是教育的延伸与发展,是一种新教育。它涉及教育的各个方面。

(3)手段、工具说。认为电化教育是辅助教师讲授的一种重要手段或工具(主要指电教器材、设备、教材、资料等)。

(4)新形态教育说。认为电化教育是一种新形态的教育。教育形成一种新的形态, 并不是同时完成的, 它需经历教育手段→教育方式→教育形态的逐步成型过程。我国的电化教育,目前还只是处于某一些新手段的初期试用阶段, 距离形成一种完善的新方式和健全的教育形态,尚有很长一段路程。

(5)方式与过程说:认为电化教育是属于现代教育范畴的一种新

的教育方式。它不只是一种新的教育工具，不只是一种新的教育方法，不只是一种新的教育内容传递形态，不只是一种新的教育形式，而是所有这些的综合，是一种新的教育方式。它又是一个过程，一个人机协作、高速优质地培养人才的过程。

关于电教本质问题的争议，最后也还没有得到一个权威的结论。

(三)电化教育的定义问题

如何定义电化教育？对于这个问题的回答也是多种多样的。《电化教育》杂志编辑部将近几年来书刊上见到的关于电化教育的定义作了摘录，编了一个"电化教育概念录"，在该刊(增刊)1984 年第 1 期发表，总共摘了 11 条。1985 年第 2 期《电化教育》增刊，又发表了《对若干"电化教育"定义的内容分析》一文，在这篇文章里，作者用内容分析法，并假设了 7 个评判项目，对 13 种电化教育定义进行定量的分析。分析的结果发现，所有定义者对电化教育的认识有较高的一致性，只不过陈述的方法不同。

1985 年，由高等教育出版社出版的《电化教育学》是这样定义电化教育的："运用现代教育媒体，并与传统教育媒体恰当结合，传递教育信息，以实现教育最优化，就是电化教育。"这本书的编者认为，完整地理解电化教育这个概念，有几点需要注意：

(1)电化教育，必须要运用现代教育媒体。所谓现代教育媒体，就是当前教育上所使用的电子技术媒体。它由两个部分构成：一个是硬件，一个是软件。硬件是指各种教学机器，如幻灯机、投影器、录音机、电影机、电视机、电子计算机，等等。软件是指已录制的、载有教育信息的幻灯片、投影片、录音带、电影片、录像带、计算机课件，等等。在教学、教育中，正确地运用了现代教育媒体，这种教育活动，才能算是电化教育。

(2)电化教育并不排斥传统教育媒体。所谓传统教育媒体，主要是指粉笔、黑板、文字教科书、挂图、标本、仪器、模型,等等。在电化教育中,不是不能运用这些传统教育媒体,而是要使这些传统教育媒体与现代教育媒体恰当地结合。

(3)电化教育必须遵循现代教育科学理论的指导。在教学、教育中,虽然用了现代教育媒体,但是,不符合现代教育科学理论的要求,也不能算是真正的电化教育。

(4)电化教育的构成有两个基本要素:一是现代教育科学,特别是现代教学论和教育传播理论;一是现代教育技术,主要指当前教育上所运用的电光、电声、电控技术。两者缺一不可,电化教育是现代教育科学和现代教育技术的统一与融合。

(5)电化教育的目标是改进教学、教育,实现教学、教育最优化。它的最终目的是高效优质地培养社会主义建设事业所需的人才。

关于电化教育定义问题,人们还在继续探讨,目前还没有一个为大家所公认的定义。

对于上述几个问题,为什么会产生争议?重要原因之一,是对电化教育的概念理解有着分歧,主要有三种不同的理解:第一种是视听教育的理解,即主要从媒体的角度来理解电教;第二种是教育技术的理解,即从整个教育系统、教育过程来理解电教;第三种是朴素电化教育的理解,即主要从现代教育媒体的角度来理解电教。三种不同理解,在电教名称等问题上形成了多种不同的主张。一般来说,持第一种理解的人,主张用视听教育或信息媒体教育、教育信息媒体等名称,赞成手段工具说;持第二种理解的人,主张用教育技术、教育传播等名称,赞成新形态教育说;持第三种理解的人,主张保留电化教育这个名称,赞成教育方式说。

分歧就是矛盾,事物总是在矛盾运动中发展。我国电教界在理论探讨和学科建设中出现争议,这并不是坏事,说明我国电教理论和学科建设正在向前迈进。

## 三、理论体系的初步建立

经过我国电教工作者和广大教师近十年来的努力，我国电化教育学的理论体系初步建立。

电化教育学是一门什么性质的学科？

电化教育学的性质,从它的来源说,它是教育科学的一个分支,是教育科学这个大系统中的一个子系统。从它本身来说,它是属于交叉学科中的综合性学科。它是以马克思主义哲学为指导,采用“三论”(信息论、系统论、控制论)提供的科学方法,以学习和教学理论、传播理论为主要理论基础,并利用教育学、心理学、物理学、化学、生理学、社会学、管理学、工艺学,以及文学、艺术等等的理论和方法,对电化教育现象进行综合研究的一门学科。电化教育学的性质,用简单的话来说,就是它的“家庭出身”是教育科学,它的“本人成分”是综合性学科。

电化教育学是理论性学科,还是应用性学科？它既非纯理论性,又非纯应用性,而是理论性和应用性的综合统一,它是正在形成和发展中的理论性与应用性紧密结合的综合性学科。

我国电化教育学的理论体系由七论构成。这七论是本质论、功能论、发展论、媒体论、过程论、方法论、管理论。

本质论:主要在说明电化教育是什么。其基本观点:电化教育是运用现代教育媒体，并与传统教育媒体恰当结合，以实现教育最优化。电化教育的本质,是一种新的教育方式,又是一个过程,人机协作、高速优质培养人的过程。

功能论:主要在说明电化教育能做什么,有什么用。其基本观点:电化教育有两个基本功能、四个基本作用。两个基本功能:(1)它能不受时间、空间、微观、宏观的限制,将教学内容中涉及的事物、现象、过程全部再现于课堂,极大地丰富了学生的学习资源,扩大了学生的知识领域;(2)它能提供代替的经验,使抽象概念半具体化、具体事物半抽象化,从而使教学变得较为容易,既容易转向具体实际化,也容易转向抽象概念化。四个基本作用:(1)提高教育质量;(2)增强教育效率;(3)扩大教育规模;(4)促进教育改革。

发展论:主要说明电化教育是怎样产生和发展的。其基本观点:我国电化教育的发展,大致经历了以下几个阶段:萌芽阶段(20 年代)、起步阶段(30—40 年代)、初期发展阶段(50—60 年代初期)、停滞阶段(60 年代后期—70 年代初期)、迅速发展阶段(70 年代后期—现在)。电化教育的发展是战胜新技术革命向教育提出的挑战和充分发挥人还具有的巨大学习潜力的需要。

媒体论:主要在说明现代教育媒体的一般概念、现代教育媒体设计和选择的依据、教学软件的编制过程与原则。其基本观点:现代教育媒体是利用现代技术储存和传递教育信息的工具, 它由两个相互联系的要素所构成:一是硬件,或叫设备,即用以传递教育信息的各种教学机器;二是软件,又叫教材,即各种教学片带(教学幻灯片、投影片、电影片、计算机课件、录音带、录像带、唱盘、视盘等)。两个要素缺一不可,否则不能形成现代教育媒体。软件是媒体的灵魂,是电教研究的主攻方面。

过程论: 主要在说明电化教育过程的概念、构成要素和一般模式。其基本观点:电化教育过程是一种特殊的教育过程,它是教师主要借助现代教育媒体,传递教育信息,引导学生学习的过程。电化教育过程的基本要素有三个,即教师、学生、现代教育媒体。必须充分发挥三者的作用,才能实现教育过程最优化。

方法论:包括电化教学方法和电化教育科学研究方法。其基本观点：电化教学方法是利用现代教学媒体，并与传统教学媒体恰当结合,传递教学信息,进行教学活动所采取的工作方法。常用的电化教学方法,大致有以下几种:课堂播放教学法、远距离播放教学法、程序教学法、微型教学法、机器考查成绩法。电化教学方法和传统教学方法的关系是互相配合、互相补充的关系,不是互相对立、互相排斥的关系。在目前条件下,我们的教学只有使电化教学方法与传统教学方法实现最佳结合,才能取得最优的教学效果。

电化教育科学研究方法,是逻辑方法与数学方法的结合。这两类方法各有所长,前者的长处在于说理,后者的长处在于准确,交叉使用,可以互相补充,互相完善。

管理论:主要在说明电化教育管理的目标、内容、过程和组织机构,以及对电化教育工作的评估。其基本观点:电化教育管理要以实现教育效果最优化为目标。电教管理包括组织管理、人员管理、设备管理、信息管理、科研管理等几个方面。对人的管理是一切管理的重点,也是电教管理的重点。电教管理的核心问题,是调动全体电教人员的积极性、创造性,为实现教育效果最优化服务。电化教育系统是一个多样的、综合的、开放的系统,它由四个子系统(学校电化教育系统、广播电视教育系统、卫星电视教育系统、计算机教育系统)所组成,必须加强四者的紧密协作,才能完满地实现电教管理的目标。

## 四、众多分支的出现

我国电化教育学的历史虽短,但发展比较迅速,很快就生出了分支,正在成长为一棵枝叶茂盛的科学大树。已经出现和正在萌生的分支学科有将近 30 门之多。众多的分支分别从不同侧面和不同层次对电教活动进行研究,共同构成电化教育学的学科体系。下面将各主要分支学科的基本内容作简略介绍。

**电化教育导论** 本学科的主要内容:电化教育的概念、特点和作用;电化教育的产生和发展;电化教育的理论基础;电化教学过程;电化教学媒体;电化教学原则;电化教学方法;电化教育管理;电化教育评估。

**幻灯、投影与教学** 本学科的主要内容:幻灯、投影的特点及其教学功能;幻灯机、投影器的基本原理和使用;幻灯、投影教材的设计与制作;幻灯、投影教学法。

**广播、录音与教学** 本学科的主要内容:广播、录音的特点及其教学功能;收音机、扩音机、录音机、语言实验室的原理和作用;录音教材的设计与制作;广播录音教学法。

**电影与教学** 本学科的主要内容:电影的特点及其教学功能;电影放映机和电影片;电影放映机的操作;电影教学法。

**电视与教学** 本学科的主要内容:电视的特点及其教学功能;电视接收机和磁带录像机;电视教材的制作;电视教学法。

**教育电视系统** 本学科的主要内容:教育电视设备系统的概念;摄像机、录像机、特技机、监视器等的工作原理和使用。

**电视教材编导** 本学科的主要内容:电视教材的稿本编写;电视教材的导演。

**语言实验室与教学** 本学科的主要内容:语言实验室的特点及其教学功能;语言实验室的主要设备;语言实验室教学法。

**计算机教育应用** 本学科的主要内容:计算机的特点及其教育功能;计算机辅助教学;计算机管理教学;课件设计;计算机与教学设备自动化。

**电化教育概论教材教法** 本学科的主要内容:电化教育概论的内容体系;教学目标;教材分析;教学媒体选择;教法设计;实验、实习作业研究;教学评议。

**电教摄影** 本学科的主要内容:照相机;感光片;黑白摄影基础知识;彩色摄影基础知识;摄影艺术;教育与科技摄影。

**电教美术** 本学科的主要内容:美术基本知识;美术字;字幕片头设计;幻灯片、投影片的绘制;教学动画片的绘制。

**电教音乐** 本学科的主要内容:音乐基本知识;电教教材的音乐选材;电教教材的配音;音乐欣赏。

正在萌生的分支学科也有不少,如:电化教育原理、中国电化教育发展简史、外国的电化教育、电化教育实验、卫星教育电视、激光视盘与教学、电教制图、教育影视动画、计算机课件设计、小学各科电化教学、中学各科电化教学、微型教学、电教用房设计,等等。

## 五、迅速发展的原因和发展中的问题

70年代末以来,我国电化教育学科建设发展较快,其原因是什么?

客观原因:(1)广泛的电教实践,需要电教理论的指导,需要电化教育学的建立;(2)越来越多的学校开设"电化教育"课程,促进了电化教育学的研究与发展;(3)高等学校举办电教专业,是推动电化教育分支学科产生的有力因素。

主观原因:我国电教工作者和广大教师在从事电化教育学的研究和建设中,始终注意了以下两点:

(1)以建立既具有中国特色,又有时代精神的电化教育学为目标,走适合中国国情的自我发展道路。

以现代教育媒体的研究和应用为核心,是我国电化教育的最大特色,是我国的电化教育与外国的视听教育或教育技术等的最大区别之处。我们所要建立的,就是这种以电化教育现象和规律性为研究对象,以现代教育媒体及其应用为研究核心的电化教育学。

我们所要建立的,也是一种具有时代精神的电化教育学。

当今时代的特征之一是开放性。时代的开放性,要求我们的电化教育学研究,要不断吸取古今中外一切有利于我们的新思想、新材料、新方法、新技术,把它化为我们的营养,使我们自身日益丰富和健壮起来。

时代的开放性,也要求我们的电化教育学研究,要打破理论的封闭性,向生动活泼的电教实践开放。要面向电教实践,研究电教实践,指导电教实践,以清除理论的苍白,保持生命的长青。

在电化教育学的研究与建设中,我们就是这样,在适应着本国国情的自我发展道路上,朝着上述目标前进的。

(2)重视采用新的科学研究方法。

在从事电化教育学的研究中,我们坚持以马克思主义认识论为方法论基础,这一点从未动摇过。这是我们的特点,也是科学性所在。与此同时,我们也重视采用新的科学研究方法。

首先,在研究中引进了"三论"(系统论、信息论、控制论)的理论与方法。这样,可使我们的研究方法,更能适应研究对象和任务的具体需要。其次,广泛运用了调查法、实验法、测验法、统计法,在个别环节上,尝试运用了模糊数学的方法,并较多地使用了计算机以及录音、录像等现代技术手段,为有效地开展电教科研提供了有利条件。再次,注意了定性分析与定量分析的结合,克服以往偏重于抽象理论推导的倾向,提高了电教科研结论的信度。

我国电化教育学科建设近几年来虽然取得了一些成绩,但也存在不少问题。

(1)电化教育学的研究范围、覆盖面不够宽,跨度不够大。

我国的电化教育事业,是我国社会主义教育事业的一个组成部分。它包括五大系统:普通学校电教系统、高等学校电教系统、广播电视学校系统、卫星电视教育系统、电子计算机教育系统；从事着五项基本建设：队伍建设、器材建设、教材建设、理论建设、管理建设；为五种教育服务：幼儿教育、普通教育、高等教育、成人教育、继续教育。电化教育学的研究应该面向和指导五大系统的实践，可是，目前它还没有做到这一点。它所关心的主要是普通学校和高等学校的电教，因此，不能有效地为发展五种教育服务。

(2)引进的痕迹过浓。

电教研究的材料、数据等，很多都是取自国外的和国内有关学科的资料，自己的东西较少。我国电化教育学科建设还处在初期阶段，外部机构初具规模，内部安装远未完善。

在我国电化教育学科建设中，虽有着不少困难和问题，但这是前进中的问题，经过艰苦努力，是可以逐渐克服的。

## 六、发展趋势

展望我国电化教育学科建设的明天，充满希望。其发展的主要趋势，大致有以下几点：

(一)覆盖面加宽，跨度加大

进入20世纪80年代以来，随着现代科学技术的发展，电教改革的深入，电化教育的内涵和外延在不断扩充，一个大电教概念，正在逐渐形成。

大小电教概念的区别，主要有以下几点。

1. 小电教：施教对象是6岁初入学儿童到22岁大学毕业学生。大电教：施教对象是各个年龄阶段的人，人的一生。

2. 小电教：建立在一次教育理论基础上，以教育就是培养人才为指导思想。大电教：建立在终身教育理论基础上，以提高全民族的素质，多出人才，出好人才为指导思想。教育要出人才，但更重要的是提高民族素质，把全体人民培养成为社会主义现代化建设要求的、具有高尚品德和文化素质的公民。

3. 小电教：只重视与普通教育、高等教育的关系。大电教：重视与各种教育（普通教育、高等教育、幼儿教育、成人教育、特殊教育、职业技术教育等等）的关系。它们的关系是你中有我，我中有你，互相需要，互相促进。

4. 小电教：只管学校课堂，对社会课堂采取旁观态度。大电教：既管学校课堂，又管社会课堂。

5. 小电教：只管第一课堂，只重视认知因素（感知觉、思维、记忆等）和知识的传授。大电教：既管第一课堂，也管第二课堂；既重视认知因素，也重视非认知因素（兴趣、情感、意志、态度等）；既重视知识的传授，也重视能力的培养。

6. 小电教：是封闭型，学校几乎成了实施电教的唯一场所。大电教：是开放型，学校、社会、家庭形成三足鼎立，组成网络。

7. 小电教：只是国家办电教。大电教：国家、集体、个人都可办。

8. 小电教：电教单位（如果电教馆、电大、广播学校、卫生电视教育办公室、计算机教育中心等）各自为政，各行其是。大电教：把电教的各个方面组成一个统一体。

今后，电化教育的研究，将以大电教为范围，覆盖电教的五大系统，涉及三大领域（认知、动作技能、情感），为发展多种教育（包括学校教育、社会教育、家庭教育等）服务。

（二）主干与分支齐头并进

"电化教育学"是电化教育学科的主干。它的理论体系已初步建立，但很不成熟。它所提出的基本概念、基本理论，如电化教育的本质、特点、定义、作用；电化教育的产生，电化教育的理论基础；电化教育过程与模式；电化教育中的教师、学生与媒体；电化教学法体系；电化教育管理的基本理论与方法,等等,都将继续深入探讨。它虽处在幼稚阶段,但充满了生机,正在朝着日益充实、完善的方向发展。

与此同时,电化教育学的已有分支也在不断成长。在今后的十年里,还将出现不少新的分支。新的分支主要出自以下几方面:

1. 从新媒体、新技术的开发与应用中产生。美国南俄勒冈州立学院教育媒体副教授阿尔纳·亚勃兰姆斯博士曾经对今后五年中美国的教育媒体的发展作过一个预测,他认为有以下 12 种新媒体、新技术是可能出现的:(1)信息检索电子咨询。能利用非技术性语言(计算机专用语言),廉价地、方便地对局部数据库或中央数据库进行信息索取。(2)群载媒体。能把多种采用数字化技术的音频、视像和存储媒体集于一体。它不仅具有重放功能,还能记录与创作。(3)可自录的激光视盘。(4)全便携式电视监视器。这种终端设备配合小型微机,能使学生把全套装置带在书包里,在课堂上"记笔记"。(5)通用计算机。能彻底改变目前各类型计算机之间软件互不兼容的状况。(6)图像编辑"剪接术"。(7)微机激光打印和绘图终端机。能把打印的字体和图表、符号进行放大。(8)全文检索与图像检索。(9)计算机控制的多机放/投映系统。(10)高保真超级投影电视。(11)小型化与优质化光学镜头。(12)"长寿"电池。寿命长达五年之久的长效高能电池。①

从对上述以及其他新媒体新技术及其在教学、教育中的应用的介绍与论述中,可能产生电化教育学科的多种新的分支。

2. 从重点课题的研究成果中产生。有人列举了今后 5 年我国电教研究的一批重点课题,可作参考:(1)我国电化教育发展战略的研究;(2)具有中国特色的电化教育的研究;(3)电化教育与社会、经济的发展;(4)电化教育与深化教育改革;(5)电化教育的基本理论与理

---

①沈竟成:《国外教育技术发展的若干动态》,载《电化教育研究》,1988(1)。

论基础;(6)电化教育过程和模式;(7)电教课程、教材和教学过程的设计;(8)运用现代教育媒体,优化教学过程的具体教学方法和教学方法体系;(9)电教器材的选型与标准化、系列化;(10)电化教育评估的理论与方法;(11)卫星电视教育的研究;(12)广播电视大学的研究;(13)空中学校系统的研究;(14)计算机教育的研究;(15)各国电化教育的比较研究。从上述课题的研究成果中,也可能产生电化教育学科的新的分支。

3. 从电教媒体在各级各类学校的各科教学和思想政治教育的应用中产生。

今后,各级各类学校的各科教学和思想政治教育中,将越来越多地使用现代教育媒体。这是一块滋生电教学科新分支的广阔而肥沃的土地。

(三)三科鼎立,同步发展

现代科学发展的趋势是高度分化与高度综合相结合,且以综合为主。在今后的科学研究中,整体综合的研究当然是必要的,但分门别类的研究也仍然需要。

80 年代初,我国自国外引进了教育技术、教育传播的概念和理论,不少同志从事了这方面的研究,并正在为建立教育传播学、教育技术学而努力。这是一个可喜的现象。

教育传播学、教育技术学的出现,同电化教育学在我国学科建设的一定领域形成了三科分立的局面。

教育传播学和教育技术学是对所有教育资源和教育系统的所有组成要素及其相互关系进行综合研究。它从整体(所有教育资源)出发来探索新的教育方式,以期达到优化的教育效果。

教育传播学和教育技术学的区别:教育传播学主要从理论的角度揭示教育传播的规律,探讨关于教育传播的知识体系,着重回答教育传播研究中“是什么”“为什么”的问题。

教育技术学主要从技术的角度，探讨把教育传播理论应用于实践的手段和方法的体系，着重回答教育传播实践中“做什么”“怎么做”的问题。

电化教育学是以现代教育媒体的研究和应用为核心。它是从局部(现代教育媒体)出发来探索新的教育方式,以期达到优化的教育效果。

三门学科都是以改进教育、实现教育过程的优化作为追求的目标。

三门学科的研究和建立,在我国目前都是需要的,三者的关系并非对立,而是相辅相成,可以同步发展。

有人反对电化教育学的研究和建立,认为“这样便破坏了媒体的统一观”。如果这个论断正确的话,一切分门别类的研究都不需要,那么,教育技术学、教育传播学也就不应该从教育学中分离出来,否则,不就要破坏了教育的统一观吗？又何况,截至目前,我们那些冠以教育技术、教育传播的论著或教材,有谁家对传统教育媒体作了全面系统的介绍？更不用说是深入论述了。这不也是破坏了媒体的统一观吗?

有人认为,坚持具有中国特色的电化教育学的研究和建立,就是否定传统、否定借鉴外国、不要面向未来。这是误解。我国广大的教师和电教工作者,他们在从事电教理论建设中,从未否定传统,只是强调现代,以促使人们对电化教育的认识与重视;他们从未否定借鉴外国,只是不把他国的国情看作本国的国情,而远离我国的实际;他们从未忘记面向未来,只是不把理论的设计当作现实。

有人更是对电化教育横加指责,把继续使用“电化教育”术语和坚持电化教育学研究斥为“谬误”,这是没有道理的。

关于教育传播学的建设。1982 年 4 月，华南师范大学在广州举办教育传播理论讲习班；1988 年 6 月，江西师范大学教育传播系在庐山举办教育传播学讲习班。这两次讲习班的举办，对推动我国教育传播学的建设起了积极的作用。

关于教育技术学的建设，这几年也有进展，有一些研究成果问世，如四川教育出版社 1988 年出版的《教育的生机——论崛起的教育技术学》等。至于教育技术学的体系究竟如何建立，不少教育理论工作者，特别是电教类专业的教师们，正在对这个问题进行探索，并为在电教类专业开出这门课程而努力。

（原载于《华东师范大学学报》，教育科学版，1990 年第 1 期）

# 中国教育技术学专业建设的发展道路

## 一、美好的回忆

我国在高等学校举办教育技术专业，是从20世纪30年代开始的。教育技术专业，在1993年以前，一般叫电化教育专业；1993年以后，一般叫教育技术学专业。1936年，江苏省立教育学院创办电影广播教育专修科，学制两年，这是我国第一个电化教育专业。1938年，南京金陵大学理学院设立电影播音专修科，学制两年，科主任孙明经。1940年，前国立社会教育学院设立电化教育专科，学制两年，科主任戴公亮。1948年，该院专修科改为系，学制4年，这是我国第一个本科层次的电教专业。1952年全国高校院系调整，社教学院的电教专业并入北京电影学院。从1952年到1982年，我国的电化教育专业停办了30年。从1983年起，我国高校开始恢复设置电化教育专业。1983年，西北师范大学等多所高校设立了电化教育专科，学制2~3年。1983年，华南师范大学创办了新中国成立后的第一个电化教育本科专业，学制4年。从1986年起，我国开始举办研究生层次的电教专业。1986年，北京师范大学、河北大学、华南师范大学最先设立了教育技术学硕士点，学制3年。1993年，北京师范大学最先设立了教育技术学博士点，学制3年。进入新世纪后，我国教育技术学专业得到了飞速发展。据不完全统计，目前我国举办教育技术学专业的高校约有240多所，包括专科、本科、研究生三个层次。研究生层次，设硕士点的47所,设博士点的5所。听说华中师范大学、西南师范大学今年(指2005年,编者注)也要招博士研究生。此外,华东师范大学还办起了教育技术学的博士后流动站。

我国举办电化教育(教育技术)专业是成功的。我国的电教专业是多层次、多方向、多性质的。

多层次。包括专科、本科、研究生三个层次,研究生层次包括硕士学位研究生和博士学位研究生, 形成了比较完整的电教人员培养体系,这在世界各国都是没有的。美国是电教事业比较发达的国家,但他们大学的电教专业也是只有研究生层次的,而没有其他层次。

多方向。目前我国电教专业设置的方向主要有:教育技术基础理论,教育电视,计算机、多媒体、网络技术教育应用,教育软件工程,现代远程教育等。有的学校还在专科层次设置了现代广告、电脑美术、电脑音乐等方向。

多性质。多数是师范性的,也有非师范性的和半师范性的(其他专业2年级学生,可申请到电教系学习辅修专业3年,以获取第二学历)。

我国举办电教专业是成功的,也是出色的,不但为国家培养了大批专业人才,而且使电教走出了国门,走向了世界,在海外获得了较好的声誉。在20世纪80年代后期和90年代初期,我国电教界流传着一句话:“电教实验,使电教走出了家门,走向了全国;电教专业,使电教走出了国门,走向了世界。”这个话是符合实际的。记得1990年我去香港参加“教育传意与科技学术研讨会”,参加那次会议的有美国,日本,新加坡,中国大陆、中国台湾和中国香港的代表。在一次小型座谈会上,与会代表议论了中国大陆、中国台湾、中国香港电教的异同问题。大家认为三者相同的地方是都重视抓电教教材建设和发展空中学校。香港的特色和长处是教育电视直接进入中小学课堂,中学5门主干课程(中、英、数、社会、科学)和小学6门(加健康教育),每日定时向中小学播放。这件事,大陆没有做,台湾也没有做。中国大陆电教的优势是举办电教专业,这件事香港没有做,台湾也没有做。参加那次会的中国台湾代表团有14人,中国大陆有20多人,中国台湾的14人中大多数是有博士学位的,中国大陆20多人中,没有一个是有博士学位的,可是,台湾代表团团长说:"我们代表团成员虽然多数都有博士学位,但是没有一个博士是由我们自己培养出来的,都是美国学校培养的。"他表示要学习我们办电教专业的经验,在台湾高校举办电教专业。

1985年,美国AECT主席等一行来中国访问,在华南师大参观并听了该校关于教学、科研、生产三结合创办电教专业的经验介绍后,表示极大赞赏,说:"想不到在中国有一个办得如此出色成功的专业,应该为你们所作的工作感到自豪。"[①]1986年后,华南师大电教系曾多次被邀请到美国、西德、日本等国参加学术会议,在会上介绍我国电教专业的经验,受到普遍的赞扬与好评。

## 二、20世纪90年代的变迁

我国举办电教专业是成功的,但是,进入20世纪90年代,随着美国AECT教育技术定义,特别是AECT94定义的引入,以及采用美国的"教育技术"名称,我国电教界,特别是理论研究领域发生了很大的变化。这个变化反映在学科专业建设上,主要是人们对于本专业的培养目标,由比较清晰变得模糊起来了。

大概是两个月前,有位老师拿给我一篇由网上下载的没有署名

①李运林、李克东:《教学、科研、生产三结合,创办我国第一个电化教育专业》,载《电化教育研究》,1989(3):25~31。

的文章,题目是"目睹教育技术学十年之十大怪状"。我看过后,觉得文章中提出的有些问题,还是值得思考的,而文章中有些观点,我是不赞成的。

我觉得值得思考的问题:

(1)文章说:"自 1993 年'电化教育'正式更名为'教育技术'以来,教育技术的发展有目共睹,但是教育技术学也正一步一步地误入歧途,步入怪圈。"[①]这个说法是不是符合实际?

(2)文章说:"学科定义全盘西化。在我国教育科学里,完全照搬他国定义,而且如此字斟句酌的,恐怕只有教育技术学一家。在我国教育技术学界,AECT 的定义,被视为'至尊',尤其是 AECT94 定义,以至于成为研究的起点。"[②]这个说法是不是符合实际?

(3)文章说:"研究领域严重泛化。目前教育技术学科定位模糊且严重泛化,把'泛化的技术'作为自己的研究对象使得研究方向非常发散。"[③]这个说法是不是符合实际?

(4)文章说:"专业学生迷茫困惑。在电化教育学改名为教育技术学之前,这个专业培养人才的目的是非常明确的,但在改为教育技术学之后,反而迷失了自己的方向。"[④]这个说法是不是符合实际?

(5)文章说:"这些年来,教育技术学本身存在的诸多问题,恐怕大多数要'归功于'全盘西化。"[⑤]这个说法是不是符合实际?

在思考上述这些问题时,我忽然想到 2004 年 8 月底在北京举办的"高等教育北京论坛"上,我国著名的高等教育专家潘懋元教授关于"教育依附理论"的那篇讲话。

教育依附理论是 20 世纪 70 年代到 80 年代在国外兴起的。它的

---

①②③④⑤《目睹教育技术学十年之十大怪》,见 http://www.jeast.net/user/zhj/archiues/002571.html.

基本观点：发展中国家对发达国家在教育和学术领域存在不可避免的依附甚至依赖，这样一种文化和学术领域的"国际格局"短时期内不可逆转（美国学者 PhilipG·Altbach）。

在这种理论的影响下，我国高教理论研究领域出现了这样一些观点和现象。

出现的主要观点："中国高等教育是依附于西方高等教育而发展的。"①

出现的主要现象：

现象一：一些高等教育研究者自觉不自觉地认可学科的"西方中心主义"。认为，如果与西方理论、方法有差异，这些研究就是"非科学的""不成熟的"。②

现象二："一些高等教育研究者，呈现一定的主体性的迷失，盲目地追求理论和方法的国际'时尚'和'潮流'，忽略对其理论与方法的深度反思与改造以切合己用。"③在高等教育北京论坛上，潘懋元教授对"教育依附理论"提出了不同看法。

（1）认为中国高等教育发展只是依附、照搬，没有改造，没有创新，这种观点与事实不符。

（2）中国高等教育学科，是在中国本土产生与发展起来的，而不是从他国引进的。

（3）中国高等教育理论的主流，始终带有浓厚的本土气息，依附不是它的主要特征，更不是它的全部特征。

（4）借鉴不同于依附，依附讲的是丧失自我意识，被动的学习；而借鉴是主动地学习，而且借鉴不是单向的，而是双向的。

---

①②③潘懋元、陈兴德：《中国高等教育学科建设之路》，载《中国教育报》，2004年9月3日第4版。

(5)我国高等教育走依附发展道路是不行的,而应摆脱依附,走自主创新之路。采取"先借鉴、继超越"的策略,从落后而追赶,从追赶而超越。有借鉴,有改造,有创新,最终形成具有本国特色的教育模式。[①]

借鉴潘老的上述观点,我们是否可以提出这样一个问题进行思索和讨论:我国教育技术理论研究中,有没有存在"依附"的现象?"依附理论"虽未直接介入教学技术学科领域,人们或许都不知道这个术语概念,但是,由此理论引发的一些现象,是不是也有不少出现在我们的周围?值得思索、讨论。

我很赞赏潘老的这个主张:我国高等教育学科建设"应摆脱依附,走自主创新之路"。摆脱依附,采中外古今百家之长,走自己的创新之路,这也应是我国教育技术学科建设发展之路。

我对那篇网上文章中提出的下列观点是不赞同的:

(1)"电化教育期刊和电化教育机构没有改名为'教育技术',是'半拉子革命'。"[②]改名为"教育技术"才是彻底的革命?

这种观点,是否像上面所说西方依附理论的一个变种?是"理性思索",还是盲目崇拜?

(2)"电教期刊长期以来没有改名的原因,是不敢为人先的习惯思维作怪。"[③]

这个判断,未免过于主观,说明文章作者对于杂志社同仁的"思维"并不了解。据我所知,之所以没有改名,主要是因为,用"教育技

---

①潘懋元、陈兴德:《中国高等教育学科建设之路》,载《中国教育报》,2004年9月3日第4版。

②③《目睹教育技术学十年之十大怪》,见 http://www.jeast.net/user/zhj/archiues/002571.html.

术”这个名称，将难以摆脱对外国特别是美国AECT1994定义的依附；将难以走出“严重泛化”的研究领域。杂志社同仁也曾考虑过改名问题。认为，改名为“教育技术”，是不适合的，改名为“现代教育技术”，是可以的，改名为“信息化教育”，是较好的，而目前不改名也是可以的，有利于促进具有中国特色的电教理论与实践体系的完善，有利于促进中国电教事业的发展，至少是好处比坏处多。

(3)“电教期刊：名不附实，是挂羊头卖狗肉。”[①]好像是说，电教期刊所载文章，多是与电教无关的，这恐怕不是事实。从该文章可以清楚地看出，他所说的电教期刊，主要就是《中国电化教育》和《电化教育研究》。而就我所看到的，这两本杂志所载的文章，并没有不是属于电教研究范畴的。这两本杂志刊载的文章，基本上是这五大类：基本理论研究、硬件环境建设、软件资源开发、新型模式建立、有效管理探索，而这五者，正是构建电教理论与实践大厦的五大支柱。怎能说是“挂羊头卖狗肉”呢？

从这里，使我产生了这样一种猜想：从“文章”看，作者是读了不少书的，但读电教的书不多。可能是认为，电教的书过时了，不值得去读，不屑一读。因此，对“电化教育”好像知道得并不多，而对电教的误解却是很深的，例如，以为探讨计算机多媒体和网络技术教育应用的文章是不属于电化教育范畴的。如果是一个认真读过几本电化教育书的人，怎么会有这样的认识呢？

什么是电化教育？对此，我们知道得也不多，更不深。但是，从概括几本电教概论的一些论述，以下的几点基本认识还是有的：

(1)电化教育，就是在现代教育思想、理论的指导下，主要运用现

---

①《目睹教育技术学十年之十大怪》，见 http://www.jeast.net/user/zhj/archiues/002571.html.

代信息技术进行教育教学活动,以实现教育教学的最优化。

(2) 电化教育是现代教育思想理论与现代信息技术相融合的产物。

(3)电化教育是属于现代教育范畴的一种新的教育方式。

(4)电化教育是以现代教育媒体的研究和应用为核心。

(5) 电化教育来源于美国的视听教育,又不同于美国的视听教育。中国的电化教育,从它出生之日起,就是适应着我国的国情,走着自己发展的道路,即以现代教育媒体的研究和应用为核心的发展道路,解放前如此,解放后继续如此。有的人只知道它来源于美国视听教育,而不知道它不同于美国视听教育,而知道后者对于理解电教本质是更为重要的。

(6)电化教育是一门学科,一项事业,也是一种产业。

(7)电化教育的服务对象是各种教育:幼儿教育、普通教育、高等教育、职业教育、成人教育、特殊教育、继续教育等,它的施教对象是各个年龄阶段的人。

(8)电化教育系统是一个大系统,由四个子系统组成:普通学校电教系统、高等学校电教系统、成人教育电教系统、网络教育和远程教育系统。

## 三、摆脱依附,走自己的路

《中国社会科学博士论文文库》总序中有一段话说得真好:“中国的问题只能由中国人用自己的理论来解决,让外国人来解决中国的问题,是行不通的。也许有的同志会说,马克思主义也是外来的。但是,要知道,马克思主义只是在中国化了以后才解决中国的问题的。如果没有马克思主义的普遍真理与中国革命和建设的实际相结合而形成的毛泽东思想、邓小平理论,马克思主义同样不能解决中国的问题。教条主义是不行的。东教条不行,西教条也不行,什么教条都不行。把学问、理论当教条,本身就是反科学的。”[①]这段话对于我们从事教育技术学科建设,很有指导意义。也就是潘懋元先生所说的:“走依附发展道路是不行的,而应摆脱依附,走自主创新之路。”借鉴是需要的,但还要超越。要“有借鉴、有改造、有创新,最终形成具有本国特色的教育模式”。

要摆脱依附,走自己的路。自己的路是什么?对于这个问题,根据我国23年办电教(教育技术)专业的经验,我看可以这样回答:以科学发展观为指导,实现教育思想理论与现代信息技术的融合,这就是深入发展教育技术学专业建设我们应走之路。

以科学发展观为指导。什么是科学发展观?科学发展观的精髓是以人为本,强调三个发展:社会全面的发展、协调的发展、持续的发展。以科学发展观来指导办教育技术学专业,就是我们的办学、教学,都要以学生发展为本,以实现全体学生个性的全面发展、协调发展、持续发展为总目标。

实现现代教育思想理论与现代信息技术的融合。就是办教育技术学专业,无论做什么事——确定培养目标、建立课程体系、制定办学原则和教学策略等,都要想到并依赖这两个方面。要牢记并实践这个公式:

现代教育思想理论×现代信息技术=成功的教育技术专业

这个公式告诉我们,在教育技术学专业建设中,现代教育思想理论与现代信息技术的关系,是“相乘”的关系,而不是“相加”的关系。相加的关系,这两个方面,只要一个方面做好了,得了100分,另一个

①杨昌勇:《新社会教育学:连续与断裂的学术历程》,北京:中国社会科学院出版社,2004年。

方面,即使是零分,其结果也可以是100分;而相乘的关系,只有一个方面做好了,得了100分,但另一方面做得不好,得了零分,其结果,还会是零分。必须实现二者的融合,同时做好两个方面的工作,才能取得成功的教育技术学专业。要想让教育技术学专业办得成功,让它腾飞,必须给它同时插上这两只"翅膀",一只翅膀飞不起来,两只才能腾飞。

办好教育技术学专业,最重要的是要按照上述认识和思路,做好学科专业建设的三件大事。

(一)明确培养目标:培养什么人

教育技术学专业要培养的,是本学科领域的既懂教育又懂技术的创造型人才。主要是四种人:

教学人员——中等学校信息技术课教师;

技术人员——教育软、硬件开发人员;

科研人员——新理论、新技术、新产品研究、设计人员;

管理人员——电教机构、网络教育系统等管理人员。

这四种人都应是本学科领域创造型人才。这种人才的基本特征:

(1)全面+个性。既是全面发展,又有个性特长,即全面发展与个性发展完满结合的人。

(2)人脑+电脑。既善于用人脑,又善于用电脑。善于用人脑,就是能做到左右脑并用,抽象思维与形象思维协调运作,充分发挥大脑的聪明才智。美国著名脑生理学家、1991年诺贝尔医学奖获得者罗杰尔·斯佩里说:整个大脑的两半球,好像一辆车子的两个轮子,只有双轮同步运转,车子才能前进。人的大脑,只有左右脑协调运作,才能发挥出它的聪明才智。

(3)智商+情商。既有较高的智商,又有较高的情商。这种人才的知能结构:具有"士"字型的知识结构和三层次的能力结构。

"士"字型知识结构。"士"字的下面一横表示一般基础知识,上面一横表示专业基础知识,中间一竖表示专业知识。传统的知识结构是强调下宽上窄的金字塔型知识结构,越是基础要求面越宽。"士"字型知识结构不讲求下宽上窄,它带有一定的跳跃性,强调在基础与专业的交结处下功夫,主要掌握与本专业有关的基础知识,然后在这个基础上建立一门专业知识。这种知识结构较能适应信息时代面临的三个挑战:无限书籍及有限时间的挑战,几何级数膨胀的信息对人的原有接受能力的挑战,大量新知识对人们理解能力的挑战。在学习中可以大胆采用"跳""跨""绕"手法,以避免在外围知识上兜圈子,而集中精力直接捕捉最新最需要的信息知识。

三个层次的能力结构。包括:基础层次能力——听、说、读、写、算、推理、计算机应用;中间层次能力——专门能力(现代信息技术媒体的操作与应用能力、媒传教学能力、教学设计能力)和一般能力(组织能力、处理人际关系能力、科研能力);较高层次能力——应变能力、创造能力。

对这种人才的具体要求:掌握"六个三"。

三种语言:中国语言、外国语言、计算机语言。

三种理论:学习理论、传播理论、电子理论。

三种媒体:大、小、综合媒体。

三种技术:编制、播放、维护。

三种方法:教学、科研、管理。

三种个性品质:勤奋、思索、创新。

(二)建立课程体系:应该教什么,让学生学什么

根据上面所说办教育技术学专业应遵循的指导思想、原则公式和培养目标,教育技术学本科专业课程体系应由四类课程组成。

(1)教育类课程,占35%。

必修:教育技术学导论、教育传播学、学与教理论、教学设计、现代远程教育、教育技术学研究方法等。

选修:视听心理学、教育信息学、教育技术管理、现代传媒教学理论与方法、网络道德教育、网络艺术教育、教育技术哲学等。

(2)技术类课程,占35%。

必修:摄影与摄像技术、教育电视、多媒体技术及应用、网络技术基础、教育软件工程、数据库原理与应用等。

选修:程序设计、多媒体教学系统应用、绩效技术、知识工程、多媒体画面艺术基础、电脑美术、电脑音乐等。

(3)通识类课程,占20%。

必修:政治、大学语文、大学英语、计算机基础、体育等。

选修:人文、社会科学概论、自然科学概论、视觉文化概论、思维科学概论等。

(4)实践类课程,占10%。

专业实习、教育实习、毕业设计或论文。

### (三)确定办学原则和教学策略:怎样办学,怎么教学

关于办学原则,应是从两个方面出发:本学科自身发展需要和社会需求。

举办教育技术学专业,要从社会需求出发,要讲求社会效益,特别是直接社会效益,这一点很是重要。有两件我曾经历过的事,虽然已过去十多年,可我仍记忆犹新。

第一件事:1991年秋,我去美国访问,曾参观一些学校。我去旧金山参观一所大学时,在校园内看到一张海报,有个学术团体正在举行研讨会,讨论的题目是“垃圾学的对象和范围”。看到这张海报,当时我感到很新鲜很奇怪,问到陪同参观的该校一位教师,据他说,美

国人每年要制造两亿吨垃圾，垃圾的处理问题已经成为关系到许多城市的市容市貌、市民的健康和城市发展的严重社会问题，因此引起了人们的关注和研究，并于去年（指 1990 年，编者注）在该校环境管理系新设了一个垃圾学专业，培养这方面的专门人才。当时我听了这个介绍后，在脑子里浮现了这样两点想法和问题：一是垃圾竟然也能成为一门学问，并要设专业长期研究它；二是，在美国经济不景气，不少大学关闭，专业停办的情况下，竟然会出现垃圾学这样的新专业，这是为什么？在结束那次访问时，我曾和一位美国朋友谈起这件事，他在解释中有两句话，给我留下深刻印象。一句是"适应社会需求，讲求社会效益，特别是直接社会效益，是我们美国人从事任何工作所遵循的一条根本性的原则"。另一句是"社会需求，具有一种神力，一种巨大力量，它能做到顺我者昌，逆我者亡"。这句话解决了我脑子里存在的那个问题：为什么在美国经济不景气，许多专业停办的情况下，还会出现垃圾学这样的新专业呢？就是因为它适应了社会需求。社会需求具有一种"神力"，它能做到"顺我者昌，逆我者亡"。这个话虽有点夸张，但也不无道理。

第二件事：1995 年，我去昆明参加一个国际学术研讨会和云南师大电教系十周年系庆。在会上听说，云南师大电教系自 1993 年起，增设了一个电视广告专业（专科层次，2 年），那年招收新生 25 名，报名的竟达 400 多人。而在同一时间，有些名牌大学，有的专业，因报名的人很少，竟然没有完成国家计划招生指标。这不也是由于一个是适应了社会需求，一个是没有，所造成的结果吗？所以，举办专业，一定要重视适应社会需求。

关于教学策略。我觉得最主要的是要引导、帮助学生实现学习上的"五个三"：

1. 三个“世界”。要善于同时在三个“世界”学习：

经验世界。在做中学习，要积极参与社会实践、科学实验。

语言文字世界。向书本学习，要正确使用图书馆，多读书，勤思考。

虚拟现实世界。进行数字化学习，要正确使用互联网，充分利用网上资源进行学习。

这三个世界的学习都很重要，不能重此轻彼，不能有所偏废。

2. 三个方面。要注意三个方面的学习：

(1)基础。要注意基础的学习，也就是基本概念、基本原理、基本方法的学习。掌握了基础，才有可能去举一反三，解决面临的现实问题。

(2)前沿。要注意学科的前沿，也就是学科的最新发展和发展中的问题。

(3)特色。要有独到见解，要有个性特色。没有特色就没有竞争力，就难于发展。我们专业正在形成的特色是重国情，重整合，立足本国研究，具有全球视野。

3. 三种方式。要重视采用三种方式：(1)自主学习；(2)合作学习；(3)探究学习。

4. 三种理念。要建立三种新的理念：

(1)知识的拥有与知识的应用都重要，而后者更重要。

要重视掌握知识，拥有知识，更要重视知识的应用，使知识产生价值，推动社会经济的发展。

(2)继承与创新都可贵，而后者更可贵。

要注意处理好继承与创新的关系。在学习和研究中，可以采取拿来主义，但不能止于拿来，要在拿来的基础上，有所创新，使之变成拿去。

(3)人生三件事——做人、做事、做学,都重要,做人最重要。

做人,要使自己具有高尚的品德,很重要的一个方面,就是要努力做到以下两点:第一,对他人和同事,要多一点尊重,少一点苛求。在与他人交往中,应采取接受而非拒绝,亲近而非疏远的态度,求同存异。第二,对社会和集体,要多一点奉献,少一点索取。应该为社会提供大于社会为自己提供的东西,这就是一个人生存的价值。

5. 三个公式。要实践三个公式。

(1)成功=艰苦劳动+科学方法+珍惜时间。

这是爱因斯坦提出的成功公式。爱因斯坦是20世纪的科学巨人。有人问他,为什么获得如此巨大的成就?他写下了这样一个公式。这个公式同样适用于学习。这就是说,要想获得成功的学习,就必须付出艰苦的劳动。艰苦劳动是获得成功学习的最基本要素。艰苦劳动,这里主要指脑力劳动,也就是说,要学习成功,就要不怕动脑,要善于动脑,勤于动脑。脑子越动越灵,而不是越动越笨。

要取得成功,光有艰苦劳动还不行,还要有正确的方法,没有正确的方法也难取得成功的学习。

成功的第三要素是珍惜时间。不知道珍惜时间的人是很难取得成功的学习的。

(2)2>1+1,整体大于部分之和。

这个公式是美国科学家、系统论的创立者贝塔朗菲提倡并强调的。这个公式告诉我们,无论工作、学习或科研,都要十分重视团结协作,组合有序。

(3)20%IQ+80%EQ=100%的成功。

这个公式是美国哈佛大学心理学教授丹尼尔·高曼提出的。这个公式也适用于学习, 要想获得成功的学习必须重视发挥以情感为主的非智力因素的作用。情感对于教育教学和学习有着直接的、重大的影响。“情感是通向学习的大门……如果不把注意力放在这个方面，那么，大门将会关闭。”[1]情感是人们追求真理的动力，正如列宁所深刻指出的：没有人的情感，就从来没有也不可能有人对真理的追求。

（原载于《电化教育研究》2005 年第 9 期）

---

①德莱顿·沃斯：《学习的革命》，北京：生活、读书、新知三联书店，1997 年。

# 教育技术学科建设:中国道路

## 一、艰辛的历程

(一)20 世纪 80 年代的辉煌

在我国,“教育技术”这个术语是 20 世纪 80 年代自美国引进的,而普遍得到使用则是在 90 年代以后,在此之前,它的名字叫“电化教育”。

我国的电化教育诞生于 20 世纪 30 年代,作为一项事业,已有 70 多年的历史,作为一门学科,则出现的比较晚。电化教育学科体系是进入 80 年代后逐步形成的,部分高等师范院校开设电化教育课程以及多种电化教育教材和专著的出版,是它形成的标志;1983 年,国家教育部发布《高师本科专业目录》,将“电化教育”列入其中,是它正式确立的标志。

20 世纪 80 年代是我国电化教育学科建设的美好年代,它的两个主要部分的建设(学科理论建设和学科专业建设),都得到重大发展。

理论建设方面:对电教理论和实践中的一些较为重大且带有根本性的问题,进行了较深入地探索与讨论,有了一定的认识。以下是几点基本认识。

(1)电化教育姓“教”,不是姓“电”。因为,电化教育的对象是人,不是物;它所关注的,主要不是电光、电声、电控等现代技术本身,而是各种现代技术在教学、教育中的应用;它所追求的,不是教育的机械化,而是教育的最优化。

(2)电化教育是属于现代教育范畴的一种新的教育方式。它不只是一种新的教育工具,不只是一种新的教育方法,不只是一种新的教育内容传递形态,不只是一种新的教育形式,而是所有这些的综合,是一种新的教育方式。

(3)电化教育是以现代教育媒体的研究和应用为核心,它的理论体系由七论(本质论、功能论、发展论、媒体论、过程论、方法论、管理论)构成。这是不同于美国教育技术最明显的地方。

(4)电化教育是一门学科,一项事业,也是一种产业。

(5)电化教育的服务对象是各种教育:幼儿教育、普通教育、高等教育、职业教育、成人教育、特殊教育、继续教育等,它的施教对象是各个年龄阶段的人。

(6)电化教育系统是一个大系统,由四个子系统组成:普通学校电教系统、高等学校电教系统、成人教育电教系统、现代远程教育系统。

(7)电教工作者的角色定位:电教工作者不应是单纯的媒体服务员,而应是教育革新者。他们的使命,不仅是支持教学,而且是发展教学。

以上是理论建设方面所取得的几点基本认识。

专业建设方面:20 世纪 80 年代已初步建立我国特有的电化教育学科专业体系。我国的电教专业是多层次、多方向、多性质的。

多层次。包括专科、本科、研究生三个层次,研究生层次包括硕士学位研究生和博士学位研究生, 形成了比较完整的教育技术人员培养体系,这在世界各国都是少有的。

多方向。目前我国教育技术学专业设置的方向主要有:教育技术基础理论,教育电视,计算机、多媒体、网络技术教育应用,教育软件工程,现代远程教育等。有的学校还在专科层次设置了现代广告、电脑美术、电脑音乐等方向。

多性质。多数是师范性质的,也有非师范性的和半师范性的。

在这个系统中,除了博士研究生层次,多媒体和网络技术教育应用方向是90年代以后发展起来的之外,其他的都是在80年代就已经具有的。

以上是我国电化教育学科建设发展的基本情况。

(二)20世纪90年代的困惑

20世纪90年代是我国教育(电化教育)学科建设的大发展年代,也是大困惑年代。

随着美国AECT教育技术定义,特别是AECT94定义的引入,以及采用美国的"教育技术"名称,我国的电教界,特别是理论研究领域发生了很大的变化。主要变化:

(1)名称改了。学科名称,由"电化教育"改为"教育技术"。

(2)定位变了。学科定位,由一般定位于"教育"变为一般定位于"技术"。

(3)研究领域"泛化"了。学科研究领域,由主要是借助现代技术媒体的教学,变为所有学习资源和学习过程,变得"泛化"了。

(4)培养目标模糊了。学科专业培养目标,由主要培养三种人(电教课教师和研究人员、电教技术人员、电教管理人员)变为不知究竟培养什么人,变得模糊了。

(5)努力方向没有了。学科研究的努力方向,由为建设有中国特色的电化教育而努力,变为基本上没有了这个努力方向。进入20世纪90年代,我国教育技术界出现了这样一种观点:"教育技术就是教育中的技术",而"技术是没有国界的",美国的教育技术拿到中国来也完全适应,建设有中国特色的教育技术也就没有什么意义了。在这种观点的影响下,这个努力方向也就基本没有了。

面对上述种种变化,人们心里在想:这到底是为了什么？这样变好吗？深感困惑。

(三)新世纪的希望

进入新世纪，我国教育技术学科建设的理论研究中出现了一个新情况,开始重视批判反思。其中一项尤为令人注目的是对引进美国AECT 教育技术 1994 定义及改名为“教育技术”的反思。AECT1994定义到底给了我们什么？将“电化教育”改名为“教育技术”真的是有必要吗?它给我国教育技术学科建设和事业发展带来了怎样的影响?人们对这样的“不是问题的问题”,也开始反思了。

反思是一个自我总结的过程,是一个查行为、清思路、找问题、寻出路的过程。目前,反思仅仅是开始了,也找出了一些问题。主要问题大致有以下一些。

(1)教育技术学的定位和逻辑起点到底应该是什么?

(2)我们究竟要研究什么?

(3)我们究竟要培养什么人?

(4)为什么人们对美国 AECT 教育技术定义(特别是 1994 定义)的研究是如此热衷，而对本国 20 世纪 90 年代的五大教育技术实验及其他实践经验的研究如此淡漠?

(5)我国教育技术界是否存在着西方“教育依附理论”的影响?

什么是“教育依附理论”？在 2004 年 8 月底举办的“高等教育北京论坛”上,潘懋元教授对这个问题作了较深入的论述。

教育依附理论是 20 世纪 70 年代到 80 年代在国外兴起的。它的基本观点：发展中国家对发达国家在教育和学术领域存在不可避免的依附甚至依赖,这样一种文化和学术领域的“国际格局”短时内不可逆转(美国学者 PhilipG.Altbach)。

在这种理论的影响下，我国高教理论研究领域出现了这样一些观点和现象。

出现的主要观点：中国高等教育是依附于西方高等教育而发展的。

出现的主要现象：

现象一:一些高等教育研究者自觉不自觉地认可学科的“西方中心主义”。认为,如果与西方理论、方法有差异,这些研究就是“非科学的”“不成熟的”。

现象二:“一些高等教育研究者,呈现一定的主体性的迷失,盲目地追求理论和方法的国际‘时尚’和‘潮流’,忽略对其理论与方法的深度反思与改造以切合己用。”

我国教育技术理论研究中有没有存在“依附”现象？“依附理论”虽未直接介入教育技术学科领域,人们或许都不知道这个术语概念,但是，由此理论引发的一些现象，是不是也有不少出现在我们的周围？值得思索、讨论。

批判反思是一项满怀希望的活动,它正在帮助人们走出困惑,给人们带来了希望。它使人们复苏了建立具有中国特色的教育技术的愿望,有了构筑一条“中国道路”的追求。

## 二、中国道路的基本内涵

### (一)什么是中国道路

中国道路是一条摆脱依附,自主创新之路。它是在不断总结电教理论研究和实践经验的基础上修建起来的。中国道路的原名是“电化教育”,现名是“信息化教育”。信息化教育也就是电化教育,是电化教育发展的新阶段。我们的电化教育自 20 世纪 70 年代末重新起步以来,大致经历了两个发展阶段:70 年代后期到 90 年代初期,是视听教育阶段;90 年代中期以后,进入信息化教育阶段。信息化教育也就是信息时代的电化教育。我赞成采用“信息化教育”这个名称,用“信息化教育”来代替(不是取代)“电化教育”。采用这个名称,既可保持中国特色,又可凸显时代特征。新时代的核心特征是信息化,这已是人们的共识。

(二)中国道路的实质

中国道路的实质:以科学发展观为指导,实现现代教育思想理论与现代信息技术的融合。

以科学发展观为指导。什么是科学发展观?科学发展观的精髓是以人为本,强调三个发展:社会全面的发展、协调的发展、持续的发展。以科学发展观为指导信息化教育学科建设,就是我们从事本学科理论研究和专业建设,都要以学生发展为本,以实现全体学生个性的全面发展、协调发展、持续发展为总目标。

实现现代教育思想理论与现代信息技术的融合, 就是从事信息化教育学科建设,无论做什么事,都要想到并依赖这两个方面。要牢记并实践这个公式:

现代教育思想理论×现代信息技术=成功的信息化教育

这个公式告诉我们,在信息化教育建设中,现代教育思想理论与现代信息技术的关系,是“相乘”的关系,而不是“相加”的关系。相加的关系,这两个方面,只要一个方面做好了,得了一百分,另一个方面,即使是零分,其结果也可以是一百分;而相乘的关系,只有一方面做好了,得了一百分,但另一个方面做得不好,得了零分,其结果还会是零分。必须实现二者的融合,同时做好两个方面的工作,才能取得成功的信息化教育。要想让信息化教育办得成功,让它腾飞,必须给它同时插上这两支“翅膀”,一支翅膀飞不起来,两支才能腾飞。

(三)中国道路的构成

中国道路由“五大支柱”“三大实践领域”构成。

五大支柱:

(1)基本理论研究。基本理论研究的任务主要有两个:①建立和完善信息化教育的基本理论体系;②解决现实中的有关认识问题。

(2)硬件环境建设。当前,硬件环境建设的重点是校园网和多媒体网络教室的建设。

(3)软件资源开发。当前的重点是网上课程、数字化教材、教学信息资源库的开发。

(4)新型模式建立。当前的重点是建立适应素质教育要求的网络环境下的新型教学模式。

(5)有效管理探索。其主要任务是探索和制定信息化教育管理相关的规章制度。管理的主要内容是人、财、物,核心是人的管理。

三大实践领域:①学校信息化教育领域;②现代远程教育领域;③教育管理和信息化教育队伍培训领域。

上述五大支柱和三大实践领域,是构成中国道路的两个基本要素,是信息化教育的基本内涵。

## 三、逐渐完善,稳步前进

(一)立足本国实际,追踪现实问题

立足本国实际。我们教育技术学科建设的实际状况是怎样的?是否可以用这样一句话来概括:我国教育技术学科建设还处在初期阶段,学科理论大厦的建设,外部结构初具规模,内部安装远未完善。我们已初步建立的本学科的理论体系框架,大体上有两套:一套是主要以美国AECT教育技术1994定义为依据建立的;一套是主要在不断总结本国实践经验的基础上建立的。两套理论框架的建设,都是处于初期阶段,都是外部结构初具规模,内部安装远未完善。这大概就是我国教育技术学科建设的实际。

追踪现实问题。教育技术学科理论建设中的现实问题是什么?我想,前面谈到的五个问题,也就是当前理论建设中的主要现实问题。其中这样两个问题,更值得关注:①教育技术的姓氏问题,究竟姓什么?姓“教”?还是姓“技”?这是一个关乎本学科发展的最根本性的问题,这个问题看似简单,却一直是悬而未决;②教育技术学的基本理论究竟是什么?这也是当前教育技术学理论建设中的一个非常重要的现实问题。

教育技术学科建设要从本国国情出发,着重研究本国实际,总结本国经验,解决本国问题。首先是要研究解决自己的问题(本学科理论研究和实践应用中的问题),他人(他国、他学科)的问题也要研究,研究他人的问题是为了更好地解决自己的问题。不能是对美国教育技术学的发展历史还算清楚,而对本国教育技术学的发展历史却不明白;对建构主义学习理论是什么,尚能回答,对教育技术学的基本理论是什么,却说不出来。

(二)既要借鉴,更要超越

教育技术学科建设,要学习、借鉴他国的优良经验,积极吸收人类的一切先进文明成果,“他山之石,可以攻玉”,对于外国的一切好的东西,可以采取拿来主义,把它“拿来”,但是,不能止于“拿来”,而应在“拿来”的基础上有所创新,使它变成“拿去”,既要借鉴,更要超越。教育技术学科建设的发展,只有通过创新、超越,才能实现。在理论研究界常常可以听到这样一种说法:中国的问题只能由中国人用自己的理论来解决,让外国人来解决中国的问题,是行不通的。马克思主义如果不中国化,能解决中国的问题吗?不能。如果没有马克思主义的普遍真理与中国革命和建设的实际相结合而形成毛泽东思想、邓小平理论,马克思主义同样不能解决中国的问题。这个说法,很有道理。照搬外国的理论来解决中国的问题,是行不通的。为什么我们原封不动地引进美国的AECT1994定义以及建构主义学习理论等,想用此来解决理论建设和课程教学实践中的问题,会遇到困难与困惑,会感受到“水土不服”的尴尬,主要原因是中国的“水土”和美国的“水土”并不是完全一样的。中国的“水土”中蕴含的是重基础、重知识技能学习、重训练的教育传统,AECT1994定义、建构主义学习理论中蕴含的是重智力开发、重个性、重自主性的教育传统。

立足本国实际,追踪现实问题;既要借鉴,更要超越。这是教育技术学科建设:中国道路的两个基本特征。

教育技术学科建设的发展是渐变过程,并非一夜之间实现,要逐步完善,稳步前进。

(原载于《电化教育研究》2006年第1期)

# 我国电化教育理论体系建设的历程和趋势

## 一、三个阶段

我国电化教育理论体系建设,大致经历了三个发展阶段。

(一)打基础阶段(20 世纪 30 年代—70 年代)

从 20 世纪 30 年代起,我国开始了电化教育理论(主要是教育电影理论)的研究,30 年代—40 年代,出现了不少这方面的论文、研究报告和专著。论文、研究报告主要刊载在当时出版的《电化教育》周刊(1936 年,陈友松等创办,共出 6 期)、《电影与播音》月刊(1942 年,金陵大学创办,孙明经主编)等杂志上。专著主要有:徐公美的《电影教育》(上海群学社,1933 年出版)、宋堂亮的《教育电影》(商务印书馆,1936 年出版)、陈友松的《有声的教育电影》(1937 年)、谷建尘的《教育电影》(1937 年)、"教育部社会教育司"编印的《电化教育》(1940 年)、舒新城的《电化教育讲话》(中华书局,1948 年出版)。其中,陈友松的《有声的教育电影》在当时有较大的影响。其内容包括:自序、电影教育之地位、视听教育之总检讨、世界各国电影的现状、教育有声电影之制造、转变教材为声片之手续、鉴别教育电影之标准、视听教育行政、中小学有声电影教育实施、大学电影教育的实施、成人教育电影的实施、视听教育的建筑设计、有声教育电影机器及其选择的标准、参考书目、附录等。这些研究成果,为我国电化教育理论体系建设提供了有益的基础。50 年代—70 年代,电化教育理论研究很少进行,看不到多少有价值的研究成果。

（二）立框架阶段（20世纪80年代—90年代初期）

1981年9月，教育部电化教育局在杭州召开“电化教育”课教学大纲讨论会，制定了“电化教育”课的教学大纲草案，其内容包括：电教理论、电教媒体、电教教材编制、电化教学法、电教管理等几个部分。大纲为电化教育理论体系的建立搭起了最初框架。框架由七论构成：本质论（电化教育的本质）、功能论（电化教育的功能与作用）、发展论（电化教育发展史）、媒体论（现代教育媒体的开发与应用）、过程论（电化教育过程的规律）、方法论（电化教学方法和电化教育科学研究方法）、管理论（电化教育管理与评价）。此后，电化教育的理论大厦主要就是在此框架上建造和发展起来的。

（三）多元发展阶段（20世纪90年代中期以后）

20世纪90年代中期，由于美国AECT教育技术1994定义的引入，以及两项新技术（多媒体技术、网络技术）和两种新理论（建构主义学习理论、教学系统设计理论）介入电教领域，对我国电教界产生了重大影响，使电化教育理论体系建设进入了多元发展阶段。各种电教理论专著和教材，都搭起了自己的理论框架，有的概括为七论（引论、发展论、教育媒体论、教育信息资源论、教学设计论、信息化教学论和远程教育论）（李康）；有的由十三论（绪论、本质论、发展论、课程与目标论、教材论、过程与原则论、方法与模式论、人本论、技能论、资源论、病理论、实践论、未来论）组成（彭绍东）；有的分为三大部分（教育技术哲学、教育技术学的基础理论、教育技术学的应用）（何克抗）；有的由五大支柱（基本理论研究、硬件环境建设、软件资源开发、新型模式建立、有效管理探索）和三大应用领域（学校信息化教育领域、现代远程教育领域、教育管理与信息化教育队伍培训领域）构成（南国农），等等。各种理论体系框架，按其建立的依据，大致可分为两类：一类是主要以美国 AECT 教育技术 1994 定义为依据建立的;另一类是主要在不断总结本国理论研究和实践经验的基础上建立的。目前,两类理论体系框架的建设,都是处于初期阶段,外部结构初具规模,内部安装远未完善。

## 二、当前趋势

当前,电化教育(教育技术)理论体系建设发展的主要趋势:两类理论体系框架交融互补,向重构一个新的有中国特色的电化教育(教育技术)理论体系的方向发展。

两类理论体系框架交融互补的一个明显事例：主要在不断总结本国理论研究和实践经验基础上建立的理论体系框架，积极吸纳了美国教育技术的核心理论——教学设计,作为自己的组成要素;主要以美国 AECT1994 定义为依据建立的理论体系框架,也“结合我国的国情在三方面作了一些扩展:(1)强调现代教育理论的指导和信息技术的支持;(2)把研究对象由学习过程和学习资源扩展为教与学的过程和教与学的资源;(3)强调教育技术的目的是优化教学”。[①]

经过交融互补,两者相同之处日有增多,不同之处日有减少。相同之处:“两者的目的都是要取得最好的教学效果,实现教学最优化;两者在分析、处理问题的方式上也是相同或相近的,都是利用新的技术成果去开发新的学习资源,并采用新的教与学理论、方法去干预教学过程。”[②]不同之处:主要是研究范围有所不同,一个是整个教育领域;一个是有现代技术媒体参与的教育领域。前者的研究范围要比后者广泛得多。

①②何克抗、李文光:《教育技术学》,北京:北京师范大学出版社,2002 年,65 页。

重构新的理论体系，两者可以本着“求同存异”的和谐精神，把“同”的事（共同要做的事），即构建“现代信息技术环境下学与教相结合的电化教育（教育技术）理论体系”，齐心协力先做起来；而把“异”的事（你愿做我不愿做，或我愿做你不愿做的事），即构建“非现代信息技术环境下以学为中心的电化教育（教育技术）理论体系”，暂时“存”下，以后再说。现时日本重构教育工学，“从传统的教育工学，向着重构网络环境下以学习为中心的教育工学发展”①，似乎也是选择这种思路。

长期以来，我国不少电教工作者都在深切盼望着能够建构一个适合中国文化土壤、符合中国实际需要、具有中国特色的电化教育（教育技术）理论体系。可是，这确实是一件不容易的事。我们在这方面也做过一点尝试，有过一些想法，当然是很不成熟的。

我们对重建新理论体系的设想：

（一）新理论体系的建设，应以科学发展观为指导，实现现代教育思想理论与现代信息技术的融合

以科学发展观为指导。科学发展观的精髓是以人为本，强调三个发展：社会全面的发展、协调的发展、持续的发展。以科学发展观为指导，就是我们从事新理论体系建设，要以学生发展为本、以实现全体学生个性的全面发展、协调发展、持续发展为总目标。

实现现代教育思想理论与现代信息技术的融合。即在从事新理论体系建设时，要时刻想到这两个方面，要牢记并实践这个公式：

现代教育思想理论×现代信息技术=成功的电化教育

这个公式告诉我们，在新理论体系中，现代教育思想理论与现代信息技术的关系，是“相乘”的关系，而不是“相加”的关系。相加的关

---

①坂元昂：《重构网络环境下的日本教育工学》，载《中国电化教育》，2006(5)。

系，这两个方面，只要一个方面做好了，得了一百分，另一个方面，即使是零分，其结果也可以是一百分；而相乘的关系是，只有一方面做好了，得了一百分，但另一方面做得不好，得了零分，其结果也会是零分。必须实现两者的融合，同时做好两个方面的工作，才能取得新理论体系建设的成功。

（二）新理论体系的建设，应反映电化教育的本质特征

电化教育的本质特征，可以用这样三句话来表述：(1)电化教育是先进的信息技术与先进的教育理论相结合，应中国教育改革的需要而产生的教育创新；(2)电化教育是中西文化交融的结晶；(3)电化教育是中国接受西方文化，并将其本土化的一个典型范例。[①]这三句话都是原华南师大老师，现在澳大利亚工作的郭琴教授说的。我很赞同郭教授的这个观点。记得我在与她讨论这个问题时曾说，我很赞同您的这个观点，只想在第三句话中增加一个"又"字，即电化教育是中国接受西方文化，并将其本土化的"又"一个典型范例。另一个典型范例是陶行知先生创导的"生活教育"。电化教育源于美国的视听教育，而又不同于美国的视听教育，它以现代教育媒体的研究和应用为核心；陶行知的生活教育，源自美国杜威的进步教育，而又不同于杜威的进步教育。杜威的进步教育的基本观点：教育即生活、学校即社会、从做中学。陶行知的生活教育的基本观点：生活即教育、社会即学校、教学做合一。他把杜威的教育主张翻了半个筋斗。

（三）新理论体系的内容结构

新理论体系由六论组成，包括：总论（信息化教育的概念、信息化教育的功能、信息化教育的发展）；基础论（信息化教育媒体理论、信息化教育过程理论、信息化教育系统优化理论）；技术论（信息化硬件

---

①郭琴：《创新推广与电化教育》，载《电化教育研究》，2006(9)。

环境建设、信息化软件资源开发、信息化教学系统设计);模式论(信息化课堂教学模式、现代远程教育模式、信息化环境下自主、协作、探究学习模式);方法论(信息化环境下学习方法、信息化环境下教学方法、信息化教育研究方法);管理论(信息化教育管理体制、信息化教育专业建设、信息化教育评价)。

(四)新理论体系的名称叫"信息化教育理论体系"

信息化教育也就是信息时代的电化教育。采用这个名称,既可保持中国特色,又可凸显时代的特征。新时代的核心特征是信息化,这已是人们的共识。

(原载于《中国电化教育70年纪念文集》,中央电化教育馆编,中央广播电视大学出版社,2006年出版)

# 信息化教育理论体系的形成与发展

## 一、什么是信息化教育

(一)信息化教育=电化教育

信息化教育就是电化教育,是信息时代的电化教育。它具有电化教育原有的各种特征:

1. 信息化教育是有现代技术媒体参与的教育,没有现代技术媒体参与的教育不是信息化教育。

2. 信息化教育姓“教”,不姓“技”,它是属于现代教育范畴的一种新的教育方式。它不只是一种新的教育方法,不只是一种新的教育内容传递形态,不只是一种新的教育组织形式,而且是所有这些的综合,是一种新的教育方式。

3. 信息化教育是现代教育思想理论与现代信息技术相结合的产物。它的完整公式:

现代教育思想理论×现代信息技术=信息化教育

4. 信息化教育以现代教育媒体的研究和应用为核心。

5. 信息化教育是一门学科,一项事业,也是一种产业。

6. 信息化教育的服务对象是各种教育:幼儿教育、普通教育、高等教育、职业教育、成人教育、特殊教育、继续教育等。

7. 信息化教育系统是一个大系统,由四个子系统组成:普通学校信息化教育系统、高等学校信息化教育系统、成人教育信息化教育系统、现代远程教育系统。

8. 信息化教育工作者不是单纯的媒体服务员，而是教育革新者，他们的使命不仅是支持和服务教学、教育，而更是改革和发展教学、教育。

这八点特征都是电化教育原有的。在这八点特征里，需要人们特别注意的是第三点，就是那个公式，这是信息化教育的最本质的特征。

第三点特征就是那个公式：现代教育思想理论×现代信息技术=信息化教育。

那个公式是怎样形成的？

20 世纪 80 年代中期，在我国电教实践领域，出现了这样一些现象：有些课堂教学，虽然使用了现代技术媒体（电影、投影、幻灯、录音、电视），但没有多少积极效果；有些开发的教学软件，只是从制作室进入贮藏室，而进不了教室，在教学上使用价值不高，不受师生欢迎。这是为什么？人们经过深入的思考、研究，得出的结论：原因是多方面的，其主要原因是缺乏先进的教学理论指导。要想取得成功的电化教学，光有先进的技术媒体的支持是不够的，还要有先进教学理论的指导。在有了这个想法和认识后，如何来进行表述呢？在思考这个问题时，想起诺贝尔医学奖获得者罗杰尔·斯佩里关于人脑的“两轮说”，他说：人脑的两半球（左脑和右脑），好像一辆车子的两个轮子，只有两轮同步运转时，车子才能前进。这个道理很清楚，车子的两个轮子如果不同步运转，右轮不动，只有左轮转，车子能前进吗？不能，只能在原处打圈子。人的大脑也是如此，只有左右脑协同运作，才能发挥出它的聪明才智。在“两轮说”的启发下，我提出了“两翼说”或“两只翅膀理论”：电教要发展、要腾飞，要靠两只翅膀，一只翅膀飞不起来，两只翅膀才能腾飞。电化教育要成功，必须要有现代教育思想理论的指导，必须要有现代技术媒体的支持，两者不能缺一，否则，难得成功，并把这个说法公式化，便产生了那个公式。最初是以加法来表达的，即现代教育思想理论+现代教育媒体=电化教育。很快发现这样不妥，不利于改变当时存在的“重技轻教”的状况，因而改成用乘法来表达。因为，如果用加法，两者的关系是相加的关系，只要把一方面的工作做好，比如技术支持做得出色，得了一百分，另一方面的工作即使是得了零分，其结果还可以是一百分，还可以是优秀。而用乘法，两者的关系是相乘的关系，即任何一方为零，结果都会是零，必须同时做好两方面的工作，实现两者的融合，才能取得成功的电化教育。

以上是那个公式的简略形成过程。

那个公式是何时提出的？

1987 年在广州举行的“教育理论与技术研讨会”上，让我做主题发言。在那次会议的发言中，我第一次谈到了那个公式，并做了简略的介绍。那个公式从 20 世纪 80 年代提出，到现在已有 20 多年，仍在继续使用，只是在文字表达上有点改变。1995 年，将“现代教育媒体”改为“现代教育技术”，2004 年又改为“现代信息技术”，而实质并没有变，都是先进技术媒体的教育应用。我想那个公式在今后学科理论体系的重构中，仍将会有着意义，发挥一定的作用。

(二)信息化教育≠教育技术

这是两个不同的概念，它们的主要区别：

1. 概念产地不同

教育技术(Education Technology)是一个引进的概念，是 20 世纪 80 年代由美国引进的。

信息化教育是一个国产概念，是 21 世纪初随着教育信息化建设的开展、网络教育的兴起在我国出现的。

2. 研究对象不同

教育技术,是学习过程和学习资源的设计、开发、利用、管理与评价。

信息化教育,是现代信息技术环境下的学习过程和学习资源的设计、开发、利用、管理与评价。

3. 运行要求不同

信息化教育,必须运用现代信息技术,必须在现代教育思想指导下进行。

教育技术,没有这个要求。

4. 发展路线不同

教育技术是遵循美国教育技术走过的路线,由偏重媒体的研究到偏重教学设计的研究。从学科发展角度来看,这是一条走进普通教学论和教育学的路线。美国当代教育技术领域最有影响力的学术人物,如罗伯特·加涅(Robert Gagne)、戴维·梅瑞尔(David Merrill)、戴维·乔纳森(David Jonnassen)等,几乎都是教学理论的著名学者。中国教育技术的发展,如果采取美国的路线,是否会走进普通教学论和教育学,而自我消亡? 值得关注和深入思考。

信息化教育始终是以现代教育媒体的研究和应用为核心,这是一条走出普通教学论和教育学的发展路线。作为学科,它现在是教育学一级学科下的二级学科,但是,它在朝着把自己建设为教育学门类的另一个一级学科的方向发展(教育学门类现有三门一级学科:教育学、心理学、体育学)。

目前,国务院学位委员会、教育部正在修订学位授予和人才培养学科目录,决定对现行学科门类和一级学科目录进行修订,进一步完善学科体系。已通知有关单位和高校提出修订意见、建议,并接受各单位提出的修订申请、调整建议。有不少高校正在准备提出修订意见或调整建议。华南师大、北京师大和西北师大都准备提出一级学科调整建议书,建议增设"教育技术学"(或更名为"信息化教育学")一级学科。在讨论这个问题时,我曾经谈了一点自己的看法。我认为,教育技术学(信息化教育学)已经具备了作为一级学科的基本条件:

它具有确定的研究对象。现代信息技术环境下的学习、教学与教育,基本具备了自成体系的理论、知识基础和研究方法。

它有着若干可归属的二级学科。如教育技术基本理论、教育信息工程、学校信息化教育、社会信息化教育、现代远程教育等。

它有着一个相当完善的人才培养体系和保障系统。目前,我国高校已有教育技术学本科专业 224 个,硕士点 83 个,博士点 8 个,博士后流动站 6 个。中国教育技术协会,现有 28 个专业委员会,成员覆盖了四大领域:高等教育、基础教育、职业教育、成人教育。教育技术期刊,现有 20 多种,学术地位日益提升。目前,我国教育期刊 528 种,其中核心期刊 37 种,教育技术类期刊占 6 种(《电化教育研究》《中国电化教育》《中国远程教育》《开放教育研究》《现代教育技术》《远程教育杂志》)。

更重要的是它有着不同于普通教育学的特殊培养目标。它所培养的是教育战线上的"二炮"战士,是掌握了现代信息技术、具有先进教育理念和道德情操的教育改革者。信息社会对这种人才将会有越来越大的需求。增设"教育技术学"一级学科,也是时代的需要。

## 二、理论体系框架的建立与改造

### (一)理论体系框架的建立

信息化教育就是电化教育,其理论体系的最初框架是 20 世纪 80 年代形成的。1981 年 9 月,教育部电化教育局在杭州召开"电化教育"课教学大纲讨论会,制订了"电化教育"课的教学大纲草案,其内容包括电教理论、电教媒体、电教教材编制、电化教学法、电教管理等几个部分。大纲为电化教育理论体系的建立搭起了最初框架。框架由七论构成:本质论(电化教育的本质)、功能论(电化教育的功能与作用)、发展论(电化教育发展史)、媒体论(现代教育媒体的开发与应用)、过程论(电化教育过程的规律)、方法论(电化教学方法和电化教育科学研究方法)、管理论(电化教育管理与评价)。此后,电化教育的理论大厦主要就是在此框架上建造和发展起来的。

(二)理论体系框架的改造

20 世纪 90 年代中期,由于美国 AECT 教育技术 1994 定义的引入以及两项新技术(多媒体技术、网络技术)和两种新理论(建构主义学习理论、教学系统设计理论)介入电教领域,对我国电教界产生了重大影响,使电化教育理论体系建设进入了多元化发展阶段。各种电教理论专著和教材,都搭起了自己的理论框架,有的概括为七论(引论、发展论、教育媒体论、教育信息资源论、教学设计论、信息化教学论和远程教育论)(李康),有的由十三论(绪论、本质论、发展论、课程与目标论、教材论、过程与原则论、方法与模式论、人本论、技能论、资源论、病理论、实践论、未来论)组成(彭绍东),有的分为三大部分(教育技术哲学、教育技术学的基础理论、教育技术学的应用)(何克抗),有的分作三篇(活动篇、讲座篇、资源篇)(祝智庭、钟志贤)或教育技术基本理论、学习资源开发与应用、教学过程设计与评价(张剑平),有的由五大支柱(基本理论研究、硬件环境建设、软件资源开发、新型模式建立、有效管理探索)和三大应用领域(学校信息化教育领域、现代远程教育领域、教育管理与信息化教育队伍培训领域)构成(南国农),等等。各种理论体系框架,按其建立的依据,大致可分为两类:一类主要是以美国 AECT 教育技术 1994 定义为依据建立的;另一类主要是在不断总结本国理论研究和实践经验的基础上建立的。目前,两类理论体系框架的建设都是处于初期阶段,外部结构初具规模,内部安装远未完善。

## 三、新理论体系的重构

重构新的理论体系是本学科理论研究的第一主题。如何重构?需要解决以下几个紧迫问题。

### (一)新理论体系的逻辑起点是什么

关于逻辑起点问题，这是近两年来我国教育技术学界广泛关注的一个热点问题。有各种各样的逻辑起点观:桑新民认为,主要有三种逻辑起点观:媒体起点观、学习起点观、借助媒体的学习起点观;[①]何克抗认为,有十种较有代表性的逻辑起点观,并作了评析;[②]刘瑞德、黄荣怀认为,国内有影响的逻辑起点观有 13 种,并作了详细分析;[③]汪基德认为,关于教育技术学的逻辑起点至少有 15 种观点,并对其中主要的 9 种作了评析。[④]我认为,新理论体系的逻辑起点应该是:现代信息技术环境下的学习、教学和教育。

### (二)对前一时期理论研究的反思:存在哪些问题

境外华人学者关于国内教育技术研究的“意见书”中提出的问题有:题目过大多,内容充实少;表面议论多,科学方法少;提出原则多,

①桑新民:《现代教育技术学基础理论创新研究》,载《中国电化教育》,2003(9)。

②何克抗:《关于教育技术学逻辑起点的论证与思考》,载《电化教育研究》,2005(11)。

③刘瑞儒、黄荣怀:《也谈教育技术学科的逻辑起点》,载《电化教育研究》,2006(8)。

④汪基德:《中国教育技术学的发展与反思》,北京:中国社会科学出版社,2008 年。

可操作的少；提出误区多，解决办法少；名词概念多，问题解决少；引用他人多，注明出处少；介绍别人多，自己观点少；提出模型多，能实现的少。对这“八多八少”问题，值得思考。

我看存在的问题，主要是两方面的问题：

1. 研究态度问题。

主要是：重他轻我。

表现一：重他国，特别是美国教育技术理论的研究；轻有中国特色的教育技术理论的探讨。有些人对美国教育技术学的发展线索还算清楚，而对本国教育技术学的发展历史却不明白。

表现二：重其他相关学科的理论研究，轻本学科自身的理论研究。有些人对建构主义学习理论是什么尚能回答，对教育技术学的基本理论是什么却说不出来。据刘美凤博士统计，截至2001年，在北京师范大学和华南师范大学已毕业的教育技术学专业的硕士和博士学位论文中，关于教育技术学自身的研究论文数量非常少，分别占所有论文总数的5.9%和2.4%。两校合起来，关于教育技术学自身问题的研究论文占全部论文的4.9%。[①]理论研究的多样化是需要的，而“重他轻我”现象则是不好的。

2. 研究方法问题。

不善研究，首先是不善选题。

在选题方面存在的较为普遍的问题有两个：

(1)喜大嫌小，追求大而全，非小而深，研究成果往往使人产生“一厘米深，一英里宽”的感觉。

(2)关注社会太少，贴近教改不够，不重视针对性和直接社会效

①汪基德：《中国教育技术学的发展与反思》，北京：中国社会科学出版社，2008年。

益原则。为什么我们辛辛苦苦搞出的科研成果，常常得不到社会的认可、人们的欢迎，产生不了效益，其主要原因就在这里。

在选择和确定研究选题方面，美国人和我们有所不同。1991 年，我去美国访问，参观了几所大学正在举行的学术研讨会（一般是由研究生做主题发言，介绍他们的研究成果，然后大家围绕主题研究讨论）。他们研讨的主题是什么？下面是我所看到的情况。

一是："学童午餐含脂肪量问题"（教育学系）。

美国小学每天为学生提供一顿免费午餐。据说，许多家长和社会人士认为学校提供的学生午餐含脂肪量过高，要求学校改进。应该如何改呢？学童午餐应包含多少水果、蔬菜、肉类、谷类才有利于儿童的发展？他们正在探讨这个问题。

二是："死亡牌香烟畅销的原因"（传播学系）。

美国市场上，1991 年，非常流行一种"死亡牌"香烟，这种香烟包装设计奇特，图案是一具大骷髅头加上两根交叉白骨，烟盒另面印着这样的警句："如果你不吸烟就不要学着吸，如果你已经吸了，那么就戒掉它。"这种烟售价两元与其他牌子的香烟同价，而且不做广告。为什么畅销？他们在研究人际传播与媒介传播效能问题。

三是："垃圾学的对象和范围"（环境管理系）。

据说，美国人每年要制造二亿吨垃圾，垃圾的处理问题已经成为关系到许多城市的市容市貌、市民健康和城市发展的严重社会问题，因此引起了人们的关注和研究。20 世纪 90 年代初美国经济不景气，三千多所大学，每年都有几所关闭，却在环境管理系新增垃圾学专业。

四是："为什么 80 年代以来中国大陆农村的送礼风气有增无减？"（社会学系）

美国一所大学的"中国问题研究中心"举行的学术研讨会上，一位博士研究生在宣读他所作的以此为题的研究论文提要，供大家讨论。据说,他的那篇论文是在我国东北农村经过两个多月的调查基础上完成的。

从以上可以看到，美国人的研究题目多比较具体，比较小而微观,他们在选择和确定研究选题时,很是重视针对性和直接社会效益原则,他们认为,适应社会需求,讲求社会效益,特别是直接社会效益,才会受到社会的欢迎,体现旺盛的生产力。我们在这方面是重视不够的。

我们进行理论研究,确定选题一般应从两点出发:学科发展与社会需求,注意选择当前热点问题,小一点的问题。团队搞课题可以大一点。

缺态度和缺方法,这是我们过去研究中存在的两个问题。最近钟志贤写了一篇文章《方法还是态度》,[①]认为,当前教育技术学研究存在的问题,主要不是研究方法问题,而是科学研究态度不端,必须重视端正研究态度，才能推动教育技术研究的发展。这个观点颇为有理。不久前,教育部发出《关于严肃处理高等学校学术不端行为的通知》(《中国教育报》,2009 年 3 月 20 日),“学术不端行为”也是科学研究的态度问题。通知列举了必须严肃处理的七种高校学术不端行为:一是抄袭、剽窃、侵吞他人学术成果。自从媒体爆出院士被投诉“抄袭剽窃”的新闻,全国震惊! 上月,中国教育技术协会期刊专业委员会在金华召开了 2009 年年会,会上着重讨论了这个问题,许多期刊都发现在已发表的文章中,有着涉嫌抄袭问题。《电化教育研究》经网上搜索 2008 年至 2009 年第 4 期已发文章中,涉嫌抄袭的有 6 篇,抄袭内容有的高达 90%。会议讨论了处理办法:公开披露、通知作者作出检

①钟志贤:《方法还是态度》,载《电化教育研究》,2009(6)。

查等。希望引起重视。

(三)如何寻求指导思想和理论基础

关于指导思想:我认为,重构新理论体系,应以科学发展观为指导思想,以“和为贵,和而不同,求同存异”为总原则,以“你我不同,你我都好”为发展理念。

什么是科学发展观?科学发展观的精髓是以人为本,强调三个发展:全面发展、协调发展、持续发展。以科学发展观为指导,就是我们从事新理论体系建设,要以学生为本,以实现全体学生个性的全面发展、协调发展、持续发展为总目标

什么是“和为贵,和而不同,求同存异”?

“和”是中国文化的基本价值取向和基本精神。

“和而不同,求同存异”是当今世界人们解决难题的有效处方。“和而不同”的内涵是:“和谐而又不千篇一律,不同而又不互相冲突,和谐以共生共长,不同以相辅相成”。目前,人们处理中西文化关系问题时的一种做法,可以说是运用这种处方的一个典型案例。

中西文化之同:都是推崇以人为本的精神。

中西文化之异:中华文化更重视个人义务,更重视家族血缘和集体,提倡集体主义;西方文化更重视个人权利,提倡个人主义。

处方:既要继续发扬个人义务的传统,也要借鉴西方文化,尊重个人权利,实现中华文化与西方文化之交融互补,协调发展。

我们也可以遵循这个原则,采取上述做法去解决本学科建设发展中的一些问题。

关于理论基础:在寻求理论基础的过程中,以下两点值得重视。

(1)应多一点关注从我国古代儒家、道家、法家和近代陶行知等的教育思想中,去吸取智慧。过去,在这方面我们是做得很不够的。我们对自己祖先的宝贵遗产、精神财富关注得太少了,知道得太少了,

研究得太少了。近几年来,这种现象逐渐有所改变,在我们教育技术学界,有一批同仁已开始重视了这方面的工作并取得了一些研究成果,如:何克抗的《当代教育改革路在何方——孔子教育思想给我们的警示》,马周周的《〈庄子〉蕴含的教育技术思想探秘》,石冉冉、胡培培、张增荣的《陶行知先生与电化教育》,沈书生的《陈鹤琴的教育技术思想与实践》等。我们应该向他们学习。在寻求理论基础的过程中,多一点关注从我们自己祖先的宝贵精神财富中去吸取营养。

(2)对西方有关理论,应多一点关注五种教与学理论(多元智能理论、建构主义学习理论、混合学习理论、创新推广理论、最小代价与绩效理论)的研究与应用,并做好本土化工作。

(四)什么是重构新理论体系的新思路

当前,重构新理论体系,首先要做的事情:实现前面所说的两类理论体系框架的交融互补。其实这项工作前几年就已进行,一个明显事例:主要在不断总结本国理论研究和实践经验的基础上建立理论体系框架,积极吸纳了美国教育技术的核心理论——教学设计,作为自己的组成要素;主要以美国AECT1994定义为依据建立理论体系框架,也"结合我国的国情在三方面做了一些扩展:(1)强调现代教育理论的指导和信息技术的支持;(2)把研究对象由学习过程和学习资源扩展为教与学的过程和教与学的资源;(3)强调教育技术的目的是优化教与学"。①

经过交融互补,两者相同之处日有增多,不同之处日有减少。相同之处:(1)目的都是实现教学优化;(2)分析处理问题方式都是利用新的技术成果去开发新的学习资源,并采用新的教与学理论、方法,去干预教学过程。不同之处:主要是研究范围有所不同,一个是,一切

①何克抗、李文光:《教育技术学》,北京:北京师范大学出版社,2002年。

学习过程和学习资源;一个是,现代信息技术环境下的学习过程和学习资源。前者的研究范围要比后者广泛得多。

弄清了两类理论体系框架的相同之处与不同之处,然后,遵循"你我不同,你我都好"的发展理念,本着"求同存异"的和谐精神,把"同"的事(共同要做的事)——构建"现代信息技术环境下学与教相结合的教育技术(信息化教育)理论体系",齐心协力先做起来;而把"异"的事(你愿做我不愿做,或我愿做你不愿做的事)——构建"非现代信息技术环境下以学为中心的教育技术理论体系",暂时"存"下,以后再说。现时日本重构教育工学——"从传统的教育工学,向着重构网络环境下以学习为中心的教育工学发展",似乎也是选择这种思路。

关于新理论体系的内容结构,我们的设想是由六论组成:总论(信息化教育的概念、信息化教育的功能、信息化教育的发展),基础论(信息化教育媒体理论、信息化教育过程理论、信息化教育系统优化理论),技术论(信息化教育硬件环境建设、信息化教育软件资源开发、信息化教学系统设计),模式论(信息化课堂教学模式,现代远程教育模式,信息化环境下自主、协作、探究模式),方法论(信息化环境下学习方法、信息化环境下教学方法、信息化环境下教育研究方法),管理论(信息化教育管理体制、信息化教育专业建设、信息化教育评价)。

(原载于《电化教育研究》2009 年第 8 期)

# 教育技术理论体系的重构:路线图

当前，我国教育技术研究已进入一个重要发展时期——理论体系重构时期,我们正站在十字路口。如何重构?需要广大教育技术学人共同努力,深入探讨。这里,我想谈谈个人设想的一张路线图(如图1所示),向各位同仁请教,不当之处请予指正。这张路线图由五个部分组成。

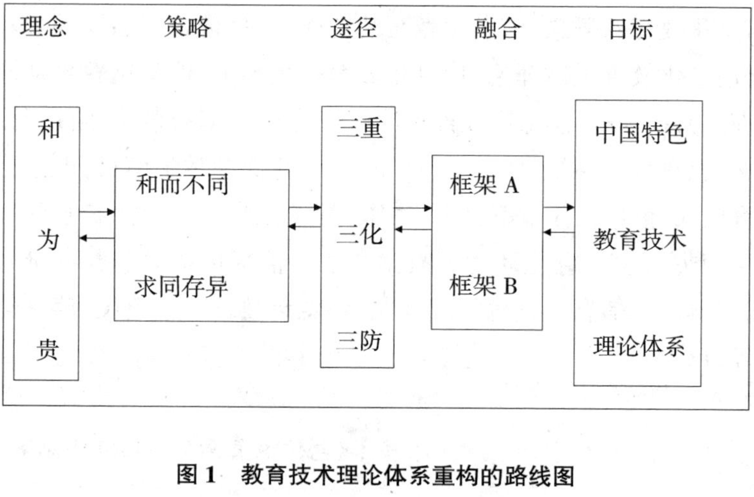


**图1　教育技术理论体系重构的路线图**

## 一、理念

建立一种理念,用作重构工作运行时需遵循的基本原则。要建立一种什么样的理念呢？我想到的是我国古代儒家的“和为贵”。[①]为什么有此想法？因为：

第一，“和”是我的人生追求。在我的人生中，很是信奉儒家的“中庸之道”，推崇蔡元培的“兼容并包”，不赞同走极端，搞你死我活的斗争。我相信人们所说的这样的话：采取你死我活的斗争方式，结果更多的会是谁也死不绝，谁也活不好。“和”即和平、和谐、和善、中和等，是“人间最为美好的品德”，[②]是我的人生追求。

第二，“和”是世界人民的心愿。2008 年北京奥运会开、闭幕式震惊世界，张艺谋因此获得了美国坡士顿大学授予的名誉博士荣衔。为什么震惊世界？为什么授予张以荣衔？是由于他善于运用多媒体技术的高超本领？不是或不主要是。而主要是他利用高科技凸显“和”字的创意，由于他的创意实现了高科技与高人文的融合，适应了当今人们面对生存挑战的普遍需求，满足了世界人民的心愿。

第三，“和”是解决理论争端的有效处方。任何理论都有其长处和不足。和平竞争、交融互补、共同发展，是当前理论体系建设发展的潮流。

## 二、策略

策略即重构工作运行时需采取的基本方法。对此，我想到的是“和而不同，求同存异”。

什么是“和而不同，求同存异”？人的思想、观点、行为习惯各有不同，和谐相处，不一定要样样强求一律，可以求同存异。温家宝总理对

---

①《论语·学而》。

②于淮仁：《立身处世的学问——〈论语〉成语典故箴谏名言解》，兰州：甘肃教育出版社，2008。

这个问题作了很好的诠释。2003 年 12 月 10 日，他在美国哈佛大学发表的演讲中说："'和而不同'，是中国古代思想家提出的一个伟大思想。和谐而又不千篇一律，不同而又不彼此冲突；和谐以共生共长，不同以相辅相成。用'和而不同'的观点观察、处理问题，不仅有利于我们善待友邦，也有利于国际社会化解矛盾。"

"和而不同，求同存异"，现在越来越多的人们都把它看作解决难题的理想策略。我想，采取这个办法来处理重构工作中的一些问题，可能会是一个明智的选择。

## 三、途径

重建工作主要通过三个途径进行，也就是说，在理论体系的重构中，要特别关注三个方面的研究：三重、三化、三防。

(一)三重

要多一点关注三个重点的研究：基础、前沿、特色。

1. 基础即学科的三基：基本概念、基本理论、基本方法。特别是学科自身三种基本理论(现代教育媒体理论、现代媒传教育理论、现代教学设计原理与方法)的研究，要更多关注。

2. 前沿学科的最新发展和发展中的问题。当前，教育技术理论研究的新发展：(1)理论基础研究的新发展。有两点值得注意：①研究焦点的转移：由建构主义学习理论转向混合学习理论。②心理学取向的一统天下被打破，传播学研究在复苏。(2)研究领域的新发展。研究领域在扩张：由偏重学校教育到同时关注社会教育。(3)研究心态的新发展。依附心在削弱，自信心在提升。言必"94 定义"的时代基本过去，走自己道路的呼声日益增强。

发展中的问题。主要是两个方面的问题：(1)理论建设方面。名称、定义、定位、起点、理论体系等问题。(2)实践应用方面。①如何把教育领域信息技术应用的潜能和效益充分发挥出来？②什么是能够真正把互联网与教学、教育结合在一起的好办法？③什么是医治网络疾病的有效处方？

3. 特色即学科的特性。教育技术的中国特色是三个强调：(1)强调以现代教育媒体的研究和应用为核心。(2)强调现代教育思想理论的指导。(3)强调实现现代信息技术与现代教育思想理论的融合。这是中国的教育技术与美国的教育技术、日本的教育工学明显不同的地方。

中国的教育技术与美国的教育技术不同，主要表现在三个方面：研究取向、研究重心、研究范围。在研究取向上，中国重学科建设，美国重问题研究。在研究重心上，中国以现代教育媒体的研究和应用为核心，美国以学习过程和教学设计的研究和应用为核心。在研究范围上，中国关注现代信息技术环境下的学与教的理论和实践，美国关注学习过程和学习资源的理论和实践。

(二)三化

要多一点关注三化的研究。

1. 中华传统文化经典的现代化

在理论体系的重构中，要多一点关注中华传统文化经典的学习、研究和使之现代化的探索，多一点关注传承自己祖先的宝贵遗产、精神财富。过去，我们在这方面关注得确实太少了。中科院院士杨叔子在担任华中理工大学校长时，要求所有博士研究生必须会背《论语》前七篇，否则不能进行论文答辩。这个做法，虽曾引发一些质疑，但人们也在思考它对研究生培养的意义。我们在从事新理论体系建构时，可以从有关中华文化经典(特别是教育经典)中，去摘取其精华部分，如孔子的"有教无类""因材施教""教学相长""学思结合"；蔡元培的"五育并重"；陶行知的"教学做合一"，等等，并赋予现代意义，把这些融入新理论体系中,使之成为组成部分之一。

这项工作,近年来在我们教育技术学界已开始受到人们的关注,并出现了一些研究成果,如何克抗的《当代教育改革路在何方——孔子教育思想给我们的警示》,马周周的《〈庄子〉蕴含的教育技术思想探秘》,石冉冉、胡培培、张增荣的《陶行知先生与电化教育》,沈书生的《陈鹤琴的教育技术思想与实践》等。我们应向他们学习,希望有更多的人去做这项工作。

2. 有关西方理论的中国化、本土化

在理论体系的重构时,需要学习、借鉴西方有关理论,特别是其中的五种学与教理论(多元智能理论、建构主义学习理论、混合学习理论、创新推广理论、最小代价与绩效理论)应多一点关注,因为,它们对新理论体系的建构,有着较直接的意义。

学习、借鉴西方有关理论是必要的,但是,不能照搬照抄,要十分重视做好西方有关理论中国化、本土化工作。要学习、借鉴,还要超越、创新。

3. 学科本身基本理论的细化、深化

我们只是初步提出了本学科的三种基本理论,而对其内涵、结构、功能、作用等的研究很不系统、全面、深入,需要进一步做好细化、深化的工作。

(三)三防

要多一点关注三防的研究。

1. 西方中心,依附理论

西方中心主义的基本观点:一种研究,如果与西方理论方法有差异,不符合西方的学术规范、价值标准,没有大量引用西方学者的论点,就是非科学的、不成熟的,失去对本土文化的自信,崇尚流行于西方的潮流。

教育依附理论是20世纪70~80年代在国外兴起的，它的基本观点是发展中国家对发达国家在教育和学术领域存在不可避免的依附甚至依赖，这样一种文化和学术领域的“国际格局”短时间不可逆转。[①]

经过对20世纪90年代教育技术理论研究的反思，我们不得不说，在我国教育技术理论研究领域是存在“西方中心”、“依附理论”的影响的。在从事新理论体系的建构时，我们应注意防止和消除这种影响。

2. 浅尝辄止

略微尝试一下就停止，不肯下功夫深入钻研，对国内外教育名著和思想理论的学习、研究都有这种现象，满足于一知半解。在有些课题研究成果中，也可发现这种问题，网上有文章说：“中国的教育技术研究，一厘米深，一英里宽”(《对中日论坛胡言乱语》)，这话不一定合适，但值得思考。

3. 学术腐败

主要表现为抄袭、剽窃、侵吞他人学术成果。2009年7月10日，中国科协在北京发布的《第二次全国科技工作者状况调查报告》中说：“调查发现，过半数(55.5%)科技工作者表示确切知道自己周围的研究者有过至少一种学术不端行为。”[②]自从媒体爆出院士被投诉“抄袭剽窃”的新闻后，全国震惊。教育部于2009年3月20日发出《关于严肃处理高等学校学术不端行为的通知》，要求对七种学术不端行为，必须采取切实措施加以解决，绝不姑息。在从事新理论体系建构

①潘懋元、陈兴德：《中国高等教育学科建设之路》，载《中国教育报》，2004年9月3日第4版。

②《今日关注》，《中国教育报》，2009年7月10日。

时,一定要防止学术腐败现象的发生。

## 四、融合

新理论体系的重构,是在已有的研究基础上进行的,不是重新开始。我国教育技术理论研究,是20世纪80年代初在实践的呼唤下开始兴起的。大致经历了三个发展阶段。

20世纪80年代到90年代初,是我国教育技术理论研究的开辟时期。在这个时期的十多年里,经过广大教育技术学人的辛勤耕耘,取得了不少成绩,不论在基础研究、应用研究或发展研究方面,都产出了一批有一定价值的成果。

90年代中期到新世纪初,是我国教育技术理论研究的多元发展时期。研究的问题、观点和方法都呈现出多样化的特点。在这段时期,主要形成了两类理论体系框架:一是,主要以美国AECT教育技术1994定义为依据建立的理论体系框架;另一是,在不断总结本国理论研究和实践经验的基础上建立的理论体系框架。

新世纪后,从2005年起,我国教育技术理论研究进入重构时期。如何重构有中国特色的教育技术理论体系,是这一时期理论研究的第一主题。

进入新世纪以来,我国教育技术理论体系建设出现一种新的发展趋势:两类理论体系框架交融互补,向重构一个新的理论体系的方向发展。一个明显的事例:主要在不断总结本国理论研究和实践经验的基础上建立的理论体系框架,积极吸纳了美国教育技术的核心理论——教学设计,作为自己的组成要素;主要以美国AECT教育技术1994定义为依据建立的理论体系框架,也“结合我国的国情在三方面作了一些扩展:(1)强调现代教育理论的指导和信息技术的支持;(2)把研究对象由学习过程和学习资源扩展为教与学的过程和教与学的资源;(3)强调教育技术的目的是优化教学”①。

当前理论研究的首要任务:遵循“和为贵”的理念,采取“和而不同,求同存异”的策略,主要通过“三重”“三化”“三防”三种途径,促进已有两类理论体系框架的更多融合。

## 五、目标

建构一个适合中国文化土壤、符合中国实际需要,具有中国特色的新理论体系。

(一)新理论体系的基本特征

1. 以现代教育媒体的研究和应用为核心。现代教育媒体,指教育教学中应用的电子技术媒体如幻灯、投影、录音、电影、电视、录像、计算机、网络以及由它们组合成的多媒体系统。新理论体系不排斥传统教育媒体(粉笔、黑板、书本、挂图、模型、实物教具等),但不专门研究传统教育媒体及其教学、教育中的应用。

2. 新理论体系是现代教育思想理论与现代信息技术相融合的产物。新理论体系的建设,必须有现代信息技术的参与,必须在现代教育思想理论指导下进行,必须同时做好这两方面的工作,才能取得成功。

3. 同时关注学习者认知、情感、动作技能的发展。新理论体系不仅关注学习者的认知发展,而且同时关注认知、情感、动作技能三大领域的协调发展。

4. 同时为学校教育、家庭教育、社会教育的改革与发展服务。新理论体系不仅为改革与发展学校教育服务,而应是为多种教育(包括

①南国农:《我国电化教育理论体系建设的历程和趋势》,载《中国电化教育70年纪念文集》,北京:中央广播电视大学出版社,2006年。

家庭教育、社会教育)的改革与发展服务。

(二)新理论体系的内容结构

我曾经在一篇文章里,谈了对重构新理论体系的设想。[①]新理论体系由六论构成,其内容结构如图2。

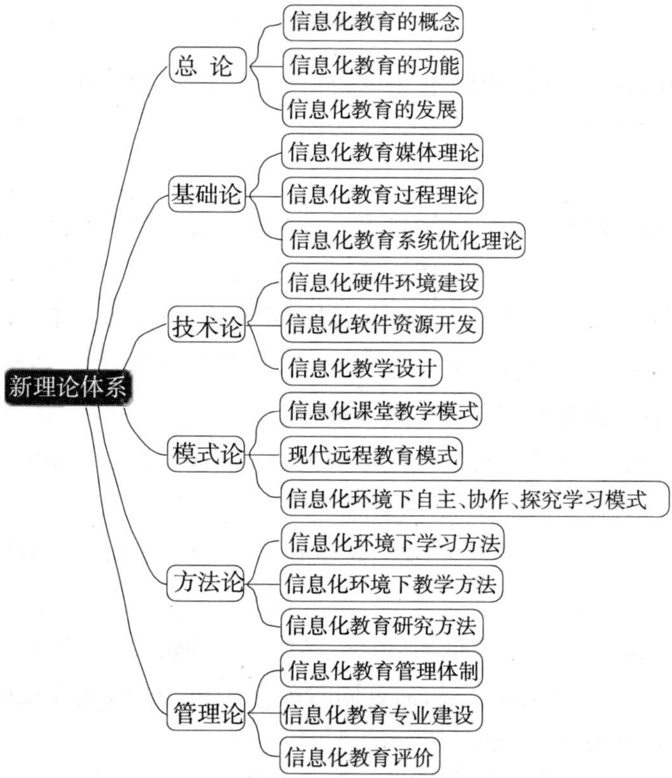


**图2 新理论体系的内容结构**

①南国农:《我国电化教育理论体系建设的历程和趋势》,载《中国电化教育70年纪念文集》,北京:中央广播电视大学出版社,2006年。

(三)新理论体系的名称:信息化教育理论体系

信息化教育就是信息时代的电化教育,它植根于中国文化土壤,符合中国实际需要。采用这个名称,既可保持中国的特色,又可凸显时代的特征。新时代的核心特征是信息化,这是人们的共识。

(原载于《现代教育技术》2010 年第 4 期)

# 教育技术学科究竟应该怎样定位

## 一、33年(1979—2012年)的历史答卷

我国教育技术领域关于学科定位问题的讨论，大致经历了三个发展阶段。

(一)1979—1994年:电化教育姓“教”不姓“电”

我国对教育技术(当年叫电化教育)定位问题的讨论,最早可追溯到20世纪70年代末、80年代初。1979年6月—8月,由教育部电教局委托西北师范学院举办的“首届全国电化教育研讨班”①上,1981年9月教育部电教局在杭州召开的“电化教育课程教材讨论会”②上,1982年9月到1983年1月由教育部电教局委托西北师范学院举办的“全国高等师范院校《电化教育》课教师进修班”③上,1983年7月,教育部电教局在长春东北师大召开的“全国高等师范院校《电化教育》课研讨会”④上,都讨论过这个问题。当时对这个问题的讨论,是伴随着对电化教育的性质、研究对象和范围的讨论进行的。参加讨论的学校主要是高等师范院校——北京师范大学、华东师范大学、南京师范大学、华中师范大学、华南师范大学、东北师范大学、陕西师范大学、西北师范大学等,也有几所非师范院校,如上海外国语学院、南京

①②③④《中央电化教育馆大事记(1978—2008)》,北京:中央广播电视大学出版社,2008年。

大学、西安交通大学、第四军医大学等。参加讨论的人员除各院校代表外，还有一些老电教工作者——孙明经、廖太初、肖树滋、南国农、高汝淼、舒泽湖等。在那几次研讨会上形成两类基本观点。

1. 关于电化教育的定位

电化教育姓“教”不姓“电”，应定位于教育，[①]理由主要有四点。一是电化教育的研究对象是教育教学中的问题。二是办电化教育的目的是提高教育教学的效率、效果、效益、高效优质地培养人才。三是电化教育关注的，主要不是电光、电声、电控等现代技术本身，而是各种现代技术在教育教学中的应用；它所追求的不是教育的机械化，而是教育的最优化。四是电化教育作为一种事业，是一种教育事业；作为一门学科，是教育科学的一个分支。电化教育工作者，不论从事教学、研究、软件开发还是硬件建设、资源管理等，都是教育工作者。

2. 关于电化教育学的性质[②]

从电化教育学的来源说：它是教育科学的一个分支，是教育科学这个大系统中的一个子系统；从它的本身来说，它是属于交叉学科中的综合性学科。它的“家庭出身”是教育科学，它的“本人成分”是综合性学科。它既非纯理论性学科，又非纯技术性学科，而是正在形成和发展中的理论性与应用性紧密结合的综合性学科。

这种定位观已成为这个阶段的主流观点，很少有争议。

(二)1995—2004 年：多种定位观争鸣

20 世纪 90 年代中期，随着美国 AECT1994 定义的引进和学科名称的改变(1998 年，教育部发布的《高等学校本科专业目录》，将“电化教育学”改为“教育技术学”)，在我国教育技术领域引发了一场广泛的关于学科名称、定义、定位、逻辑起点等问题的争论，出现了多种学

---

①②《我们对电化教育知道多少》，载《电化教育研究》，1988(2)。

科定位观,下面略举数例。

例一,"教育技术是教育科学的一门分支，而它的定位却在于技术,具体地说,就是有关对促进学习的过程和资源进行设计、开发、应用、管理和评价几个环节。"①

例二,"教育技术虽说是应用于教育领域的一种技术，仍属于技术的范畴,主要回答'做什么'和'如何做'的问题。教育技术学科应定位为技术性质的学科。"②

例三,由于教育技术学的研究对象、研究范畴和研究领域都与教育教学过程及教育教学资源有关,所以教育技术学自然应定位于"教育",而非定位于"技术"。③

例四,教育技术学研究的问题是教育的问题,研究的目的是解决教育中的问题,研究方法也是教育学中采用的方法,因此,它属于教育学科应当是无可争辩的。④

例五,"我国的教育技术(现代教育技术)学科,应定位为现代教育思想理论与现代信息技术的结合。现代教育技术是现代教育思想理论与现代信息技术相结合的产物,它的完整公式:现代教育思想理论×现代信息技术=现代教育技术。"⑤

例六，把教育技术学定位在现代信息技术和视听媒体技术在教育教学的应用上的同时,就圈定了它的研究范围,……表明我国教育

---

①②梅家驹:《教育技术的定位与错位》,载《中国电化教育》,2000(1)。

③何克抗:《中国特色教育技术理论的建构与发展》,北京:北京师范大学出版社,2012年。

④汪基德:《中国教育技术学科的发展与反思》,北京:中国社会科学出版社,2008年。

⑤南国农:《从视听教育到信息化教育——我国电化教育25年》,载《中国电化教育》,2003(9)。

技术学研究的是一种特定的教育教学现象。①

例七，教育技术学是教育科学领域中技术学层次的方法论性质的学科。

例八，“教育技术学是教育学门类中技术学范畴的、具有方法论性质的综合应用学科，是教育科学与教育教学实践之间的连接桥梁。”②

例九，“教育技术学科具有双重属性，既有教育属性，又有技术属性。因此，它应是‘教育—技术’双重定位。”③

各家争鸣，定位迷失，这是本发展阶段的基本情况。

(三)2005 年至今：三种定位观并立

本发展阶段关于学科定位问题的讨论，主要是围绕着对“信息技术”概念内涵的不同理解和界定而展开的。

什么是信息技术？信息技术是对信息的获取、储存、处理、传播等所使用的手段和方法的体系。对信息技术的这个定义，人们的分歧不是很大，只是文字表述上有所不同。较大的分歧在于对信息技术概念内涵的不同理解和界定(如图 1 所示)。

对信息技术的内涵，主要有三种不同的理解和界定：

一是，信息技术=全部物化形态技术+全部智能形态技术；

二是，信息技术=当代物化形态技术+现代智能形态技术；

三是，信息技术=现代物化形态技术+现代智能形态技术。

对信息技术概念内涵的三种理解和界定，产生了三种不同的学

---

①李康：《教育技术学概论——基本问题的探索》，广州：广东教育出版社，2005 年。

②尹俊华、庄榕霞、戴正南：《教育技术学导论》，北京：高等教育出版社，2002 年。

③《李龙教育技术文选》，北京：中央广播电视大学出版社，2009 年。

<table>
<tr><td rowspan="6">信息技术的内涵</td><td rowspan="3">物化形态</td><td>传统:粉笔、黑板、印刷书</td><td>√</td><td></td><td></td></tr>
<tr><td>现代:广播电视、计算机</td><td>√</td><td></td><td>√</td></tr>
<tr><td>当代:计算机网络、人工智能</td><td>√</td><td>√</td><td>√</td></tr>
<tr><td rowspan="3">智能形态</td><td>传统:口耳相传、直观教学</td><td>√</td><td></td><td></td></tr>
<tr><td>现代:电子音像教学、教学设计</td><td>√</td><td></td><td>√</td></tr>
<tr><td>当代:在线学习、移动学习</td><td>√</td><td>√</td><td>√</td></tr>
<tr><td colspan="3">三种理解</td><td>教育技术(第一种)</td><td>教育信息技术(第二种)</td><td>信息化教育(第三种)</td></tr>
<tr><td colspan="3">三种定位</td><td>教育</td><td>技术</td><td>教育/技术</td></tr>
</table>

**图1　信息技术的内涵**

科定位观:

第一种,教育技术应定位于教育,教育技术学科是教育学科;

第二种,教育技术应定位于技术,教育技术学科是技术学科;

第三种,教育技术应是教育—技术双重定位,教育技术学科是综合学科。

这三种定位观形成三足鼎立,成为当前发展阶段的基本景况。

## 二、对未来的思考

笔者翻阅了33年的历史答卷,学科定位问题依然悬而未决,没有一个明确统一的答案。我国的教育技术学科研究应该怎样定位呢?笔者对教育技术学科定位和发展问题也进行了一些思考。

### (一)以定位为“教育—技术”(双重定位)较好

1. 双重定位能较好地体现学科的本质,认清自我

教育技术学是现代教育科学和现代信息技术相融合的产物,它

由两个基本——现代教育科学和现代信息技术构成，两者缺一不可。双重定位能较好地体现这个学科的本质，而单是定位于教育或技术，都很难体现这个学科本质。

在一次研讨会上，讨论“教育技术：他是谁？”光知道他（教育技术）姓“教”，能从人群中认出谁是他吗？不能，因为，姓“教”的学科很多，教育心理学、教育传播学、教育统计学等都是姓“教”。只有知道他（教育技术）是姓“教”名“技”（双重定位），才可能认出谁是他。

2. 双重定位有助于形成自己的特色和优势

现代教育科学与现代信息技术的融合，是教育技术学的特色和优势。是它和其他教育学科或技术学科不同的地方。有人说，教育技术专业的学生，比教育理论，不如教育学专业的学生，比信息技术，不如计算机专业的学生。是的，单比教育理论，教育技术学专业的学生可能不如教育学专业的学生；单比信息技术，教育技术学专业的学生可能不如计算机专业的学生；但是，比教育理论与信息技术的融合，教育技术学专业的学生却比他们都强。李龙曾借用相声演员冯巩的一段台词：“我就是和潘长江比身高，与姚明比说相声，与克林顿比说中国话，比的就是综合实力。”教育技术学专业的学生跟教育学和计算机专业的学生比的就是现代教育理论与现代信息技术相融合的“综合实力”优势。

3. 双重定位有助于培养复合型人才

双重定位可使本学科专业的培养目标和课程设置更加切合教育信息化建设人才的需要，培养既懂教育又懂技术的复合型人才。

当前，我国教育技术领域正在做的四件大事：理论方面为学科理论体系的重构；实践方面包括“三通两平台”建设、大规模开放网络课程建设、微课程教学设计培训。这四件大事都是围绕深化教改四大主题（素质教育、教育公平、教育质量、协同创新）进行的，都离不开既懂教育又懂技术的复合型人才的参与,否则是难以做成的。

(二)关键在改名:改教育技术为信息化教育

2011 年 4 月,教育部发布《普通高等学校本科专业目录(修订一稿)》,拟将“教育技术学”改名为“教育信息技术”(可授教育学、理学、工学学位)并发出征求意见表,征求各方意见,笔者也提出四点意见。

1. 改名很有必要

本学科专业原名“电化教育学”,1998 年改名“教育技术学”。“教育技术学”这个名称自美国引进,不适中国水土,造成许多负面影响,导致了研究领域的泛化,培养目标的模糊,管理机构的混乱,对该学科专业发展很是不利,改变“教育技术学”这个名称很有必要。

2. 改成“教育信息技术”不合适

改成“教育信息技术”易导致本学科专业的技术定位。姓“技”不姓“教”,去培养“匠人”。用 4 年时间培养“匠人”是教育资源的极大浪费。

3. 改名为“信息化教育”比较好

“信息化教育”这个名称属于“中国造”,以之概括该学科领域的研究与实践最为恰当。这样,既可不定位为技术,又能准确反映学科的本质——现代信息技术与现代教育思想理论的融合;既可保持中国特色,又可凸显时代的特征。新时代的核心特征是信息化,这已是人们的共识。

4. 将可授学位改为“可授教育学、工学、艺术学学位”

按照我国 30 多年的办学经验,本科专业对培养学生的教育电视、教育播音、教育影视摄制等能力,这是当今社会对本学科专业培养人才的需求。

现在,笔者坚持认为:改名很关键,不改名,很难解决该学科的定位问题。

### (三)以"信息化教育"名义,走向一级学科

我国的教育技术学科,经过33年的发展,已基本具备成为一级学科的条件,它有自己独立的研究对象、实践领域,已生出众多的分支学科,如信息化教育原理、现代远程教育与网络教育、数字教育媒体、教育软件工程、教育影视编导与制作、教学设计与绩效技术、信息技术与课程整合等等。该学科应走出教育学下的二级学科,建立一支独立部队,单独设院,走向教育学门类中与教育学、心理学、体育学并列的一级学科,走出教育学院、计算机学院、大众传媒学院,走向独立设院。这既是该学科自身发展的需要,也是实现教育信息化和现代化的需求。

(原载于《北京大学教育评论》2013年第3期)

# 教育建设与教学改革

# 怎样上电化教学课

## 一、电教课与传统课

上课，是教与学的双边活动，是教师与学生之间的信息交流过程。上课的目的,是使学生掌握知识、培养能力、形成科学世界观。

在学校中,上课一般有以下几种形式:

(1)教师→学生　教师讲,学生听,只从教师方面输出信息,学生是否听懂了,接受了,教师不闻不问。

(2)教师⇌学生　教师在讲解中,夹杂着提问,或者采取谈话方式。既有从教师到学生的信息通路,也有从学生到教师的信息通道路。

(3)教师、媒体→学生　教师并借助其他媒体,向学生传输信息,不问学生的反应。

(4)教师、媒体⇌学生　教师并借助其他媒体,向学生传输信息,对学生的反应,做出分析和确认。

(5)媒体→学生　不需教师作中介,学生从媒体直接学习,媒体只输出信息,不管学生的反应,如目前的广播电视课。

(6)媒体⇌学生　学生直接向媒体学习,媒体对学生的反应做出反馈,如使用程序教学机学习,电子计算机辅助教学等。教师通过教材的程序设计,间接控制教学过程。

第(1)、(3)、(5)形式的上课,不问学生的反应,不对反应作分析、确认,没有强化,没有反馈,没有信息的交流,教学效果一般不会好的。

第(2)、(4)、(6)形式的上课,教师与学生之间形成了信息交流,有可能取得好的教学效果。

传统课可以是第(1)至(4)形式的课。电教课可以是第(3)至(6)形式的课。二者的区别,在于除教师外,有没有其他媒体参与教学过程,是什么样的媒体参与教学过程。

媒体大致可分两类:天然媒体,如眼、耳、口、鼻、身;人工媒体,如粉笔、黑板、教学用印刷材料及其他非电教教具、电教教具。

电教课是在教师指导下主要通过电教媒体(幻灯、录音、电影、电视、程序教学机、电子计算机等)实现教学任务的课。它使用现代化教学手段进行教学，以求得到更佳的教学效果，实现教学过程的最优化。

电教课与传统课的具体区别,择要列表如下。

| | 传统课 | 电教课 |
|---|---|---|
| 教材 | 印刷材料 | 印刷材料 + 电教软件 |
| 教学手段 | 天然媒体为主 +<br>部分人工媒体 | 天然媒体与最佳人工<br>媒体的结合 |
| 教学方式 | 可以是教师的单纯讲解 | 必须有电教媒体的配合 |
| 教学场所 | 教室 | 有电教媒体的地方 |
| 班级人数 | 几十人 | 少至一人,多至成千上万人 |
| 授课时间 | 45 或 50 分钟 | 45 或 50 分钟,15~25 分钟<br>为一单元,灵活编排 |
| 教师和学生接触 | 直接接触 | 直接接触,有时间接接触 |

电教课与传统课相比,有许多优越的地方:

电教课易于激发学生的学习兴趣和内部动机，为学生学好功课提供有利条件。它用图像与语言结合的方式，比之单纯的语言文字的表述，更易引起学生的学习乐趣。

电教课能使学生对所学教材得到更充分的感知。它可以不受时间和空间的限制，直接表现各种事物、现象、情景，使学生亲自看到听到，并有如身历其境。

电教课能使学生对所学教材易于理解，便于记忆。它能调节事物的变化速度，用微速与高速摄影的技术，将缓慢的变化与高速的动作，清楚地表现出来。它能将事物化小为大，化静为动，或者相反，便于学生观察和理解。它能再造现实，去掉现实中非本质因素，将事物的本质向学生明白易懂地显示出来。

电教课能节省教学时间，使学生在学校期间学到更多的知识和能力。它重视学生直接面向知识的源泉，把要讲的东西的形、声直接诉诸学生的感官，使学生能眼见其形，耳闻其声。因此，它能使学生的学习，比通过文字符号的学习，要迅速而有效。

电教课能更好地适应学生的个别差异，实现因材施教。上电教课，可以在同一时间内，根据学生的程度，播放不同的内容，以适应学生的不同水平和需要。利用各种教学机器，既便于为基础薄弱的学生补课，又便于学得快的学生多学些，学深些。

总之，电教课的好处，在于它能更好地促进学生掌握知识、发展能力的过程。二牛抬杠固可耕地，但不如拖拉机耕得快，耕得好，效率高。传统课固可使学生获得知识、发展能力，但电教课可望使学生更快、更多、更好地获得知识、发展能力。

电教课与传统课相比，也有不足之处。

电教课要有一定的设备。要有必要的电教器材，合用的软件，教室要有电源，要能遮光，不如粉笔加黑板的简单方便教师要掌握使用电教设备的技术和方法。教师第一次备课要花费较多的时间和精力。

教师间接控制教学过程的那种电教课，缺乏生动的师生关系和共同学习带来的感情上的陶冶，而且在适应课堂上千变万化的情况方面,不如传统课。

估量上课形式的发展,可能出现如下几个阶段:

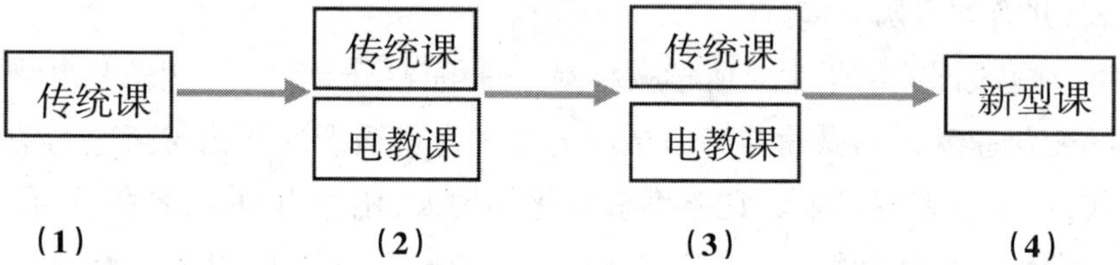


(1)只有传统课,没有电教课。(2)传统课与电教课并存,前者占优势。目前我国学校的上课,正是处在这个段。(3)传统课与电教课并存,后者占优势。(4)传统课与电教课的融合,成为一种新形式的课。

## 二、电教课的类型与结构

传统课的类型,一般有以下几种划分法:根据教学目的,划分课的类型为讲授新知识的课,巩固知识的课,培养技能的课,检查知识、技能的课,综合课;根据教学的基本阶段,划分课的类型为:序论课、初步领会教材的课、形成概念的课、运用所学知识于实践的课、复习课、测验课、综合课;根据组织和进行课业的方式,划分课的类型为讲演课、谈话课、参观课、练习课、实验课、实习课、综合课。

电教课的类型,也可以有几种划分法。我们主张按使用的主要电教媒体来划分,把它分为两类:(1)单媒体课,即使用一种电教工具的课。这类课一般有幻灯课、录音课、电影课、电视课等。(2)多媒体课,即使用多种电教工具的课。这类课一般有幻灯录音课、电影幻灯课、语言实验室课、录像电视课等。

这样的分类是因为,之所以有电教课,就是由于在教学中使用了电教媒体。按媒体分类,也有助于在具体教学条件下选择最适当类型的课。

各种类型的电教课,又可按其具体任务分为若干种,如电影课,可分为电影引导课、电影新授课、电影复习课等。

电教课的结构,即构成电教课的基本部分:(1)组织上课。就是使学生做好上课的准备。包括了解学生出勤情况、检查学生是否准备好必要的学习用具、集中学生的注意力等。这部分工作,在于保证教学能够顺利地进行。同时,也具有培养学生认真学习、自觉遵守纪律等教育意义。任何上课,不论是传统课还是电教课,都要做这个工作。(2)说明本课的题目和教学目的。(3)进行启发性谈话,提出思考问题,引起学习动机。(4)播放幻灯、电影、电视或录音,同时伴随教师的讲解,或者教师的讲解和播放交替进行。(5)结合播放内容,进行讨论或谈话、答问、练习、实习。(6)总结。(7)布置家庭作业。

电教课一般都是由其中某几部分,或所有这几个部分组成的。至于某一节电教课要有多少组成部分,要有哪些组成部分,那是不能硬性规定的,要通盘考虑它的教学目的、教材性质、学生特点、媒体功能以及教学法上的要求之后,才能确定。

## 三、电教课的准备

电教课的备课,需注意做好以下几方面的工作:

**钻研教材** 包括钻研教学大纲、文字教科书和形声教科书(电化教材)。钻研教学大纲,在于了解大纲中各章节或课题的教学要求,教学重点、难点和教学时数。阅读文字教科书,在于进一步明确本课的教学重点、难点以及教科书中有哪些内容,光凭文字叙述,学生不易理解,需要借助电教手段。熟悉形象教科书,在于了解现有哪些电化教材和资料(幻灯片、投影片、电影片、录音带、录像带等)适用于本课的教学。可利用图书目录、报刊索引、电教机构编印的电教资料索引等。目录索引是我们找电教资料的带路人，从这里，我们可以得到所需电教资料的线索。

**了解学生** 要备好课，还必须了解学生。对学生不了解，没有上课权。了解学生什么？主要是学生的已有经验（包括看过或听过哪些与所学课题有关的幻灯、电影、电视、录音、广播等），他们对基础知识和基本技能（包括对电教器材的操作技能）的掌握情况，他们的兴趣、需要和思想状况；他们的学习方法和学习习惯等。做好了解学生的工作，教师便能够在备课时做到量体裁衣，讲课时有的放矢。

**确定媒体** 上一堂课，用什么电教媒体，要从四个方面综合考虑。(1)教学目的和教材性质。例如，一堂外语课，教学目的是着重培养听说能力，教材性质是口语训练材料，就可考虑用录音。(2)学生特点。某种硬件，需要学生在课堂操作的，只有在学生学会操作后，才考虑采用。某种软件，其内容适合学生接受程度的，才可采用。(3)学校设备情况。学校没有，自制、外借也难的，暂不考虑。(4)媒体功能。不同的电教媒体，具有不同的功能和特性。以投影幻灯和电影为例。投影幻灯的主要功能：①可以在静止的状态下观察扩大了的图像；②教室没有遮光设备，室内不暗，也能映出明晰的图像；③投影器与银幕的距离很短，也能映出大而清楚的图像；④放映时间不受限制，可以根据教学需要，一直放映同一画面，让学生详细地、分析性地观察其细部。电影的主要功能：①能够以动态的图像，逼真地、系统地呈现事物的全部变化过程（原因→过程→结果这样一连串的流程）；②能够用微速摄影与高速摄影的技术，将缓慢的变化与高速的动作，明白清楚地表现出来；③能够将实物扩大或缩小。从投影与电影功能的比较可以看到，有些事情，投影能做到的，电影做不到；而电影能做到的，投影又做不到。所以，在备课确定媒体时，也要考虑它的功能。

**考虑教法** 用程序法,将本课要实现的教学目标分为小步子,让学生一步接一步地对教材做出反应;还是用发现法,让学生从媒体传输的信息中自己思考,自由地做出反应?在整个教学过程中,如何使教师的讲解、学生的练习与媒体的运用有机地结合起来?何时讲?何时演?何时练?讲、演、练各多少时间?以及机器由谁操作,是教师?是助手?是学生?等等,都得仔细考虑。

**写出教案** 一个完整的教案,一般包括以下几个项目:班级;学科名称;授课时间;题目;教学目的;课的类型;电教媒体;教学方法;教学进程;备注。其中,教学进程包括一堂课教学内容的详细安排,教学媒体与方法的具体运用,教学时间的分配等,这是教案的主要组成部分。

**课前检查** 上课前,对这堂使用的电教器材,要作一次检查,看看有无故障。对打算使用的电教资料,要预先看一遍或听一遍,看看内容有无错误,并要注意幻灯片的顺序放好了没有?影片、录音带、录像带倒好了没有?该播放或不该播放的部分是否做好了记号?

做好上述几方面的工作,备课就可告一段落。

## 四、电教课的进行

各种类型的电教课,基本上有两种上课方式。

第一种,以电教媒体作为知识的源泉,学生直接从媒体传输的信息中获得必要的知识和技能。这种上课方式,进行的步骤举例如下。

例 1:电影新授课。(1)说明本课题目和教学目的;(2)提出一系列思考问题;(3)放映电影,学生从电影中寻找问题的答案(这是电教课的中心环节,所占时间也比较多);(4)根据影片内容进行谈话;(5)总结或解答疑难问题。

例 2:幻灯录音听说训练课。(1)提出课题和目的;(2)放映全套灯片(幻灯与录音同步),让学生系统地看一至二遍,看片听音;(3)逐张再放,学生看片跟读,不断纠正发音和语调;(4)套灯片连续放映,学生听看,也可有画无音,由学生按画说话,(5)布置作业,课后听录音练习。

第二种,以电教媒体作为配合教师口头讲解的手段,媒体为教师讲解的原理提供例证、证明,或使所讲理论具体化。这种上课方式,进行的步骤,举例如下。

例:幻灯(或电影、电视)新授课。(1)说明本课题目和目的;(2)讲述教材的某一部分;(3)放映相应的灯片;(4)讲述教材的另一部分;(5)放映相应的另一组灯片;(6)根据看过的片子进行谈话;(7)小结。在上这种课时,教师可以先讲后演,也可先演后讲或边讲边演。

上电教课要注意处理好以下几种关系:

1. 知识与乐趣。在电教课上,知识与乐趣不是彼此排斥,而是可以互相促进的。电教课可以增添学生学习的乐趣,使学生在求知的过程中产生愉快的情绪体验,从而加快掌握知识的进程。但是,电教课的目的不是使学生得到乐趣,而是得到知识。在电教课上,学生看电影(或电视、幻灯)听录音,要有正确的观念。看电影,不可当戏看,而要当书看;不是为娱乐,而是为获得教学大纲所规定的知识和能力。

应使电教课成为知识与乐趣统一实现的过程。要做到这一点,有两件事需注意:(1) 使学生明确视听的目的,形成正确的视听动机;(2)使学生面临某种实际任务(如回答教师提出的问题,找出所学原理的例证等),产生为了完成这个任务向电教媒体寻求启示的愿望。

2. 演播与讲解。在电教课上,电教媒体的演播和教师的讲解是彼此联系,互相制约的。必须使二者密切配合,并做到演播适时,讲解恰当。

演播要适时。何时放映电影(或电视、幻灯)? 何时播放录音? 放映或播放哪些部分？多长时间？这些问题，对于上好电教课，关系很大，一定要做得恰到好处。

讲解要恰当。讲，主要在指导学生的看和听；提供那些不能直接看(听)到的知识；对看和听的结果做出结论。通过看(听)能理解的问题，就不必再讲。

演和讲要结合。演不能孤立于讲之外。不论电影、电视、幻灯，或使用其他电教媒体，都应伴随以讲解和分析。演可以在讲之前，为讲提供感性材料，作为抽象概括的基础，并激发学生听讲的积极性。演也可以在讲之后，为讲提供例证，加深所学的印象。更多的是演与讲同时进行，一边放映，一边讲解，为此，可使演与讲结合得更加紧密。

3. 视听和思考。在电教课中，视听和思考紧密相联，不可分割。它不能没有视听，但只有视听没有思考也达不到电教课的目的。“认识的真正任务在于经过感觉而达到思维。”只有通过思维，才能把感性认识上升到理性认识，形成正确的概念，掌握事物之间的本质联系。因此，电教课一定要贯彻启发式原则，既要周密地组织学生的看与听，又要使学生的思维始终处于积极的状态。要引导学生利用通过视听得到的感觉形象，形成抽象概念，获得科学知识。电教课应使学生的观察力与思维力都得到发展。

## 五、电教课的评定

从传统课来说，好课的标准大致有六条：目的明确；内容正确；方法恰当；语言清晰；积极性高；组织得好。

要上好课，一定要记住二点：

第一点，不要忘记学生。教学是教与学的双边活动，不能只记住教的一边，而忘了学的一边；只有教师的积极性，没有学生的积极性。

如果那样，是不能形成好的教学过程的。教得好坏，最后得由学得好坏来衡量。第二点，不要忘了能力和思想品德的培养。教学不仅是传授知识，它的任务有三：传授知识，培养能力，形成科学的世界观。只记住传授知识，忘了培养能力和形成科学的世界观，就完不成教学任务，就不能算是好的教学。

以上所说的六条二点，对于电教课也是适用的。除此而外，评价电教课还有几点需要注意：

1. 电教媒体的选择是否恰当？电教媒体，包括电教器材（各种电教机器）和教材，硬件和软件。电教媒体是否恰当，主要看以下几个方面：（1）该不该用？用电教媒体比单纯口头讲解、粉笔加黑板好吗？好在哪里？（2）为什么用这种不用那种？用电影不用幻灯？是否用电影更能表达这堂课的教学内容，更适合教学需要？（3）起了什么作用？对于突出教学重点，解决教学难点，促进感知、理解、巩固、运用过程，引起动机、增添兴趣、调动学生学习的主动性积极性，发展学生的能力，形成科学的世界观，等等，是否起了好的作用？（4）选择媒体时，是否考虑了它的功能与使用的目的、场所等因素？对于上述问题，答案是肯定的，就是恰当；答案是否定的，就是不恰当。

2. 电教媒体的运用，是否正确主要从以下几方面看：（1）操作有无错误，熟练程度如何？（2）应该由谁操作？教师操作好，还是学生操作好？要不要另找助手操作？（3）媒体的功能是否得到充分的发挥？（4）图像、音响的效果怎样？图像的明晰度、亮度如何？声音是否清楚、大小适度？（5）画面与解说配合得怎样？（6）映出是否适时？（7）机器放置的位置是否适当？

3. 与传统教法比有无优越性？传统教法，运用得好，可以把参与教学过程的各种因素组合起来，取得好的教学效果。电化教法，运用得好，可以把参与教学过程的一切因素最优地组合起来，取得最好的教学效果。一般来说，电化教法优于传统教法。但是，具体到某一堂课，是否如此，要看学生学到的东西，是不是更多些、快些、好些。

（原载于《电化教育研究》1981 年第 1 期）

# 关于"电化教育"课及其教材体系问题

近年来,高等师范院校开设"电化教育"课的越来越多。中等师范学校开设这门课的也不少,湖南省有中师 29 所,其中 22 所开了"电化教育"课。

## 一、为什么要开设"电化教育"课

对于这个问题,用一句话来说,就是为了培养合格的教师。一个合格的教师,在德、识、才、学诸方面都要有较好的修养。在才、学方面,既要有比较渊博的知识,也要有运用电教手段和科学方法进行教学、教育的本领。当今时代,随着科学技术的迅猛发展,各级各类学校的教学内容日益增多,难度日益加大,但学时有限。这是一个矛盾。要解决这个矛盾,保证教学质量,提高教学效率,实现教学过程最优化,就必须要求教师懂得和实施电化教育。20 世纪 80 年代的教师,不能再是电教盲,否则,他是做不好教师工作,完成不好教学、教育任务的。为什么有的学校前几年毕业的学生,已经走上教师工作岗位,又回到学校要求补学电教?为什么许多学校选修电教课的学生那么多?西北师范学院今年(指 1981 年,编者注)秋天除在教育系开设电教课外,又增开一班面向全校的电教选修课,仅政治系四年级,报名选修这门课的就有 47 人。这说明,上述道理已被越来越多的教师(特别是青年教师)和在校学生认识与接受。

## 二、“电化教育”课的教学目的是什么

首先需要明确的，这里所说的电教课，是普通电教课，非专业电教课；是基础电教课，非专门化电教课。这门课的教学目的：(1)使学生懂得电化教育的基础理论；(2)使学生学会使用学校常用电教设备的技术；(3)使学生掌握运用电教设备进行教学、教育的方法；(4)使学生掌握运用电教管理的一般知识。这四条，都是当今时代合格的教师所应该具备的。

## 三、怎样才能开好这门课

凡是培养师资的学校，包括高等师范学校、中等师范学校、教育学院、教师进修学校等，都需要开设“电化教育”课。在高等师范学校，不仅教育系要开这门课，其他系也要开。因为，它们的培养目标是一致的，都是培养合格的中等学校教师。在目前师资、设备不足的情况下，这门课可暂为选修。开设时间，最好在各科“教材教法”之后或同时及教育实习之前。教育系开一年，其他系开半年，都是每周3课时。这是根据我们多次开课实践，提出这个设想的。

开这门课，师资是个难题。“电化教育”是一门边缘学科，它涉及的知识领域很广；它又是一门实践性很强的课，不能光讲理论，还要教会实际操作。作为电教课教师，在电教理论、技术、方法等方面都要有较高的修养。而当前这样的教师，为数是不多的。如何解决这个难题？如果一人开有困难，可否采取“小队”教学的办法，由几人合开。目前有的学校就是这样办的，电教理论和教学法部分，由教育课教师讲；电教技术部分，由电教专业人员或物理课教师讲。

开这门课，教材是另一个难题。这门课目前还没有一本比较成熟的教材。教师备课，一般是利用现有的几本小册子，如《教育工艺学简

述》《世界电化教育概况》《电化教育讲座》《电化教育知识》等；几种期刊，如《电化教育》《电化教育研究》等，从中搜集资料，编写讲稿，进行讲授。讲电教课，不能全用传统教法，要用电化教学法，因此，除文字教材外，还要有形声教材。教师要同时编制这两种教材，工作量是大的，是很辛苦的。1981 年 9 月，教育部电教局在杭州召开电教课教材讨论会，会上对这门课的教材建设作了较全面的布置，要求编出一本《电化教育》教科书，一套形声教材，五种教学参考书。这是一项不小工程，但图纸已有，若能组织好人力，加紧“施工”，完成是有希望的。

## 四、如何建立这门课的教材体系

从几所学校编写的教学大纲来看，基本上有两种做法。

第一种，主要按电教媒体划分：(1)电化教育的理论；(2)幻灯及其在教学、教育中的应用；(3)电影及其在教学、教育中的应用；(4)扩音广播及其在教学、教育中的应用；(5)录音及其在教学、教育中的应用；(6)电视及其在教学、教育中的应用；(7)语言实验室、程序教学机、电子计算机；(8)电化教育行政。

第二种，分成五个组成部分：(1)绪论；(2)电教设备；(3)电教教材；(4)电化教学法；(5)电教行政管理。

两种做法，各有长处和短处。

第一种做法的长处是它使电教设备、教材以及教法糅合在一起，不致使人有分割之感。

它的短处：(1)内容重复。如各部分都要讲到对编制电化教材的基本要求，而实际上基本要求是一致的，都要符合科学性、教育性、技术性、艺术性。(2)电教设备在不断更新和发展，我国 20 世纪 30 年代搞电教，主要用的电影、广播；今天，我们使用的电教设备，种类比过去就多得多了，而有些外国正在使用的，我国还没有使用，如电子计算机辅助教学、视盘电影等。以媒体作支柱建立教材体系，就难免要影响教材的先进性和稳定性。(3)按媒体划分，以媒体作支柱建立教材体系，易使教者和学者产生重电化(技术)或以技术为主，轻教育的偏向。(4)按媒体讲教法，只能讲单媒法，而实际教学中，经常要采用多媒法。(5)按媒体划分，不利于采取"小队"教学的办法，无益于解决当前师资不足的矛盾。

第一种做法的这些短处，如果采取第二种做法，就可以避免。我赞成第二种做法。因为，至少可以说，它的短处比第一种做法少。

(原载于《电化教育》1982 年第 2 期)

# 搞好电视教材　促进教学改革

## 一、教材、电视教材、好的电视教材

什么是教材？所谓教材，就是供教师教学和学生学习用的材料。目前，学校常用的教材可分为两类：一类是文字教材，又叫印刷材料，主要有文字教科书、讲义、教学参考书或资料等；另一类是电教教材（形声教材），又叫非印刷材料，主要有教学幻灯片、投影片、电影片、录音带、录像带等。

自从有了学校，就有了教师和教材。教材发展的历史，大致经历了以下几个时期：

主要以大自然、大社会为教材时期：在文字体系出现以前，儿童在教师指导下，学习有关生产劳动和行为标准的知识和技能，主要是以大自然、大社会作教材，教学基本是采取口耳相传。

文字教材时期：随着文字体系的出现，大约是在我国奴隶社会的商代以后（公元前16—11世纪），出现了最初的书籍形式的文字教材。我国最早的书，是用竹片或木片做的，叫做简策。这种书，体大量重，无论制作或阅读，都很不便。到了隋朝，有了刻版印书，特别是到北宋，有了活字印书，书的形式，由一卷一卷变成一本一本，同今天书的形式基本相似。这时，书的制作比较容易了，也可以大量制作了。纸和印刷术的发明，使文字教科书得到普遍运用，知识得到广泛的传播。

文字教材为主，辅以电教教材时期：文字教材只是用文字符号去表达教学内容，不能使学生直接地面向知识，对所学对象获得充分的感知，容易造成理解的困难。19世纪末以来，由于科学技术的发展，促进了教学的改革，出现了一种新型的教材——形声教材。它的出现，弥补了文字教材的上述缺陷，为改革教学、提高教学质量和效率提供了一个有力手段。

什么是电视教材？电视教材是根据教学大纲的规定，用电视图像和声音表达教学内容的一种形声教材。电视教材与其他形声教材相比，其主要特点：(1)既能传影，又能传声。这是与幻灯、录音教材相比，幻灯教材只能传影，录音教材只能传声。(2)活动性。这是与幻灯教材相比，电视教材善于传输动态的图像、事物的变化过程；幻灯教材主要是提供放大的静止图像。(3)快速性和广泛性。这是与电影教材相比。电视教材比电影教材制作周期短，后期加工快，能较快地用于教学。它能通过广播电视台或闭路电视系统传播到广大的地区，如通过卫星电视传播，范围就更为广泛。

电视教材与新闻、艺术、科普电视片相比，其主要特点：(1)有明确的教学目的和任务。它的任务是帮助教师进行有效的教学，帮助学生进行有效的学习。它是以电视技术为手段，参与教和学的活动。它是为实现教学大纲的要求服务的。而新闻、艺术、科普片没有承担教学任务，与教学大纲无关。(2)有特定的对象——学生。新闻、艺术、科普片以广大人民群众为服务对象(包括学生)。(3)有严格的科学性。它所表达的概念、原理，所提供的事实、数据，所采用的方法和表现方法，都必须有严格的科学性，必须是真实的、准确的。而艺术片在真实性、准确性的要求上，不如教学电视片那样严格。(4)某种程度的片断性。这主要是与科普片相比而言。科普片要求把某一个科学问题表述得非常通俗而全面，因观众对其所介绍的那门科学往往缺乏修养。教学电视片一般不必全面回答某一科学问题，而只是阐明某个问题的某个部分，因此，往往带有某种程度的局限性。

什么是好的电视教材？我以为具有下述“四性”的教材，就是好的电视教材。

教育性。是否有明确的教育、教学目的？是否适合学生的接受水平？是否有违反教育心理学、教学法原理的地方？

科学性。是否用辩证唯物主义的观点来说明自然界的一切事物和现象？是否用历史唯物主义的观点来解释人类社会的一切活动和过程？是否反映了本门学科的最新成就？

技术性。是否符合电视技术的某些指标？是否保证了良好的技术质量？是否做到了图像清晰、声音清楚、色彩真实、声画同步？

艺术性。能否引起学生美好的感受及情感的共鸣？

上述四条，是否作为衡量电视教材好坏的基本标准，大家可以讨论。

## 二、如何搞好电视教材

搞好电视教材，一定要注意处理好几种关系。

1. 构成好的电视教材诸要素之间的关系，也就是上面所说的“四性”之间的关系。有人作了这样的比喻：教育性有如电视教材的大脑；科学性有如电视教材的心脏；技术性有如电视教材的双手；艺术性有如电视教材的眼睛。可见，四者都是重要的，缺一不可。一部理想的电视教材，应满足四个方面的要求。但是，四者当中，教育性、科学性更为重要，心脏出了毛病，就要危及生命；大脑失灵，教育、教学活动就难以进行。所以，后二者应以保证前二者完满实现为前提。编导者在编制电视教材时，必须首先想着教育性、科学性的要求，不能技术第一、艺术至上。而这种现象，在现实工作中还是有的，只想着镜头、画面、色彩、音乐,而忘了制作的目的和严格的科学性要求。这是应该注意防止的。

2. 电视教材制作人员与任课教师之间的关系。搞好电视教材,要依靠两种人——电教专业人员(电视教材制作人员是其中的部分)与任课教师的通力协作,发挥两个积极性。光有一个积极性不行。一般情况:开始阶段,对制作电视教材,电教专业人员比较积极,任课教师不那么积极。这是"你找他"(电教专业人员找任课教师)阶段。在这个阶段,一些教师不那么积极,其原因大致如下:认识上的原因,对电视教材在教学、教育上的意义和作用认识不清;思想上的原因,因循守旧思想作祟,觉得教学一向是粉笔加黑板,干嘛要搞电视教材;业务上的原因,能将书本上的东西,备课时记下来,上课时讲出去,就算不错了,哪能顾得上考虑改革教学手段;方法上的原因,不知如何制作和使用;设备上的原因,没有制作和使用的设备;时间上的原因,没有时间参与制作。在"你找他"阶段,电教专业人员一定要主动、积极,要针对不同原因多做工作,使广大教师愿意在教学手段现代化的路上举步。可先推荐一些现有的教学片、带,让他们用,然后请他们参与制作。

开始阶段("你找他"阶段)过后,逐步进入"互找"阶段,然后进到"他找你"阶段。在这两个阶段,电教人员对于教师的委托和要求,应热忱欢迎,尽力做好,不能抱冷漠态度,不能搞坏关系。

电教专业人员与任课教师到底是什么关系?有人把他们比作二传手与主攻手的关系。这个比喻不错。要打胜一场排球,二传手与主攻手谁重要?都重要。但是,人们往往只看到主攻手的重要作用,看不到二传手的重要作用。这是片面的。如果二传手传球不到位,组织不起巧妙的战术配合,主攻手怎么进攻?当然,有好的二传手、没有好的主攻手,也不能取得胜利。要双方通力合作。在保证教育性、科学性上,教师要多负点责任;在保证技术性、艺术性上,电教专业人员要多负点责任,这样才能搞好电视教材。

3. 电视教材导演与其他制作人员之间的关系。电视教材的制作过程,是全体制作人员(包括编导、摄像、录像、灯光、美工、录音、编辑等)集体创作、协同活动的过程。导演处于主导地位,导演与其他制作人员之间的关系,有如交响乐团中指挥与演奏者的关系。导演应做好指挥员的工作。如何才能做好?第一,要具有这样一点认识:导演必须始终通过各种录制人员(摄像、录像、灯光、美工、录音等)来进行工作,各种录制人员必须始终贯彻导演的设计和意图,双方相依为命,紧密合作。第二,要具有这样一种本领,能使各种录制人员充分发挥其所长,如此,才能实现把科学理论恰当地转化成生动画面和音响。

4. 借鉴与创新的关系。制作电视教材,要借鉴。向谁借鉴?向姊妹艺术,如电影艺术(尤其是科教片),向国外教育电视借鉴。借鉴什么?主要是表现手法、编导技巧,如镜头组接、景别划分、镜头运动、段落衔接,以及如何安排结构等。借鉴不是抄袭、照搬,而是吸取精华,决不能搞拿来主义。要借鉴,更要创新。我们要注意不断培育创新的意识和能力,努力制作具有自己风格的,符合教育、教学要求的,适合我国国情的优秀电视教材。

## 三、电视教材与教学改革

编制电视教材,是为了提高教学质量和效率,促进教学改革。

教学改革,改革什么?最重要的是改革旧的教学思想,改变传统的教学观和学生观。

当前教学上存在着两大弊病:一是忘了学生;二是忘了能力的培养。其根源就是旧的教学思想。旧的教学观把教师向学生传授书本知识看成是教学的唯一任务;旧的学生观认为在教学过程中只有教师是主体。在这种教学思想的支配下，教师上课必然是偏重传授知识，忽视培养能力。教学方式，基本是教师讲、学生听，教师写、学生抄，教师考、学生背。总之，就是教师灌、学生装，学生完全处于被动地位。这样的教学，造成的恶果：(1)学生知识结构的缺陷——面窄、陈旧、过死；(2)学生能力结构缺陷，特别是创造力、想象力和实际操作能力差。这样的学生是不能适应四化建设的要求的。

必须改变教学的上述状况，破旧的教学思想，立新的教学观和学生观。新的教学观认为，教学的任务不是一个，而是四个：传授知识、发展能力、培养思想品德、促进体力发展。新的学生观认为，学生是教学的对象，同时又是学习活动的主体。在教学过程中，学生是个体和主体的统一。因此，教师在教学中，不能忘了学生，不能忘了能力的培养。否则，就完不成教学任务。编制电视教材，也要注意做到这两个"不忘"。

电视教材如何才能促进教学改革？下面提出十点注意，如能做到，对解决这个问题会有益处。(1)注意电视教材不能是新技术加旧方法，要避免将传统课堂原封不动地搬上电视屏幕。(2)注意内容要有一定难度，是经过学生认真观看、积极思考才能掌握的。(3)注意用多种形式，从不同侧面，表现同一主题，培养学生的求异思维。(4)注意为教师制作介绍优秀教改经验的片、带。(5)注意为学生制作课外自学辅导的资料。(6)注意介绍各门学科的最新成就。(7)注意介绍新的教学理论及其在教学中的应用。(8)注意介绍新的教法、教具及其在教学中的应用。(9)注意介绍激发学生学习动机的方法。(10)注意介绍全面发展学生知能的资料。

[原载于《电化教育》(现《中国电化教育》)1982 年第 3 期]

# 电化教育课程教材建设十年

我国的电化教育，产生于20世纪30年代，到现在已有50多年的历史。50多年来，它走过了一条艰辛曲折的道路。新中国成立前，由于当时经济、科技落后，我国的电化教育只是星星点点在少数几个城市、学校、社教机关有所开展，未能大范围推行。新中国成立后，从50年代至60年代前期，我国的电化教育得到了初步发展。1966年爆发了“文化大革命”，电化教育也处于瘫痪状态。70年代末，特别是党的十一届三中全会以来，我国的电化教育在党和政府的关怀下，重新起步，迅速发展，进入了一个充满希望和活力的崭新阶段。电教队伍日益壮大，电教在扩大教育规模、提高教学质量、增强教育效率、促进教育改革方面所起的作用，日益显著。电教日益为更多的人们，特别是广大的教师和学生所了解和赞赏。为了满足人们对掌握现代教育技术的迫切愿望，为了培养合格的教师和电教专业人员，有越来越多的学校开设了电化教育课程，并办起了电化教育专业。

电化教育课程，包括普通电教课程，即面向师范院校全体学生开设的电教课程，如“电化教育基础”“电化教育概论”“电化教育学”等；专业电教课程，即为电教专业学生开设的专业课程，如“电化教育原理”“幻灯投影与教学”“广播录音与教学”“电影与教学”“教育电视”“计算机教育应用”，等等。

20世纪50年代至60年代，我国有的学校便开设了电教概论课。1951年秋，萧树滋在北京辅仁大学（1952年并入北京师大）教育系开设“电化教育概论”选修课，是新中国成立后第一个开设这门课的院校。20 世纪 70 年代末以后，开设电教概论的学校日益增多，截至 1988 年上半年，已有 289 所中师和几十所高师开设了电教概论课。

目前，我国举办电教专业的高等院校有 30 多所，包括专科、本科和研究生三个层次。开设的专业课程约 15 门：电化教育导论、教育传播学、教育技术概论、视听心理学、摄影基础、幻灯投影与教学、广播录音与教学、电影与教学、教育电视系统、计算机课件设计、电视教材的编导与制作、电教管理、教育传播科学研究方法、电教课程教学法、教育与专业实习。另有不少选修课。

如何解决如此众多的电教课程的教材？是近几年电教界所面临的一个极为紧迫的问题。所有电教课程都是新开设的，没有一本现成的教材；教师上课，多是临时自编讲稿，进行讲授，很难保证质量。为了改变这种局面，原教育部电教局于 1981 年 9 月在杭州召开了电教课教材讨论会，讨论制定了高师“电化教育概论”和中师“电化教育基础”两门课的教学大纲（征求意见稿），为这门课初步确定了教材体系。

1984 年 3 月，在电教局与中央电教馆的组织和领导下，成立了全国电化教育课程教材编审组，负责组织、审定各类电教课程的文字教材和音像教材的编制工作。编审组成员：南国农（组长）、李运林（副组长）、萧树滋、孙天正、高汝森、徐仁声、舒泽湖、庄秀娟、梁育腾、丁学儒等。

1985 年，经该编审组组织编写并审定，由高等教育出版社出版了《电化教育学》和《电化教育基础》二书（这两本教材，曾多次再版，已发行数十万册）。同时，由中央音像出版社出版了为两书配套的音像教材，并制成包括书本教材和非书教材的我国第一个“教材箱”。从而使高师和中师普通（公共）电教课程教材紧缺的局面得到初步缓解。

为了满足越来越多的读者对电教专业书籍和参考读物的需要，

1985年，在高等教育出版社的支持下，成立了《电化教育丛书》编委会，编委17人，除编审组成员外，另增聘李奈、孙明经、廖泰初、李克东、周君达、谢景隆、梅家驹等7人为编委，南国农、李运林、李奈为主编。

1986年，在高等教育出版社有关社领导主持下，编审组和丛书编委会在广州华南师大联合召开了1986—1990年电教课程教材和电教丛书选题规划工作会议。会议对选题规划从指导思想到遴选编者和审稿出版等问题，进行了认真的讨论，制定了电教专业的15门课程(见表1)和23种电教丛书的编写与出版计划(见表2)。

**表1　1986—1990年电教专业教材编写规划**

| 序号 | 选题 | 字数(万) | 编著者 |
|---|---|---|---|
| 1 | 电化教育导论 | 22 | 李运林、李克东 |
| 2 | 幻灯投影与教学 | 25 | 秦兆年、刘瑞然 |
| 3 | 广播录音与教学 | 15 | 上海外国语学院 |
| 4 | 电影与教学 | 15 | 周君达、高汝淼 |
| 5 | 教育电视系统 | 25 | 杨圭南 |
| 6 | 电视教材编导与制作 | 30 | 李运林 |
| 7 | 教育传播学 | 25 | 南国农 |
| 8 | 教育传播种学研究方法 | 25 | 李克东 |
| 9 | 电化教育管理 | 20 | 孙天正 |
| 10 | 计算机教育应用 | 15 | 万嘉若、王吉庆 |
| 11 | 电教课程教材教法 | 20 | 萧树滋、徐仁声 |
| 12 | 摄影基础 | 15 | 刘涤民 |

续表

| 序号 | 选题 | 字数(万) | 编著者 |
|---|---|---|---|
| 13 | 电教物理 | 70 | 舒泽湖等 |
| 14 | 电教美术 | 10 | 杨改学、抗文生 |
| 15 | 电教音乐 | 10 | 待定 |

**表2　1986—1990年电教丛书编写规划**

| 序号 | 选题 | 字数(万) | 编著者 |
|---|---|---|---|
| 1 | 传媒·教育·代化 | 14 | 宣伟伯、余也鲁 |
| 2 | 电化教育原理 | 12 | 南国农 |
| 3 | 传播理论 | 12 | 李运林 |
| 4 | 电化教育实验 | 10 | 梁育腾、詹道佳 |
| 5 | 中国电化教育发展简史 | 8 | 孙明经 |
| 6 | 美国的电化教育 | 10 | 冯友竹 |
| 7 | 日本的电化教育 | 8 | 孙天正 |
| 8 | 卫星教育电视 | 9 | 顾龙翔 |
| 9 | 激光视盘 | 8 | 黄宝文 |
| 10 | 电视教材文字稿本的编写 | 8 | 周君达 |
| 11 | 教育电影电视动画 | 8 | 关大我 |
| 12 | 电教制图 | 8 | 舒泽湖 |
| 13 | 远距离教育业 | 12 | 李克东 |
| 14 | 小学语文电化教学 | 8 | 梁育腾 |
| 15 | 小学数学电化教学 | 8 | 贺大国、宋光华 |

续表

| 序号 | 选题 | 字数(万) | 编著者 |
| --- | --- | --- | --- |
| 16 | 小学自然电化教学 | 8 | 詹道佳、钱建昌 |
| 17 | 中学语文电化教学 | 8 | 邸沧桑、吴广勋 |
| 18 | 中学数学电化教学 | 8 | 丁学儒、耿树田 |
| 19 | 微型教学 | 8 | 任伯江 |
| 20 | 电教用房设计 | 8 | 张宗尧 |
| 21 | 教学设计与评价 | 8 | 乌美娜、徐仁声 |
| 22 | 计算机课件设计 | 10 | 傅德荣 |
| 23 | 电教中的心理学问题 | 8 | 庄秀娟 |

以上所列教材和丛书，已出版发行的有5种:《电化教育导论》、《传媒·教育·现代化》《学校电教用房的设计》《传播理论》《小学语文电化教学法》,经审定修改交出版社的有6种,经审稿正在修改的有7种,估计到1990年可按原定计划出版。上述全部电教专业教材和电教丛书,均由高等教育出版社出版。高等教育出版社的领导和编辑室的同志们十分重视电教用书的出版工作，他们为我国电教课程教材和丛书建设做出了重大贡献。

除了由电化教育课程教材编审组组织编写的教材外，列入国家教委制订的“1985—1990年高等学校文科教材编选计划”的电教课程教材有两种:《电化教育概论》(萧树滋主编)和《教育传播学》(南国农主编)。前一种已于今年(指1989年,编者注)完成,由北京师范大学出版社出版;后一种可于今年年底完稿。

此外,不少举办电教专业的高等学校和各级电教部门,也组织编写了一些电教课程的教材或教学参考资料,其中有些已正式出版。表

3 列举的是部分(远非全部)可作电教课程教材或教学参考书的已出版的电教书籍。

**表 3　部分(远非全部)可作电教课程教材或教学参考书的书籍**

| 书名 | 编著者 | 出版时间 | 出版者 |
| --- | --- | --- | --- |
| 现代化的教学手段 | 《外国教育丛书》编辑组 | 1979 | 人民教育出版社 |
| 世界电化教育概况 | 傅统先译 | 1979 | 上海教育出版社 |
| 教育工艺学简述 | (日)坂元昂 | 1980 | 人民教育出版社 |
| 电教幻灯与制片 | 张述峰、赵延伟等 | 1981 | 湖南美术出版社 |
| 电化教育 | 萧树滋 | 1983 | 河北人民出版社 |
| 电化教育基础 | 南国农、李运林等 | 1984 | 甘肃人民出版社 |
| 电化教育概论 | 梁育腾、王沛清 | 1984 | 湖南教育出版社 |
| 电化教育概论 | 孙天正、刘茂森 | 1985 | 东北师大出版社 |
| 怎样编制教学录像 | 宋志平、赵治才等 | 1985 | 解放军出版社 |
| 电化教育基础知识 | 中央电教馆主编 | 1986 | 北京师大出版社 |
| 《电化教育基础》教学参考 | 辽宁省中学电教中心教研组 | 1986 | 辽宁教育出版社 |
| 电教教材的制作 | 周君达等 | 1987 | 科学出版社 |
| 计算机辅助教育 | 丁有豫、解月光 | 1987 | 东北师大出版社 |
| 教学幻灯 | 余大中、王洪录 | 1987 | 东北师大出版社 |
| 电化教育学 | 上海师大等 4 院校 | 1988 | 上海科技文献出版社 |

续表

| 书名 | 编著者 | 出版时间 | 出版者 |
| --- | --- | --- | --- |
| 投影教材及编制技术 | 沈纯等 | 1988 | 解放军出版社 |
| 彩色摄影基础 | 张乃光 | 1988 | 陕西科技出版社 |
| 电化教学指导 | 吴广勋、丁学儒等 | 1988 | 辽宁教育出版社 |
| 教育的生机——论崛起的教育技术学 | 张诗亚 | 1988 | 四川教育出版社 |
| 电化教育原理 | 李运林、李克东等 | 1989 | 广东高教出版社 |
| 幻灯摄影技术 | 杨改学 | 1989 | 甘肃科技出版社 |

回顾十年来我国电教课程教材建设的景况，我们的同志确实做了不少工作，取得了一定成绩，也积累了一些可贵的经验。归纳起来，有以下五点：

1. 教材建设要有明确的指导思想和编写原则。全国电教课程教材编审组成立时提出的任务：以马克思主义为指导，采用“三论”提供的科学方法，编写出水平高、适应教学需要、反映现代科学研究成果的，具有中国特色的电教课程的教材。并提出，教材建设要遵循“五性”（思想性、科学性、启发性、先进性、适用性）原则，“打好基础，精选内容，逐步更新，利于教学”。几年来，我们的同志在编写过程中，一般都是力图按照上述指导思想和编写原则进行工作的，因而能取得一些成就。

2. 要注意抓基础，阐明教材的基本结构。所谓基本结构，就是指基本概念、基本原理、基本方法。对本教材的基本概念、基本原理、基本方法，一定要阐述清楚、透彻。让学生掌握本教材的基本结构，可以促进他们有关知识的迁移,使之获得较好的智慧发展。编写教材,切忌杂乱繁琐,使人看后,不知所云。

3. 要正确处理观点和材料、抽象和具体、理论和实际的相互关系,以及出教材和出人才的关系。编写教材时,要注意选择现代科学的新材料、新观点。在教材体系上,要重视理论思维的结构方式,当然也不能轻视经验思维的作用。目前许多国家,都在致力于教材改革,积极从事"课程、教材现代化"的尝试。所谓"教材现代化",有两个主要特点:一是教材内容应反映世界上最新的科学成果;二是教材结构要有助于加速发展学生的智力。适当地兼采"掌握一般知识、抽象知识先于掌握特殊知识、个别知识"的构成教材原则,将使学生尽早脱离简单的感觉经验的束缚,加速智力的发展。

在组织编写教材时,要注意吸收中青年教师参加编写工作,他们思想活跃,有不少新的见解,让他们参加编写工作,有助于教材内容的更新和培养新一代学科带头人。

4. 要有贯彻开放搞活的精神,打破封闭,开展协作。开放才能搞活,开放是当今时代的特征之一。要不断吸取古今中外一切有利于我们的新思想、新材料、新手艺、新技术,学习消化,为我所用。

开放,不应简单地理解成只是向校外开放、向国外开放,它也包括打破理论的封闭性,向生动的实践开放。电教理论只有在契入正在发展着的电教实践中时,才能保持生命的长青。

电化教育是一门新兴的综合性学科,在它面前,一人一校,往往显得无力,协作才易成功。近几年来,我国出版的几本电教课程教材,可以说都是协作的产物。

5. 要遵循科学的编写程序。教材建设,应先有课程纲要,教学大纲,然后再编写教材,按照这个程序进行工作,才能顺利前进。我们有些电教课程的教材编写,是在没有课程纲要、教学大纲的情况下进行的,倒着行走,从现有讲稿中抽出大纲,摘成纲要,以至彼此内容重复,有的则取材不当,脱离了电教专业的培养目标。这种状况,应当尽快改变。

展望未来,可以看到,我国电教课程的教材建设,在走过一段探索的路程之后,出现了一种新的发展趋势——向建立现代教材体系方向发展的趋势。

所谓现代教材体系,由两部分构成:一是书本教材(又叫文字教材、印刷教材)系统,包括教科书、讲义、教学指导书、学习指导书、习题集、实验实习指南等;另一是非书教材(又叫音像教材、视听教材、电教教材)系统,包括幻灯教材、投影教材、录音教材、电影教材、电视教材、计算机课件、唱盘教材、视盘教材等。两类教材都以教学大纲为依据,为实现同一教学目的服务。

建立现代教材体系,是要实现各种教材的系列化、成套化、多样化,这也是当今世界教材建设发展的趋势。今后,书本教材建设和非书教材建设各搞各的、互不过问的现象将会改变,书本教材的编写将与非书教材的编制同步进行,一门学科的教材编审委员会,将既负责组织编写和审定书本教材,又负责组织编制和审定非书教材,逐步做到各科教材的系列化、成套化,建立完整的现代教材体系,并像欧美和日本等国那样,做成教材箱或学习包,供教师和学生使用。

我国教材编写的另一发展趋势:将由统编变成择优,教材将具有更大的弹性,更多的品种和特色,将更便于学生自学。

电教课程的教材建设,是一项长期而艰巨的任务,但只要我们能够勤于动脑,勇于探索,发扬创造精神,完成编写具有中国特色的电教课程教材的使命,是大有希望的。

(原载于《电化教育研究》1989 年第 3 期)

# 让信息技术有效地推进教学改革

## 一、明确两个概念

让信息技术有效地推进教学改革，这是新世纪赋予教育工作者特别是信息化教育工作者的新使命。要完成这个使命，首先要明确两个概念："信息技术"与"教学改革"。

（一）什么是信息技术

对信息技术的概念，有多种不同的理解。我们的理解是信息技术是对信息的获取、存储、处理、传输所使用的手段和方法的体系。

信息技术的内涵，包括两个方面：①手段，即各种信息媒体，如电视、计算机多媒体、网络等等，是一种物化形态的技术；②方法，包括两类方法：一是信息媒体应用的方法，即运用信息媒体对各种信息进行获取、存储、处理、传输的方法，是一种智能形态的技术；二是信息系统的优化方法，即信息系统设计，也是一种智能形态的技术。信息技术就是由信息媒体、信息媒体应用的方法和信息系统的优化方法三个要素所组成的。

信息技术表现为两种形态：物化形态和智能形态。人们日常所说的信息技术，一般指的是物化形态的信息技术。对于物化形态的信息技术，大致有三种不同的理解：①信息技术就是计算机技术；②信息技术是计算机技术与网络技术的组合；③信息技术包括三种技术：视听技术（广播、电视技术等）、计算机技术、整合技术（多媒体网络技术等),笔者赞成第三种理解。如果按照第一、二种理解,那么,目前学校教育和远程教育,特别是西部地区的远程教育中,采用的一种有效的光盘播放系统(光盘教材+DVD/VCD 播放机+电视机)教学模式,就不能算是信息技术教育,显然这是不合理的。

(二)什么是教学改革

教学改革就是教学上的破旧立新,革除旧教育的弊端,建立新的教学体系。

什么是旧教学的弊端?旧教学主要有六大弊端:忘了学生;忘了能力的培养;忽视现代教育媒体的应用;忽视教学中的非智力因素;上课与谋生不搭界;教学上的注入灌输、死记硬背法。

什么是新的教学体系?新教学体系的基本特征是"六个更加注重":学生的三个发展(全面、全体、个性);信息能力、创新能力的培养;教学的个别性、合作性、探究性;使用现代技术手段;联系学生生活;情感、人格教育。当前教学改革的核心任务,就是要在教学中,运用现代教学思想和三种信息技术,去革除旧教学的六大弊端,建立具有"六个更加注重"特征的新的教学体系。

## 二、做好两件事情

(一)加快"三件"(硬件、软件、潜件)建设

加快"三件"建设,包括四项内容:

(1)加快硬件环境建设,或说信息化基础设施建设。其内容主要是校园网、多功能教室、计算机室、语言实验室、学科专用信息化教室等的建设。我国学校教育信息化基础设施建设的现状大致是:到2002年底,全国中小学已建成校园网26000多个;70%的高校已建立校园网,其中450多所实现与CERNET及因特网的互联。到2004年底,从20个省的调查统计来看,农村中小学已建成教学光盘播放点

2099 个,卫星教学接收点 48605 个,计算机教室 7094 间。从总体上说,硬件环境建设尚处在起步阶段,不够完善,未能满足当前发展的需求。

(2)加大软件资源开发力度,主要是网络课程、数字教材和学科教学资源库的开发。我国对软件资源开发一直比较重视,到 2004 年,经教育部遴选审核,提供给中小学使用的光盘就有 5272 盘,教育部—李嘉诚西部教育扶贫项目建成了总容量达 200GB 的教学资源库;中央电教馆资源中心以平均每周 4G 的数量,通过卫星 IP 广播向西部农村中小学免费提供教学资源;中国教育电视台每天安排 11 个半小时的空中课堂电视节目和教育部网站信息广播节目。已开发的软件资源从数量上说,不算少,但品种不全,适用的优质教学软件不多。

(3)加强教师与管理人员基本信息技术能力培养。这项工作,近几年来做了一些,但还很不够。当前要特别重视新一轮中小学教师的全员培训。

(4)建立精简、高效的信息化教育管理机构。这种机构应该具有五种职能:管理、服务、教学、科研、生产。其主要任务,是支持与发展教学。不仅是支持教学,更是发展教学。

(二)提高应用水平

进入新世纪以来,信息技术在教学领域的应用有了一些效果,对我国学校教学的深化改革,正在发挥着一定的作用。但是,从目前情况看,信息技术在教学中应用的潜能还没有充分发挥出来。如何提高信息技术在教学中应用的水平?如何把教学领域信息技术应用的潜力和效能充分发挥出来?这是我们今后研究和实践中需要给予充分关注的一个重大的问题。

## 三、运用三种策略

如何加快“三件”建设，提高应用水平？对此，人们提出过不少对策，其中，最重要的大致有三条。

(一)认真解决两个问题:观念问题和实际问题

1. 观念问题

一是要改变“三件”建设中“重硬轻软忘了潜”以及“重建轻用”的思想观念，建立“三建”(建网、建库、建人)同步和“建是为了用，不用何必建”的观念；二是要树立成本/效益观，重视对高成本的信息技术投入所产生的教学效益、社会效益、经济效益的综合分析，特别是教学效益，一定要认真考虑它在提高教学质量和效率、扩大教学规模、促进教学改革方面可能起的作用，力争做到低投入高效益，不断提高信息技术教学应用的绩效水平。

2. 实际问题

主要是“五个不足”问题:资金投入不足、网上资源不足、专业人员不足、技术支持不足、理论指导不足。理论指导不足，这是一个非常关键的问题，也是最易为人们忽略的问题。为什么我们制作的有些教学软件，只能由制作室进入储藏室，而进不了教室，不受教师的欢迎？为什么我们的教学，运用了现代信息技术，但产生不了好的效果，不受学生欢迎？理论指导不足是一个最为重要的原因。理论指导，这是一个相当宽泛的概念，根据目前教学实践领域的状况，我们在今后的教学中，需要较多地关注四种相关理论的学习与应用。这四种理论是:多元智能理论、混合学习理论、创新推广理论、最小代价和绩效理论。

(二)深入整合实验，创建精品课程

1. 正确理解“整合”“信息技术与课程整合”的概念

什么是整合？目前一般的理解：整合不是混合，而是把两者融合在一起，成为不可分割的整体。整合不是“盖浇饭”或“盒饭”，而是“扬州炒饭”或“手抓饭”。“盖浇饭”或“盒饭”，是把菜放在米饭上面或一边，你可以只吃菜或米饭；而“扬州炒饭”则是把米饭、火腿、鸡蛋、葱花等炒在一起，要吃就得整体吃，不能只吃其中的菜或米饭。什么是信息技术与课程整合？目前一般的理解：信息技术与课程整合是指在课程教学中引入信息技术，并使之与课程教学融为一体，以促进学习；或指将信息技术融入课程教学系统各要素中，使之成为教师的教学工具、学生的认知工具、重要的教材形态、主要的教学媒体；或指将信息技术融入课程教学的各个领域：班级授课、小组学习、自主学习，既是学习的手段，又是学习的对象。整合不是简单地将信息技术运用到课程教学中，而一定是伴随着教学思想、教学方式的变革。

2. 反思整合的过程与结果

对已经做过的事情要进行一次反思，在反思中进一步发展。

(1)整合的过程是否围绕素质教育的目标而进行？是否出现过以下不符合教学规律的现象：一味强调技术先进，忽视多媒体的优化组合；一味强调能力培养，忽视知识传授；一味强调在线学习，轻视离线学习；一味强调探究学习，否定接受学习；一味强调学生主体，忘了教师主导。

(2)整合要关注结果，注重评价。整合是否取得了好的效果：提高了教学质量和效益；促进了教学思想和教学方式的变革；有助于学生合理知识结构的建立和创造性人格的养成。

3. 深入整合实验，要以创建精品课程为重要目标

深入整合实验，最后要得到的成果是创建精品课程。什么是精品课程？其标准是什么？精品课程需要具备五个基本要素：

(1)全新的教学理念。主要是六种现代教育观：素质教育观、双主

体教育观、创新教育观、情商为主教育观、终身教育观、五大支柱教育观。

此外，针对近几年来在开展整合实验过程中，特别在进行课程设计时，人们认识上产生过的误区，以下几种新理念的建立，值得关注：

知识的拥有和知识的应用都重要，而后者更重要。长期以来，在我国学校的教学中，非常重视教学生掌握知识、拥有知识；而对教学生应用知识，用知识去解决现实中的问题，使知识产生价值，推动社会、经济的发展，则重视不够，或有所忽视，应该改变这种状况，建立一种新的理念：既重视知识的拥有，更重视知识的应用。

继承和创新都可贵，而后者更可贵。没有继承就没有创新，伟大的科学家牛顿(I.Newton)曾有一句名言："在科学上，你的进步是站在前人的肩膀上的。"继承诚可贵，创新更可贵。新世纪是一个瞬息万变、纵横交错的时代，一个充满创意的时代，它不否定继承，但更需要创新。如果总是跟在人家后面走，你的研究不会有突破，你的事业不会有成功。长期以来，我国学校对学生创新素质的培养，是一个突出的薄弱环节，造成许多学生创新意识淡薄，创新能力很弱。应该改变这种状况，建立一种新的理念：要继承，更要创新；要借鉴，更要超越。

没有万能的媒体，互联网不是"围城"，也非万能。20 世纪 90 年代中期以来，随着信息高速公路建设的迅猛发展，随着互联网进入教育教学领域，世界上许多国家都兴起了网络学习的热潮，我国也是如此。在这期间，社会上出现了这样一种颇为流行的说法：互联网不是"围城"，在这里，外面的人想冲进去，而里面的人却不想出来。

这个说法，借用了钱钟书的名著《围城》中的用语。钱钟书的《围城》，将社会的某个局部(如大学、婚姻)比喻为一座围城，并提出其经典名言："城内的人想冲出去，城外的人想冲进来"，而互联网不是围城。这个说法有一定道理，互联网确实有着巨大的吸引力，开展网络教学是大势所趋。但是,网络教学虽有许多优点,也有其不足之处,有其局限性,如对情感的陶冶、实际操作能力的培养,在这些方面,它和传统教学相比并没有什么优势。计算机网络作为一种教学媒体,不是万能的。当代媒体理论所揭示的:“没有一种万能的媒体,某一种媒体,对某一种教学活动来说,可能会比别的媒体更为有效,但是,没有一种人人适用、处处适用的万能媒体。”这个道理并没有过时。

没有万能的学习理论——建构主义学习理论:提倡而不迷信。有没有一种能够解决学习与教学中所有问题的万能的学习理论?没有。要重视建构主义学习理论,因为它对我国当前的教学改革更有现实意义。但我们不能对它迷信,各种学习理论都有其优势和不足。对理论的态度应是不盲目崇拜,不简单批判,不机械照搬,兼容并包,择善而从。

(2)丰厚的教学资源。教学资源是一个比较广泛的概念,包括教学信息、教学媒体、教学人员、教学环境,等等。丰厚的教学资源,就一门课程来说,主要指已建立了这门课程的现代教材体系,已有了这门课程的课程教材包、教学资源库、教学网站等,已为这门课程创造了数字化、网络化的教学环境。

(3)先进的教学技术。主要指三种技术:现代媒体技术、现代媒传技术、现代教学设计技术。是不是精品课程,看你是不是正确、恰当地运用了这三种技术。

(4)探究的教学模式。这是相对接受的教学模式,即只是教师讲学生听的教学模式而言的。它强调学习者对知识的自主建构,而不仅是信息的传递和接受,但也并不排斥教师讲、学生听作为某个教学环节的方式。常见的这种模式有:基于问题的学习模式、基于项目的学习模式、基于案例的学习模式、个性化学习模式、探究性学习模式、协作学习模式。

(5)规范的教学管理。具有规范的教学管理系统,包括学籍管理、教务管理、学习管理、考试管理等。制定课程、课题、课时计划;学习活动中教学资源管理计划;技术环境中学生学习的管理策略;考试题库管理等。

上述五个基本要素,是精品课程的五大支柱,也是衡量是否精品课程的五个标准。

(原载于《中国电化教育》2007 第 1 期)

# 电化教育研究与实验

# 关于电教研究和电教实验的几个问题

## 一、电教研究的目的和方法

电教研究是一项开发性的工作,它是在向未知世界开战。它的目的有二:一是发现电教过程的规律;二是建立系统的电教理论。

电教研究一般分为基础研究和应用研究两种,前者的目的是建立理论,后者则以解决现实问题为出发点。对于电教科学的发展来说,这两种研究都不可缺少。我们要建立具有中国特色的电教科学体系,既需要基础研究,也需要应用研究,二者是相辅相成的。

我国电教工作者,真正从事电教研究,可以说刚刚开始,应用研究是比较薄弱的,基础研究也不为人们所重视,因此,当前我们的电教研究应是重视基础,加强应用,两种研究,同步前进。

电教研究的方法多种多样,分类法也有不同。有的人把它分为三类:(1)抽样调查法;(2)内容分析法;(3)实验法。有的人把它分为四类:(1)历史法;(2)比较法;(3)哲学分析法;(4)科学分析法。也有的人把它分为五类:(1)实验法;(2)多因素分析法;(3)综合研究法;(4)追踪研究法;(5)运用现代电子设备和控制论理论研究法。还有的人把它分为六类:(1)历史法;(2)观察法;(3)调查法;(4)实验法;(5)测验法;(6)统计法,等等。电教研究方法分几类,怎样去分类?这不是什么原则问题,分类只是为了便于阐述。我过去把它分为这样四种:(1)观察法;(2)调查法;(3)实验法;(4)文献法。因为这几种是电教研究中经常采用的方法。

## 二、电教研究应遵循的基本原则

1. 坚持严格的客观性。在电教研究中，要采取严格的科学态度，忠实地反映客观现实，对所研究的对象和问题不抱任何偏见或成见，事情是黑就是黑，是白就是白，有一是一，有二是二，不夸大，不缩小，绝对尊重事实，无条件地接受真理，即使它是跟自己的愿望相违背的，或者使自己的研究前功尽弃的。严格的客观性，就是要正视客观事实，反映客观事实，一切从客观事实出发，一切以客观事实为依据，实事求是。

2. 坚持系统观点。就是把所研究的对象看成是一个系统，这个系统是由两个以上的要素构成的，各要素是彼此互相联系互相作用的。对任何对象的研究，都要从它的要素、结构、功能、联系方式、历史发展等方面，进行综合的、系统的考察。

3. 研究方法、手段的最优化。进行电教研究时，采用的方法、手段应当是当前条件下最有效的。各种研究方法和手段，有各自的特点和功能，某种方法、手段，对这一项研究是有效的，对另一项研究就不一定有效。没有一个万能的方法或手段。实验法是一种重要的电教研究方法，但对属于电教史性质的问题，就不好采用实验法。在电教研究中，要注意尽可能运用现代技术手段，如录音、幻灯、录像，特别是计算机。电教研究是向未知世界开战，战斗者如能设法拥有并使用新式技术武器，就更具有取得胜利的有利条件。

4. 定性研究与定量研究结合。电教研究应该从定性研究和定量研究两个方面入手。二者是相互促进的，必须使它们结合起来。目前，我们的电教研究中，在一些问题的探讨上存在着这样一种倾向，偏重于抽象理论的推导，忽视具体实际的论证；偏重于定性研究，忽视定量研究。尽管每一道理也能自圆其说,却较少实践价值,缺乏说服力,有些也经不住深入推敲。这种情况是应该加以改变的。一定要重视定量研究。所谓定量研究,就是采用数学的方法,对各种复杂的现象进行量的分析,掌握其数量特征和数量变化,并在数量分析的基础上,论证理论假设的信度,做出性质上的结论。

[原载于《电化教育》(现《中国电化教育》),1984 年增刊第 2 期]

# 电教科研:90年代的目标、课题和方法

## 一、简略的回顾

我国的电化教育科学研究,是20世纪80年代初在实践的呼唤下开始兴起的。自80年代初到现在,十多年过去了,我国的电教科研发展状况怎样?是快?是慢?有无成绩?对于后一个问题,我想大家的认识是一致的:有成绩。不论在电教的基础理论研究方面,还是在电教的应用和发展研究方面,以及在电教的基本文献资料和工具书的编纂方面,都有着一批有一定价值的成果。十多年来,经过我国广大教师和电教工作者的辛勤耕耘,我国电教科研的园地上,虽然还不能说是繁花似锦,但也绝非一片荒芜。对于发展速度是快是慢的问题,人们看法不一,有的认为快,有的认为慢。我赞同这样的观点:向前看,路漫漫,离要达到的终点还很遥远,觉得发展速度是慢的;但回头看看,终究已走过了一段不短的路程,又觉得发展速度是快的。

十多年来,我国的电教科研是有成绩的,但也存在着一些问题。主要问题有三个:

1. 研究的视野较窄。对学校电教研究较多,对其他电教系统研究不足;对电教媒体研究较多,对电教中的教师和学生研究不足。

2. 研究的方法较旧。有人说,在电教研究中,"个人感受+他人研究成果+经典著作的某些片断+对比实验数据"之类的研究模式盛行,系统方法、模型技术、计算机技术的采用不多。这个说法基本符合实际。

3. 引进的痕迹较浓。许多概念、原理、材料、数据,都程度不同地取自国外的和国内的有关学科的资料，尚未形成一套自己的必要的概念系统。

## 二、电教科研的指导思想和原则

关于电教科研的指导思想,我想用以下四段话来表述:

1. 以现代教育媒体的理论和应用研究为核心。电化教育的研究对象,必须有现代教育媒体的参与。电化教育系统是一个结构复杂的大系统,它的边界最明显的标志是含有现代教育媒体这一元素。电教研究以现代教育媒体的研究为核心,并不排斥传统教育媒体。但是,单纯的传统教育媒体的教学,如单纯的"粉笔+黑板"的教学,不是电教的研究对象。电教研究不只是研究现代教育媒体,而是研究现代教育媒体参与下的整个教育过程各要素及其相互关系。它所追求的,不是教育过程的机械化,而是最优化。

2. 以构成电教的四大系统(学校电教、广播电视教育、卫星电视教育、计算机教育)的研究为范围。电教研究不应局限于学校电教系统,构成电教四大系统中的理论和实践问题都属它的研究范围。

3. 以为五种教育(普通教育、高等教育、成人教育、职业教育、继续教育)的深化改革服务的研究为方向。电教研究要有助于促进五种教育的深化改革。电教研究者要有改革的意识,为实现五种教育的现代化而努力。

4. 以农村电教的研究为重点。中国11亿人口,8亿在农村。大力开展农村教育综合改革,不断提高广大农村劳动者的素质,以促进农村经济的进一步发展,是当前我国面临的一项紧迫任务。电化教育在推进农村教育综合改革方面有着巨大的潜力，过去我们对此研究不多,90年代应以此为重点,在这方面进行较全面的深入探索。

关于电教科研的原则,我想提出以下四条。

1. 针对性与直接社会效益。这是在确定科研课题时,应重视的一条原则。电教研究要重视针对当前电教理论和实践中出现的问题来确定选题;要重视那些容易产生直接社会效益的选题。这样的选题,容易为社会接受,受群众欢迎,并对理论的发展有着较高价值。

2. 多方参与。电教工作涉及面广,电教学科是一门综合性学科,因此,进行电教研究,电教专业人员不能搞自我封闭,孤军作战。必须动员广大教师、广大学生以及社会有关人士积极参与、协同作战,才能取得优异的成绩。

3. 注重基础,加强应用,不忘开发。电教研究,既要注重基础理论研究,又要注意突出以应用研究为重点,同时也不要忘记开发研究,使我国的电教理论、方法、技术、软件与硬件都能得到日新月异的发展。

4. 立足本国,面向世界;立足现在,面向未来。电教研究要采中外古今法。对于外国的可供借鉴的东西,要学习,但不机械模仿,照搬抄袭,要有本国的特色,要有所发展。电教是面向未来的事业,不能没有“未来”观点,但要结合现实社会的需要,不搞空中楼阁。

## 三、90 年代的目标、课题和方法

### (一)奋斗目标

20 世纪 90 年代我国电教科研的主要奋斗目标是争取在电教发展所提出的重大理论和实际问题的研究上,取得突破性进展。在此基础上,初步形成有中国特色的电化教育理论体系。

20 世纪 80 年代,在构建电教理论体系方面,我们做了一些工作,建立了由七论(本质论、功能论、发展论、媒体论、过程论、方法论、管理论)构成的电教理论体系的雏形。但那只是初步的,我们还未建立一套较为完备的自身的概念系统,我们对有些理论还难于做出深入的科学的论证。我们所做的工作只是架搭基本框架,框架虽已基本搭起,但主体工程尚未完成,内部安装更有待进行。90年代我们要继续努力,力争进入2000年时,将我国的电教理论大厦基本建成。

(二)重点课题

电教科研的主要内容,大致包括三个方面:电教基础理论的研究;电教的应用研究;电教的发展研究。这三个方面,是个非常广阔的天地,蕴藏着众多的研究课题。我们试图从中摘取20个,作为90年代我国电教科研的重点课题。(1)我国电化教育发展战略研究。(2)具有中国特色的电化教育的研究。(3)电化教育与社会、经济的发展。(4)电化教育与深化教育改革。(5)电化教育的理论基础。(6)电化教育过程和模式。(7)电化教育过程中的学生和教师。(8)电化教育与优化德育过程。(9)电化教育与教学过程的积极化和强化。(10)各科现代教材体系的设计、编制与评价。(11)各科电化教学方法体系的设计与应用。(12)现代媒传教学法。(13)计算机课件的开发和应用。(14)广播电视教育的功能和效能。(15)卫星电视教育的网络建设与教学管理。(16)电化教育与农村教育综合改革。(17)个别化学习和特殊教育中的媒体开发和应用。(18)电化教育的管理体制和评估方法。(19)中国电化教育史。(20)各国电化教育的比较研究。

(三)一般方法

做任何事,要想取得成功,必须注重方法。爱因斯坦的成功公式:成功=辛勤劳动+正确方法+珍惜时间,其中一个要素就是方法。从事电教科研,也必须注重方法,才能事半功倍,取得优良成果。

从事电教科研,可采取的方法多种多样,如调查法、实验法、比较法、内容分析法、因素分解法,等等。我们这里不讨论这些具体的研究方法,而只是在一般意义上谈谈电教研究的方法。

我想提出这样两种方法:科学的方法、民主的方法。

所谓科学的方法,这里主要是指逻辑方法与数学方法的结合。逻辑方法和数学方法是在各门科学的研究中常用的两种方法。这两种方法各有所长,前者的长处在于说理,后者的长处在于准确,交叉使用,可以互相补充,割裂使用就难免失之偏颇。以往,我们在电教研究中,逻辑方法用得比较多(偏重于抽象理论的推导),数学方法用得比较少,偏重定性分析,忽视定量分析。因此,有些研究尽管在道理上也能自圆其说,但总觉说服力不够,这是今后需要改进的。当然我们的改进,并不是只要数学方法,不要逻辑方法,只重视定量分析,忽视定性分析,而是要两者的结合。近两年,我们在审阅学生论文中有时也会发现这种现象:数据满篇,但分析不当,得不出应有的结论,研究成果不能为大众所共享。这也是需要注意纠正的。

所谓民主的方法,这里主要是指个人研究与协作研究的结合。电教研究应该提倡各方人士的广泛协作, 特别要争取广大教师的积极参与。电化教育是多种学科互相传播,交织在一起而形成的一种综合性学科,单靠电教专业,人员的孤军作战是很难取得优良成果的。民主的本质含义之一是宽容与信任。动员起各方人士,互相宽容,互相信任,为着共同的目标,协作攻关,就能无往而不胜。特别是一个大的课题,如“德育教材的设置与编制”“卫星电视教育系统研究”“电教发展战略研究”等等。不搞协作是难于得到有价值的成果的。当然,我们提倡协作研究,并不是要排斥个人研究,没有个人的深入钻研,协作研究也难望有成。对一些小的课题,还是要以个人研究为主。

以上两种方法,都是大家所熟悉的,毫无新鲜之处。这里提出来是想强调一下,进行电教科研,在考虑方法问题时,要注意两个结合:逻辑方法与数学方法的结合;个人研究与协作研究的结合。

(原载于《电化教育》1992 年第 3 期)

# 90年代以来我国的五大现代教育技术实验

## 一、什么是现代教育技术实验

现代教育技术(电化教育)实验,就是在现代教育思想、理论的指导下,用三种技术,做两件事情,实现一个目标。

(一)在现代教育思想理论指导下

同现代教育技术实验关系较直接、较密切的现代教育思想,主要是六种现代教育观,它们是素质教育观、终身教育观、双主体教育观、创新教育观、情商为主教育观、四大支柱教育观。

同现代教育技术实验关系较直接、较密切的现代教育理论,主要是三个三种学与教的理论:三种学习理论——行为主义学习理论、认知主义(含建构主义)学习理论、人本主义学习理论;三种教学理论——赞可夫的发展教学理论、布鲁纳的结构—发现教学理论、巴班斯基的教学最优化理论;三种传播理论——拉斯威尔的“5W”理论、施拉姆的双向传播理论、罗贝的SMCR理论。

所谓在现代教育思想、理论的指导下,就是主要在上述六种教育观和三个三种学与教理论的指导下开展实验工作。

(二)用三种技术

什么是技术?技术就是把理论应用于实践的手段和方法的体系,可分为物化形态的和智能形态的两类,前者又叫硬技术,后者又叫软技术。

这里所说的三种技术就是:(1)现代媒体技术,即教育教学中应用的现代技术手段,也就是现代教育媒体,是一种物化形态的技术;(2)现代媒传技术,即运用现代教育媒体进行教育教学活动的工作方法,也就是媒传教学法,是一种智能形态的技术;(3)教学系统设计技术,即优化教学过程的系统方法,也就是教学设计,是一种应用广泛的智能形态的技术。三种技术合起来,就是现代教育技术。现代教育媒体、媒传教学法、教学设计是组成现代教育技术的三个基本要素。所以用三种技术,也就是运用现代教育技术。

(三)做两件事情

1. 开发、利用教学资源。教学资源包括教学信息、教学媒体、教学人员、教学环境等。我们的实验中,需要积极开发、充分利用的教学资源,最主要的是现代教材资源和现代教学技术环境资源,也就是现代教材体系和电化教育系统工程的建设和利用。

现代教材体系由两个部分构成:一是书本教材(又叫文字教材、印刷教材)系统,包括教科书、讲义、习题集、实验实习指南、教学指导书、学习指导书等;另一是非书教材(又叫音像教材、视听教材、电教教材)系统,包括幻灯、投影、录音、电影、电视、唱盘、视盘、计算机课件等。两类教材都以教学大纲为依据,为实现同一目标服务。现代教材体系的明显特征:(1)系列化、成套化;(2)多媒化。它的最后形态是现代教材箱。

电教系统工程主要包括八室、一站、三系统。八室:普通电教室、多媒体综合电教室、语言实验室、计算机室、学科专用电教室、微型电教室、视听阅览室、电教教材库。一站:卫星地面接收站。三系统:广播系统、闭路电视系统、计算机网络系统。

2. 优化教学过程。就是使教学过程各组成要素(教学任务、内容、手段、方法、效果等)及其相互关系,都处于良好的状态,做到整体优化。

(四)实现一个目标

就是建立适应素质教育要求的，以教学模式为核心的现代教学体系。

什么是素质教育？正确理解素质教育的概念，必须记住三个字、两个重点、一句话。

三个字：三发展，即全面发展、全体发展、个性发展。这是素质教育的基本特征；两个重点：创新精神和实践能力，培养和发展学生的创新精神和实践能力是素质教育的重点；一句话：培养创造型人才。这是素质教育追求的目标。

适应素质教育的要求，也就是我们的实验一定要有助于三个发展；有助于创新精神和实践能力的培养；有助于培养创造型人才。

现代教学体系包括四个方面的内容：现代教材体系；现代教学方法体系；现代教学模式体系；现代教学理论体系。建立现代教学体系，就是建立各门学科的这四种体系。

在现代教育思想、理论的指导下，用三种技术，做两件事情，实现一个目标。这就是现代教育技术实验的基本内涵。

## 二、五大现代教育技术实验概述

我国有组织、有计划地开展现代教育技术(电化教育)实验，始自20世纪80年代。

20世纪80年代，我国学校现代教育技术实验大致可分为两类：媒体对比实验和专题实验。媒体对比实验，主要是将某一现代教育媒体(幻灯、投影、录音、录像等)与传统教育媒体(口语、板书、挂图、模型等)进行对比，探讨、总结各种现代教育媒体的特点、功能、作用及其在不同学科中的使用方法和效果。专题实验，主要是研究现代教育媒体在完成某一教学任务、目标过程中的作用及如何发挥其作用。研究的专题,如“幻灯在识字教学中的作用”等。

进入20世纪90年代,随着现代教育技术的发展,学校的现代教育技术实验日益广泛、深入,研究的层次不断提高,由媒体对比与专题为主的实验,进入到整体、综合为主的实验的更高层次,使学校现代教育技术实验进入到一个新的发展阶段——综合实验为主的阶段。

90年代以来,我国学校进行的现代教育技术实验,规模较大、影响较广的主要有五个。

(一)“电化教育促进中小学教育优化”课题实验

这是全国教育科学“八五”规划国家教委级重点课题,由中央电化教育馆组织实施。时间:1991年—1995年。实验学校:31省、市,82校。

(二)小学语文“四结合”教改实验

这是国家教委基础教育司批准立项的重点科研项目,由全国中小学计算机教育研究中心组织实施。时间:1994年开始,现仍在进行中。实验学校:22省、市,602校。

(三)电化教育促进中小学由应试教育转向素质教育的实验研究

这是全国教育科学“九五”规划课题,由中央电化教育馆组织实施。时间:1997年开始,现仍在进行中。实验学校:18省、市,236校。

(四)全国1000所中小学现代教育技术实验学校教改实验

由教育部基础教育司和电教办组织实施。时间:1998年开始,现仍在进行中。

(五)高等学校课程电化教育试验

这是广东省高教厅重点科研项目。由广东省高教电教中心组织实施。时间:1991年开始,现仍在进行中。实验学校:46校。

## 三、现代教育技术实验的基本经验

经过近十年的上述五大实验研究，我国广大教师和电教工作者积累了不少有益的经验。基本经验如下：

(一)成功的实验,必须要有现代教育思想理论的指导

在这方面,成功者的主要经验：

1. 实验应在上述六种现代教育观和三个三种学与教理论的指导下进行,才能确保实验成果的四性(科学性、适用性、先进性、精品性)。

2. 没有一种万能的学与教理论。不要企图用一种学与教理论,去解决学习与教学中的一切问题。

近年来,我国电教界有的同志重视认知学习理论的研究,并对认知学习理论与电化教育的关系问题进行了较深入的探讨，取得了不少成果,这是非常可喜的现象。至于有人认为,有了认知学习理论,行为主义学习理论和其他学习理论对电教实践就没有什么用处了,就不必去研究了。这种认识,恐怕是有问题的。行为主义学习理论,如桑代克的共同经验、多重刺激理论;斯金纳的强化理论以及在此基础上制定的程序教学的四条基本原则(小步子、自定步调、积极反应、及时强化);在教学设计中,提倡使用行为术语陈述教学目标等等,这些来自行为主义学习理论的东西,对我们仍是有积极意义的。不能因为要重视认知学习理论,而全盘否定行为主义学习理论。各种学与教理论都有它的优势与不足,我们可以根据电教实践的需要,运用不同的学与教理论,解决不同的学习与教学中的问题。

对待理论的态度,应是不盲目崇拜,不简单批判,不机械照搬,不一概排斥,兼容并包,择善而从。

（二）成功的实验，必须要有三种技术（教学设计、现代教育媒体、媒传教学法）的支持

在这方面，成功者的主要经验：

1. 必须重视教学设计，为学生保证良好的学习条件。进行教学设计，主要抓四个要素，解决三个问题。四个要素是教学目标、教学资源、教学策略、教学评价。三个问题：(1)必须让学生学习什么？即解决目标问题；(2)为达到目标，需要使用什么教学资源和采用什么策略？即解决资源和策略问题；(3)如何评价教学结果？即解决效果的评价问题。

2. 必须重视现代教育媒体的正确应用。用现代教育媒体建立新模式、新策略，要求体现两个东西：(1)新媒体是必不可少的，不是可有可无，不是旧模式+新媒体的加法模式；(2)要体现以学为出发点、教为学服务的观点。

3. 没有一种人人适用、处处适用的万能媒体。每一种媒体都有它的长处，对某种学习特别有效。教学需要多种媒体来配合。

近年来，以计算机为核心的多媒体技术和网络技术的教育应用，受到广泛的关注，对这方面的研究，受到普遍的重视，并取得了不少成果；许多学校的电教专业都开设了这方面的专题讲座，有的把它作为一门必选课程，计算机网络系统的建设，也有很大发展。这是非常可喜的现象。

重视多媒体技术的教育应用研究，是完全应该的、必要的，但是，如果认为计算机多媒体可以取代其他教学媒体，可以取代教师，只要重视研究计算机多媒体的教育应用就行了，不必再去研究其他媒体的教育应用，如果有这种认识，那就是有问题的，不正确的。

20 世纪 50 年代，美国出现了程序教学和教学机器，稍后，计算机开始应用于教学，当时在社会上引起了一股研究教学机器的浪潮，

有人预言:“计算机将取代教师,取代其他媒体,学校即将消亡。”几十年过去了,这个预言并没有实现,破产了。后来有人分析这种预言产生的原因,认为是由于这种人把计算机的教育影响放在了一种狂热和偏激的心态下。今天,我们在对计算机多媒体教育影响进行估计时,也要防止“把它放在狂热和偏激的心态下”。计算机多媒体的教育应用,将会引起教学教育上的重大变化,但它不会取代其他媒体,不会取代教师,不会使学校消亡。那种认为只要重视计算机多媒体技术教育应用就行了,不必再去研究和应用其他教学媒体的想法,既不符合中国国情,也不符合时代精神和国际实际。新时代、信息社会是多元化的,它呼唤多样性,它不是要让世界变得单一和枯燥,而是要让世界变得更加丰富多样,多姿多彩。当今世界各国在教学领域中,使用得最多的媒体,仍是投影、录音与电视,而不是计算机多媒体。因此,我们的观点是要重视多媒体技术的教学应用和研究,但不能忽视其他教学媒体的应用和研究。

(三)成功的实验,必须要有明确的目标和恰当的选题

在这方面,成功者的主要经验:

1. 确定实验目标,要难度适中,并便于检测。实验目标的确定,要有一定难度,要“跳起来才能摘到桃子”。要重视发展学生的潜力,学生取得学习成果,不是举手可得,而应努力跳起来才可得到。但也不能过难,以至于使劲往上跳也摘不到桃子。为了便于检测,可适当采用行为术语(说出、阐释、列举、操作等)来表达实验的结果。

2. 选题要力求适应社会需求,与教改结合。我国学校的科研工作,在选题方面,存在的一个较普遍的问题,是关注社会太少,贴近教改不够。为什么我们辛辛苦苦搞出的科研成果,常常得不到社会的认可、教师的欢迎,产生不了效益,其主要原因,就在这里。选题适应社会需求,讲求社会效益,与教改结合,其研究成果才会受到教师的欢

迎、社会的认可,体现旺盛的生命力。

(四)成功的实验,必须要有认真的评价

在这方面,成功者的主要经验:

1. 既重视诊断性评价和终结性评价,更重视形成性评价。形成性评价是在实验过程中进行的评价。它不断地了解实验活动的进程,并发现存在的问题,从而及时修正、调整实验过程,使之始终朝着预定的目标前进。

2. 他人评价与自我评价相结合。评价活动要重视评价者的意见,要重视他评,同时,也要重视自评,不能忽视被评价者在评价过程中的作用。要他评与自评相结合。这样,不仅有利于提高评价结果的质量,使评价结论更全面、准确,而且,可使评价结论更容易被评价者所接受和理解,防止产生对立情绪。

近年来,在实验中,有的教师结合说课进行自我分析、自我评价的做法;在几节观摩课后,由专家作现场讲评的做法,效果很好,值得推广。

3. 评价方法,应定量与定性相结合。重视采用定量分析的方法,使教育现象数量化,以保证评价结果的科学性。但是,教育现象很复杂,具有模糊性,有些教育现象,如教师的教学风格、教学艺术、学生的学习水平,是难以定量的。单纯用数量方法,难以反映其确切情况,很难做出准确的描述。在这种情况下,则应采取定性分析的方法。

在评价活动中,采用定量与定性相结合,是提高评价结果客观性和准确性的重要途径,也是当今世界教育评价方法发展的一般趋势。

4. 优秀实验成果,要上报、上刊、上书、上网。推荐到报纸或书刊上发表,并在计算机互联网和卫星电视网上交流,使实验者感受到成功的喜悦,优秀成果为人们所共享。

(五)成功的实验,必须要有创新的精神

在这方面,成功者的主要经验:

1. 正确处理借鉴与创新的关系。实验者在实验过程中,要继承和借鉴百家之长,走自己开辟创新之路。对古今中外一切好的东西,可以采取拿来主义,把它拿来,但不能止于拿来,要在拿来的基础上有所创新,使之变成拿去。没有创新,不思开拓,止步于前人的成就,是难以取得成功的经验的。

2. 以先驱者为榜样,努力做一个创造的教育工作者。广大教育工作者,在从事现代教育技术实验过程中,常引用陶行知先生的话:"在教育界,有胆量创造的人,即是创造的教育家;有胆量开辟的人,即是开辟的教育家,都是第一流的人物。"以此来激励自己,在实验征途上追踪着先驱者的足迹,努力做一个创造的教育工作者,为深化教改做出贡献,使自己成为教育战线上的第一流人物。

现代教育思想理论的指导,三种技术的支持,明确的目标,恰当的选题,认真的评价,创新的精神,是构成成功实验的六个基本要素。六个要素都不能缺,缺少一个,也难取得成功。这就是20世纪90年代以来,我国广大教师和电教工作者在从事现代教育技术(电化教育)实验中取得的基本经验。

(原载于《电化教育研究》1999年第6期)

# 其　他

# 教育传播学的性质和对象

## 一、教育传播学是什么性质的学科

现代科学技术体系所包含的学科有好几千种，仅自然科学就有2400多种,这些学科大致可分为两类:一类是单一学科,就是其内容只涉及一门科学的领域,如数学、物理学、化学、历史学、社会学、经济学,等等。另一类是交叉学科,就是其内容涉及两门或两门以上科学的领域。它又可分为三种类型:(1)边缘学科,是两门学科相互交叉的产物,即两门学科的基本理论、方法,作用于同一个研究对象,其内容涉及两门科学的领域,如生物化学、社会心理学,等等。(2)综合学科,是两门以上学科相互交叉的产物。即两门以上学科的基本理论、方法,作用于同一个研究对象,其内容涉及两门以上科学的领域,如生物物理化学、环境科学等。(3)横断学科,这类学科具有两种特性:它是多种学科相互交叉的产物;它的概念、理论和方法具有很强的方法论功能,可以作用于多种其他学科,从横的方向上研究多个对象。如系统科学的三论(系统论、信息论、控制论),它们是哲学、人类学、生物学、数学、物理学、电子科学以及计算机科学等互相渗透、互相结合的产物;它们的概念、理论和方法都具有很强的方法论功能,具有向各个领域广泛渗透的可能性。

教育传播学是属于交叉学科中的边缘学科，是教育学和传播学相互交叉、相互渗透的产物。它是传播学的一个分支,也是教育学科的一个分支。

传播学诞生于20世纪40年代。美国学者宣伟伯(Wibur Schramm)综合新闻学、社会学、心理学、政治学、语言学等学科的研究成果,对信息传播作了深入研究,创立了传播学。传播学发展到今天,出现了不少分支,如传播原理、大众传播学、人际传播学、教育传播学,等等。

教育学是一门源远流长的科学,具有悠久的历史,它发展到现在,已形成许多分支,如普通教育学、学前教育学、高等教育学、特殊教育学、比较教育学、职业教育学、成人教育学、教学论、德育论,并与其他学科交叉,形成了教育心理学、教育社会学、教育经济学、教育统计学、教育行政学、教育人类学、电化教育学、教育传播学、教育技术学、教育未来学等。

教育传播学是综合运用传播学和教育学的理论和方法,设计、实施、评价学习和教学全过程,以实现教学和教育的最优化。

## 二、教育传播学研究的对象和范围

教育传播学研究的对象,是教育传播现象和规律性。教育传播学就是通过对教育传播现象和问题的研究,去揭示教育传播规律的一门科学。它的对象是整个教育传播系统和学习与教学全过程。

教育传播学研究的范围,主要包括以下这些方面。

(一)教育传播系统的研究。包括教育传播系统诸要素及其相互关系,教育传播系统的结构、功能和所要达到的目标,等等。

(二)教育传播过程和模式的研究。包括教育传播过程的各阶段,教育传播中的干扰,教育传播的反馈,教育传播过程最优化的设计,教育传播模式,等等。

(三)传者——教育者的研究。包括教育者的作用、责任和应具备的品质,等等。

（四）教育传播内容的研究。包括教育信息的本质，教育信息的基本运动规律，如教育信息的识别、提取、变换、存贮、处理、传递、检索等的原理和规律。

（五）教育传播媒体的研究。包括教育传播媒体的分类、特点和功能，教育传播媒体的选择与应用，等等。

（六）受者——受教育者的研究。包括受教育者的作用、责任和应具备的品质，等等。

（七）教育传播效果的研究。包括怎样使教育传播取得效果，影响教育传播效果的因素，教育传播效果的测量与评估，等等。

（八）教育传播与教育环境的关系的研究。包括家庭环境、学校环境、社会环境对教育传播的影响，等等。

教育传播学是研究教育者和受教育者通过传播行为来建立关系的学问。教育者和受教育者怎样互相影响，怎样共享信息，怎样传授与接受，怎样受教与教人，等等，都是教育传播学研究的范围。

## 三、教育传播学和视听教育学、电化教育学、教育技术学的异同

这是几门既有联系又有区别的不同学科。

视听教育学是以教育媒体（包括传统教育媒体和现代教育媒体）的研究和应用为核心，它要探讨的是怎样运用各种视听媒体，有效地传递教育信息，以达到教育过程的优化。

电化教育学是以现代教育媒体的研究和应用为核心，它要探讨的是怎样运用现代教育媒体，并与传统教育媒体恰当结合，有效地传递教育信息，以达到教育过程的优化。

教育传播学和教育技术学是对所有教育资源和教育系统的所有组成要素及其相互关系，进行综合研究，以期提高教育效果，达到教育过程的优化。它在研究中，对教育系统的所有组成要素，同等对待，

一视同仁。

教育传播学和视听教育学、电化教育学的区别：

1. 在研究和应用中，视听教育学以教育媒体为核心；电化教育学以现代教育媒体为核心；教育传播学没有核心，同等重视教育系统的所有组成要素。

2. 教育传播学是从整体（所有教育资源）出发，来探索新的教育方式，以期达到优化的教育效果。视听教育学和电化教育学是从局部（教育媒体或现代教育媒体）出发，来探索新的教育方式，以期达到优化的教育效果。

教育传播学和教育技术学的区别：

教育传播学主要从理论的角度，揭示教育传播的规律，探讨教有传播的知识体系，着重回答教育传播研究中"是什么"，"为什么"的问题。

教育技术学主要从技术的角度，探讨把教育传播理论应用于实践的手段和方法的体系，着重回答教育传播实践中"做什么""怎么做"的问题。

教育传播学和视听教育学、电化教育学、教育技术学的相同处：

1. 它们所追求的目标是一致的，都是在探索新的教育方式，都是为了改进教育，实现教育过程的优化。

2. 它们在研究中，都很重视现代科学技术成果的应用。这里所说的现代科学技术成果，主要是指现代心理学、教育学、社会学、语言学、行为科学、系统科学、脑科学等的研究成果和电子传播技术、信息处理技术等。

为了便于理解上述问题，有必要对其中涉及的几个名词概念作一点简要的说明。

"现代教育媒体"，主要是指当前教育上所使用的电子技术媒体，如幻灯、投影、录音、电影、电视、电子计算机等。

“传统教育媒体”,主要是指非电子媒体,如黑板、文字教科书、挂图、标本、模型等。

“教育资源”,包括人力资源和物力资源。人力资源是指学生、教师、校长、家长及其他教育管理人员。物力资源:(1)学习环境,包括学校的教室、实验室、图书馆、体育馆等,以及校外的文化馆、博物馆等;(2)教学条件,包括教材、图书资料、仪器设备、视听手段等。

“教育过程的优化”,即做到在规定时间内,以较少的精力达到当时条件下尽可能大的效果。这里所说的“优”,不是绝对的,而是与具体条件相联系的,是在某一条件下的优,在另一条件下未必是优。优化观点很重视整体的优化,而不能要求每个部分都优,个个、处处、事事都优,那是办不到的。

## 四、我国教育传播学的建立

20 世纪 80 年代初,我国自国外引进了教育传播的概念和理论,不少同志开展了这方面的研究,并为建立我国的教育传播学而努力。以下是有关我国教育传播学建立的片断回忆。

1982 年,华南师范大学在广州举办教育传播理论讲习班,邀请美国著名传播学家宣伟伯(Wilbur Schramm)博士和香港中文大学余也鲁教授担任主讲,参加的有来自全国的电教工作者 300 多人。讲习班进行了六天, 内容共七讲:(1) 怎样克服对新教育科技的阻力;(2)怎样选择教学媒体;(3)教学软件制作的路线;(4)介绍五个新事物传播的实验;(5)介绍两个卫星教学实验;(6)电视在现代化教学中的新任务;(7)现代媒体教学的理论与实际。

1983 年,华东师范大学教育科学研究所电教研究室译编英国非利普-希尔思(PhilipHills)著《传播过程与教学》,共十章:(1)人类传播与教育过程;(2)教学作为传播过程;(3)传播中的心理学问题;(4)言语和非言语的传播;(5)视听传播;(6)人际和小组的传播;(7)大众传播的种类;(8)学生作为信息接收者;(9)教师作为信息发送者;(10)有效的教学。

1984 年后,我国的教育刊物特别是电教刊物,如《教育研究》《外语电化教学》《电化教育》《电化教育研究》等,陆续发表了一批探讨教育传播问题的文章。有的大学还试开了"教育传播理论专题讲座"课。

1985 年,《教育传播学》被正式列入国家教委制订的"七·五"教材建设规划中。全国电化教育课教材编审组也将《教育传播学》列入"七·五"教材编写计划。

1987 年,国家教委师范司在天津召开高等师范院校本科专业目录讨论会,会议确定《教育传播学》为电化教育专业的必修课程。

1988 年,江西师范大学教育传播系在庐山举办教育传播学讲习研讨班,请美国访问教授安德逊(Bemard D.Anderson)博士担任主讲。内容共 9 讲:(1) 西方传播学研究简史;(2) 现代心理学和传播学理论;(3)教育传播学是一门科学还是一门艺术;(4)西方教育传播与技术的课程设置;(5)大众媒体学习理论;(6)现代信息技术;(7)如何选择电子的与非电子的媒体;(8)如何培养教育传播领域的教师;(8)教育传播的未来发展趋势。

1988 年后,不少设有电教类专业的高等院校陆续开设了"教育传播学"课,各校教学内容不尽相同。下面是华南师范大学、江西师范大学、西北师范大学初步讨论制订的这门课程教材的大纲,共 11 章:(1)绪论;(2)教育传播学的理论基础;(3)教育传播系统;(4)教育传播过程和模式;(5)教育传播中的教师与学生;(6)教育传播信息;(7)教育传播媒体;(8)教学中的言语传播与非言语传播;(9)课堂教学传播和远距离教学传播;(10)教育传播效果;(11)教育传播活动实例分析。

从以上的片断回顾，可以略见我国教育传播学理论框架形成的轨迹。

在我国,教育传播学的研究尚处在初期阶段,离建立这门学科的完整体系还有一段不短的路程,尚需我国广大教育工作者继续努力。

（原载于《电化教育研究》1991 年第 1 期）

# 发展现代远程教育:中国之路

我国现代远程教育已经走过了6年的历程,发展迅速,成绩显著。以科学发展观为指导,实现现代教育思想理论与现代信息技术的融合,是中国信息化教育发展之路,也是深入发展现代远程教育的中国之路。

## 一、六年的快速发展

20世纪末,随着因特网的兴起,我国的远程教育在经历了函授教育和广播电视教育两个发展阶段后,进入了一个新的发展阶段:网络教育阶段,即现代远程教育阶段。现代远程教育是计算机多媒体和网络技术参与后的远程教育,是远程教育的最新形态。

1999年1月,国务院批准教育部制定的《面向21世纪教育振兴行动计划》正式提出“实施现代远程教育工程,形成开放式教育网络,构建终身学习体系”。从1999年到现在,我国现代远程教育已经走过了6年的历程,发展迅速,成绩显著。

### (一)实施机构形成系统,规模日益扩大

我国现代远程教育实施机构,主要为三个系统:

(1)中国广播电视大学系统。电大始建于1978年,经过20多年的发展,现已成为由中央电大、44所省级电大、814所地市级电大分校、1742所县级电大分校以及17076个教学点(班)组成的学科齐全、功能完备、特色突出、面向基层的庞大的远程教育系统。截至

2003 年末,在册学员为 150 万人,是目前我国实施现代远程教育的主力部队。

(2)普通高校网络教育学院。自从 1999 年教育部批准清华大学、北京邮电大学、湖南大学、浙江大学等 4 所高校作为启动我国现代远程教育第一批试点高校以来,到现在,试点高校已发展为 67 所,在册学员 80 万人(加上中央广播电视大学,试点高校共 68 所,在册学员 230 万人),是我国实施现代远程教育的另一支主力军。

(3)面向中小学的网校。约 200 多所,也是实施现代远程教育的重要力量。

(二)"三件"建设取得了卓越的成就

六年来,我国现代远程教育的"三件"(硬件、软件、潜件)建设取得了巨大成绩,发展速度是很快的。

1. 硬件建设

即基础设施的建设。已初步建成了计算机网络与卫星网络相结合的、覆盖全国城乡的现代远程教育网络。到 2002 年底,全国中小学建成的校园网已达到 26000 多个,比 2001 年翻了一番多;全国已有 70%左右高校建立了校园网,450 所高校实现了与中国教育科研网及因特网的互联。2001 年 12 月 25 日,国家发改委、教育部等 8 部委联合宣布,中国第一个下一代互联网主干网 CERNET2 正式开通,使中国教育和科研计算机网成为世界上规模最大的学术性计算机网络,这说明我国在下一代互联网技术开发方面已经走在了世界的前列。到 2004 年底,农村中小学现代远程教育工程试点工作基本结束。20 个省级试点单位已建设教学光盘播放点 20977 个,卫星教学接收点 48605 个,计算机教室 7094 间。

2. 软件建设

主要是网络课程与数字教材的建设。目前试点高校现代远程教育开设专业已覆盖工学、管理学、医学、文学、理学、农学、经济学、教育学、法学、哲学等十大学科门类，共153种专业，开设课程总数达1.8万门（包括高职、本科和部分研究生班的课程）。2001年，教育部征集、遴选、审核了34家出版单位选送的1116个条目、5272盘片的教学光盘，提供给中小学使用；教育部——李嘉诚西部教育扶贫项目，建成了总容量达200GB的教学资源库；中央电教馆资源中心，以平均每周4G的数量，通过卫星IP广播向西部中小学免费提供教学资源；中国教育电视台，每天安排11个半小时的空中课堂电视节目和教育部网站信息广播节目。这些举措，对推进中小学特别是西部农村中小学现代远程教育起了重要的作用。

3. 潜件建设

主要是理论、方法的建设。6年来，我国现代远程教育理论园地也是百花盛开，景色喜人。发表了一大批学术论文，出版的理论专著也不少，在我的案头就有6部，都是近几年出版的。2001年，有丁兴富编著的《远程教育学》、李力著《现代远程教育论》、钟志贤著《远程教育导论》；2003年，有杨改学主编的《现代远程教育》；2004年，有谢新观主编的《远程教育原理》、田屹和周虹主编的《远程教育的理论与实践》。关于教学模式的探索，不少教师在总结教学实践经验的基础上，提出了一些有参考价值的远程教学模式，如利用互联网及卫星传播授课模式；基于多媒体网络的交互式教学模式；利用网上资源自主学习模式；基于互联网的协作学习模式等。

## 二、发展中的主要问题

我国现代远程教育，6年快速发展，成绩显著，但也存在不少问题，主要问题：

(一)高等现代远程教育的结构、分布和定位问题

试点高校网络学院的办学层次结构、专业类型结构及校外学习中心的分布不尽合理。办学层次,多数高校主要举办高中起点本科、专科起点本科、高中起点大专;专业设置,集中在计算机科学与技术、法学、工商管理、英语、会计、国际经济和贸易等专业;地域分布,东多西少,主要分布在华北、华东地区,西部(西南、西北)广大地区仅占13%。办学层次和专业类别表现为单一和趋同,未能发挥各高校的优势,影响到各高校办出特色、办出水平。

普通高校网络教育学院,定位问题很不明确。有的定位为成人教育,主要培养应用型人才;有的定位为大学后继续教育,主要培养研究型人才;有的定位为传统高等教育的补充,以招收应届高中毕业生为主,进行学历教育;有的定位为成人教育、继续教育、终身教育,以非学历教育和在职教育为主,等等。如何找准自身的定位,这是当前存在的一个重要问题。

(二)现代远程教育实施中的5个不足问题

目前,在现代远程教育实施中,人们遇到的问题,主要是5个不足:资金不足、网上资源不足、技术支持不足、专业人员不足、理论指导不足。

1.资金不足

现代远程教育本具有降低成本的优势,但这个优势,只有在其发展到一定阶段时才能显示出来。据贝茨研究:传统院校成本曲线起点低,表示其固定成本较低,但随着招生人数的增长,总成本增长较快,曲线上升较陡。现代远程院校成本曲线起点较高,即其固定成本较高,这是因为使用现代化教学技术手段,开办时需要一笔可观的投资,但是,随着学生人数的增长,其总成本增长较慢,曲线上升平缓,当院校规模大,学生总数多时,现代远程教学成本效益的优势就显示

出来了。我国现代远程教育尚处在起步阶段,不论是硬件环境建设、软件资源开发、专业人员培训等等,都需要有大量的资金投入,虽然政府每年都有巨额拨款,但仍未能满足发展的实际需要,这是当前发展中存在的重要问题之一。

2. 网上资源不足

目前的基本情况是一方面互联网上的资源浩如烟海,一方面可以真正用于远程教育学与教的资源寥若晨星。近几年来,有关出版部门编制了为数不少的数字化教材,但适用的优质课件不多;各网校之间彼此互不开放,形成一个个“信息孤岛”,网上资源死链多,不能实现资源共享。这是当前发展中存在的又一个非常重要的问题。

3. 技术支持不足

现代远程教育的技术环境建设,主要是信息通道的硬件设施以及相应的软件系统,包括天地网合一远程教育平台、卫星教学收视点和教学光盘播放点远程教育平台、网络教学支撑软件平台等的构建还不完善,不能满足远程教育的教与学对技术支持的需求。这也是当前发展中的一个重要问题。

4. 专业人员不足

专业人员包括高等现代远程教育学校的管理人员、技术人员、教学人员和中小学的网管人员、信息技术教师等。按照英国开放大学的标准:每50个学生一个教师,2003年,我国从事高等现代远程教育工作的试点高校本部的教职工为1.9万人,专业人员并不算少,但素质有待提高。专业人员不足,主要是中小学的网管人员和信息技术教师。据有关统计数据,中小学网管人员和信息技术教师算上兼职的平均每个学校只有2~3名,数量是不足的。这也是当前发展中的一个问题。

5. 理论指导不足

在现代远程教育的实践中,还没有完全摆脱瞎子摸象、小马过河的境地。为什么我们有些网络系统的建设,如校园网、城域网、网络教室的建设不尽如人意?为什么我们开发的许多电子教材、网络课件进不了课堂,不受师生的欢迎?为什么我们有的网络课程教学应用了现代信息技术,仍不成功?一个重要的原因,就是因为这些实践活动缺乏科学理论的照明,没有现代教育思想理论的指导。这是当前发展中的一个非常关键的问题,也是最易为人们忽略的问题。

## 三、深入发展的思考

当前,我国现代远程教育正在从快速发展期转到深入发展期,其主要标志:发展重心有所转移,从重数量的扩大转到重质量的提升。如何深入发展?需对以下两个问题进行认真思考。

(一)如何解决存在的问题

1. 调整结构和布局,找准自身的定位

要解决现代远程教育学校的结构、布局和定位问题,应先对现代远程教育学校的性质、对象、任务有明确的认识。我曾查阅不少有关的学术论文、理论专著和教材,试图从中找到关于这个带根本性问题的明确答案,但是没有找到。看来我们这个领域的理论工作者,有必要在这方面作点深入细致的研究,以填补这个空白。这里我想谈一点个人对这个问题的粗浅认识,向同行们请教。我认为,现代远程教育学校的性质是继续教育,其对象是成人。其特征是在职教育与离职教育(全日制)相结合,以在职教育为主;学历教育与非学历教育相结合,以非学历教育为主;在线学习与离线学习(面对面)相结合,以在线学习为主。其根本任务是推进全民教育,构建终身学习体系,变沉重的人口负担为人力资源优势。其培养目标是适应社会经济发展需要的各级各类人才。网络教育与现代远程教育不是等同的概念,现代远程教育与网络远程教育则是等同的。我同意“网络教育功能有两个”的观点,一个是“面向社会的教育服务”,另一个是“面向校园内部网络教育课程建设以及促进校园内部信息化建设”。但这是执行网络教育不同的两个机构(网络教育学院和网络中心)所分别具有的。目前,有的高校将两个机构合在一起,两个牌子一套人马,这样做是可以的,而且是较好的。但作为网络学院,它是实施现代远程教育的机构,其服务对象仍应是成人。

关于调整普通高校网络教育学院的办学层次、专业类型、布局和定位,我赞成以下的这种主张和做法:应当依据所在学校的性质、类别来定位和确定办学层次,如清华大学系重点研究型大学,该校网络教育学院的定位是大学后继续教育,以非学历教育和在职教育为主,办学层次以研究生教育为主,这是比较恰当的;应当依据所在学校的特色、优势,并面向市场、面向在职人员的学习需求来确定专业与课程设置,力求避免单一和趋同;在考虑布局时,应多一点关注西部和农村。

2. 着力解决5个不足问题

最近,在报刊上看到有些文章中对解决5个不足问题提出了不少建议和思路,如果能确立一个专题,对此进行梳理,综合分析研究,这将会是一件有意义的事情。这里,我想做的是对思考解决5个不足问题时,需要多一点关注的几个方面提出一点意见。

(1)思考资金不足问题时,多一点关注:调整两个比例和树立一个观念。

调整两个比例:①资金投入比例。据有关调查,我国现代远程教育建设资金投入比例大致是学校自筹占53.8%,国家扶助占5.1%,地方政府拨款占17.6%,企业投资占2.6%。这个比例说明,资金投入主要靠学校自筹。为了促进深入发展,似有对此比例作适当调整的必要,应加大政府的投入,以政府投入为主,学校、企业为辅。②资金分配比例。据有关调查,我国现代远程教育建设资金分配比例大致是硬件建设占67%,软件开发占17%,人员培训8.6%。这个比例是不够合理的。容易形成重硬轻软、重建轻用的现象,降低资金使用的整体效益,应作适当调整。西方国家的经验,资金使用分配在硬件、软件、培训方面大致是4:3:3,或各占1/3。这种做法值得参考。

树立一个观念:成本/效益观。实施现代远程教育,无论做哪项工作硬件环境建设、软件资源开发、教师和专业人员培训,都要讲求效益,在进行工程或课件设计时,要对成本投入及可能产生的效益,即教育教学效益、社会效益、经济效益进行综合分析,特别是教育教学效益,一定要认真考虑它在提高教育教学质量和效率、扩大教育教学规模、促进教育教学改革方面可能起的作用,力争做到低投入高效益。

(2)思考解决网上资源不足问题时,多一点关注网上精品课程和优秀学科教学资源库的建设。衡量是否精品、是否优秀的标准是,是否有全新的教学理念,丰厚的教学资源,先进的教学技术,探究的教学模式,规范的教学管理。

(3)思考解决技术支持不足问题时,多一点关注各项现代远程教育技术标准的制定和公共服务体系的建设,促进资源共享。

(4)人们思考解决专业人员不足问题时,多一点关注制定各类专业人员的标准和校本培训。

(5) 思考解决理论指导不足问题时, 多一点关注4种相关理论(多元智能、混合学习、创新推广、绩效技术),特别是混合学习理论的学习与应用。混合学习(Blending Learning)是近几年来,国外特别是美国教育技术界日渐流行的一种学习观点和理论。它的基本观点:混合的信息传递通道比单一的信息传递通道能取得较大的教学效益。应该依据低投入高产出的原则选择信息通道,把在线学习与离线(面对面)的学习方式,现代的与传统的教学媒体,接受的—探究的、自主的—协作的学习方法等的优势有机地结合起来,以更好地实现教学目标。这种学习理论与现代远程教育实践有着较直接较密切的关系,对推动我国现代远程教育的深入发展,可以起到重要的支持作用。

(二)深入发展:路在何方

2001 年 8 月 5 日,在北京举行的第二届中外大学校长论坛上,美国哥伦比亚校长柏林格的报告中说:"在美国几乎所有大学的网上教学活动开展得都不很成功","目前还没有哪一所大学的做法能够真正把互联网与教学很好地结合在一起"(《中国教育报》,2004 年 8 月 6 日)。这里告诉我们,美国的高等网络远程教育办得不很成功,主要是没有找到一个真正把互联网与教学结合起来的好办法。美国没有找到,中国找到了吗?恐怕还不能说真正找到了,还需要在今后深入发展中继续去找。到哪里去找?深入发展,路在何方?根据我国几十年办电化教育(信息化教育)的经验,对于这个问题,我们可以这样回答:路在以科学发展观为指导,实现现代教育思想理论与现代信息技术的融合上。

以科学发展观为指导。科学发展观的精髓是以人为本,强调三个发展:社会全面的发展、协调的发展、持续的发展。以科学发展观来指导办现代远程教育,就是我们的办学、教学,都要以学生的发展为本,以实现全体学生个性的全面发展、协调发展、持续发展为总目标。

实现现代教育思想理论与现代信息技术的融合。就是办现代远程教育,无论做什么事:硬件环境建设、软件资源开发、新型模式建立、基本理论研究等,都要同时想到并依赖两个方面:现代教育思想理论和现代信息技术,不能只是想到并依赖一个方面。要牢记并实践这个公式:

现代教育思想理论×现代信息技术=成功的现代远程教育

要想让现代远程教育腾飞,必须给它同时插上这两只翅膀,一只翅膀飞不起来,两只才能腾飞。

以科学发展观为指导,实现现代教育思想理论与现代信息技术的融合,这是中国信息化教育发展之路,也是深入发展现代远程教育的中国之路。走这条路,我们才可以找到真正地把互联网与教学结合起来的好办法,使现代远程教育得到全面的、协调的、持续的发展。

(原载《中国远程教育》2005 年第 2 期)

# 成功协同教育的四大支柱

协同教育是一种新的教育方式，它是联合对学生有影响的各社会机构的力量，对学生进行教育，以提高教育的效果、效率和效益。本文讨论的是，现代信息技术环境下的协同教育，不是一般的协同教育，而是指联合学校、家庭、社区的力量，三位一体合作利用现代信息技术对学生进行教育。

要取得成功的协同教育，需要做好以下四件事情。

## 一、树立全新的理念

需要人们给予更多关注的是，树立三种新的理念：

(1)儿童和青少年教育是学校、家庭和社区的共同事业，三方面都要负责。这也是当今世界一些重要国际教育组织的共识。联合国教科文组织在重新界定教育的使命时指出：为了实现世界公民教育目标，“不能再只是强调认知学习，还要强调情感和行为学习”。世界学前教育组织(OMEP)和国际儿童教育协会(AECI)指出：儿童的发展是“家庭、教师、保育人员和社区共同的责任”[①]。许多国家教育行政部门也都把学校与家庭、社区的互动合作的情况，作为评估学校办学质量的一项重要指标。为什么要如此强调和重视学校与家庭、社区的互

①转引自李生兰：《幼儿园与家庭、社区合作共育的研究》，上海：华东师范大学出版社，2003 年。

动合作、协同教育？因为，儿童和青少年教育是一项极为复杂的系统工程，既不是学校单方面能够完成的，也不是家庭或社区单方面能够胜任的，必须三方面的通力合作，才能形成学校、家庭和社区相结合的良好教育环境，充分发挥教育的整体功能，促进儿童和青少年在德、智、体、美等诸方面的最佳发展。

(2)在一定条件下，整体的功能大于部分之和。这种理念用公式来表述，就是：3>1+l+1。“整体的功能大于部分之和”，这句话和公式最早是美国系统论的创立者贝塔朗菲提出的。这个公式告诉我们：学校、家庭、社区互动合作、协同教育儿童和青少年，其功能大于单个的学校教育功能+单个的家庭教育功能+单个的社区教育功能，即 3>1+l+1。否则，就会像我国俗话所说的：一个和尚挑水喝，两个和尚抬水喝，三个和尚没水喝。

3. 信息时代，成功的协同教育不能没有现代信息技术的支持，必须实现现代教育思想理论与现代信息技术的融合。这种理念用公式来表述，就是：

现代教育思想理论×现代信息技术=成功协同教育

这个公式告诉我们：现代教育思想理论和现代信息技术是构成成功协同教育的两个要素。这两个要素一个也不能缺，缺少任何一个都不能取得成功的协同教育。

## 二、搭建先进的平台

也就是协同教育网站和学校、家庭、社区信息互联系统的建设。主要包括两个方面的工作：一是硬件环境建设。所建立的互联系统，力求功能齐全，性能稳定，切合适用。二是软件资源开发。所开发的软件资源，力求满足协同教育三个主体(学生、教师、家长)的需求。目前，我国已经建立的可用于家校互联系统的网站有 200 多个。但一般来说,都不够令人满意。问题不是出在技术上,而在出在内容结构不能满足三个主体的要求。不久前,我看到一份关于香港"学童及青少年的网上操守"网站(http://cesy.qed.hkedcity.net)的材料。这个网站是由香港教育统筹局、警务署、影视及娱乐事务管理,以及其他社会人士一同参与建立的。其宗旨是"提供有关网上操守在社会、道德及法律层面的资讯,为父母提供指引,为教师及同学建议有关的学习活动"。网站设立了活动、教师中心、学生承诺、家长指引、资源中心等若干个栏目。①内容结构适应主体(家长、教师、学生)需求,服务对象非常明确。对于我们从事协同教育网站和学校、家庭、社区信息互联系统建设,值得借鉴。

## 三、探索有效的方法

包括两类方法:

(1)实施的方法。如何开展协同教育?近几年来,我们在实践中,已初步建立了一些可用于现代信息技术环境下协同教育的工作模式,包括工程建设模式和家校互动合作模式。已建立的工程建设模式有:家校信息互联系统、社区教育网站、计算机网络+手机、光盘播放系统,等等;已建立的家校互动合作模式有:网上家长学校,网上开放日、网络教育心理咨询、网上聊天、E-mail、BBS,等等。这些模式已初步建立,但其有效性,还有待于今后深入探索。

(2)研究的方法。如何开展协同教育的科学研究?一是做好科学研究——选题、制定研究方案、搜集资料、整理和分析资料、解释结果提出结论——五个基本阶段的工作。确定"选题"很重要。选题的分类按性质分,可分为基础类、应用类、发展类。基础研究主要在建立理

①檀传宝:《网络环境与青少年德育》,福州:福州教育出版社,2005(79)。

论;应用研究主要在解决现实问题;发展研究主要在提出发展战略。选题按范围分,可分为宏观类(大)、中观类(中)、微观类(小)。对于一线教师,一般来说,更适宜选择应用类的而非基础类的课题,如此便于与本职工作紧密联系;更适宜选择小点而非大点的问题,小点的问题涉及面小,变量小,较易出成果;更适宜选择身边的而非远方的问题,身边的事情,更熟悉,可实现事半功倍的效果。确定选题,一般从两个方面出发:学习与工作中的问题和社会需求。我国学校的科研工作,在选题方面存在的一个较普遍的问题是关注社会太少,贴近教改不够。为什么我们辛辛苦苦搞出的科研成果,常常得不到社会的认可、人们的欢迎,产生不了效益?其主要原因就在于此。

## 四、实现规范的管理

这里讨论的主要是科研课题的管理。实现规范的管理,需要做好两方面的工作。

1. 建立合理的课题管理体制和机制

"利用现代信息技术加强家校协同教育的研究"是中央电教馆重点研究课题,其组织管理分为三级:一是总课题组。职责:①研究课题申报;②协助省、市电教馆成立课题管理指导组,并落实实验学校;③组织培训;④现场指导;⑤经验交流;⑥课题开题,编制课题研究实施方案;⑦课题结题,出版研究专著与成果推广应用。二是省、市电教馆实验研究课题管理组。职责是:①确定实验学校;②协助总课题组,开展培训与实验指导工作。三是实验学校领导组。职责:①选定实验班;②确定各实验班的研究子课题;③制定研究计划方案,开展实验研究;④落实家长培训与指导工作;⑤研究课题总结与成果推广应用工作。这种课题管理体制,能较好地发挥各方面的积极性,保证课题研究的顺利进行,是比较合理的。

2. 建立合理的评价指标体系

课题研究评价是对课题研究进行科学管理的重要手段，它是以研究目标为依据，制定科学的标准，运用一切有效的技术手段，对研究活动的过程及其结果进行测量，并给予价值判断。在进行课题研究评价，设计建立评价指标体系时，应着重考虑以下几个问题：①课题研究的指导思想是否明确？上面谈到的三种新的理念是否得到充分体现？②在研究和实施过程中，各种家校信息互联系统是否得到恰当使用，具有较高的功效价格比？③协同教育系统六要素（学校、家庭、社区、媒体、信息、学生）的功能是否得到充分发挥？④协同教育三主体（学生、教师、家长）的关系是否和谐、互动？⑤研究方法的可靠性及通过问卷调查、实地考察等方式获取一手材料的情况如何？⑥课题研究的预定目标是否实现？实现的程度？⑦课题研究取得了什么成果？产生了什么价值（理论/实用价值）？是否有助于促进儿童和青少年的三个发展（全面发展、全体发展、个性发展）？⑧要特别重视研究成果的创新性，这是课题研究的灵魂。创新性的体现是新事物的产生，即新观点、新理论、新方法、新模式、新建议、新产品。

（原载《开放教育研究》2006 年第 5 期）

# 附录

## 南国农先生论著目录[①]

**1980 年**

《电化教育讲座》(此书为 1979 年 6 月—8 月在甘肃师大举办的全国电化教育讨论班部分课程和专题报告的讲稿或讲授提纲，孙明经、杨名甲、南国农、萧树滋)，甘肃师范大学教育科学研究所、电化教育馆编。

《大力开展电化教育研究》(《电化教育研究》发刊词，与李秉德合作)，发表于《电化教育研究》1980 年第 1 期(创刊号)。

《论电化教育的特点和要求》，发表于《电化教育研究》1980 年 1 期。

**1981 年**

《怎样上电化教学课》，发表于《电化教育研究》1981 年第 1 期。

《谈谈电化教育的几个理论和实际问题》，发表于《电化教育研究》1981 年第 2 期。

《外国电化教育的一些情况》，发表于《电化教育研究》1981 年第 3 期。

**1982 年**

《能力的结构与培养》，发表于《西北师大学报》(社会科学版)，

---

①说明：本论著目录只收录了南国农先生 1980—2014 年间的撰写的论文、主编的著作或教材，撰写的其他短文、组织编写的参考资料或丛书等未收录。

1982第1期。

《关于“电化教育”课及其教材体系问题》,发表于《电化教育》1982年第2期。

《做好电化教育工作 深入学科教学改革——在江苏高校电教研究会组织的电教座谈会上的讲话》,发表于《江苏电教》1982年第1期。

《怎样编制电教教材》,发表于《电化教育研究》1982年第2、3期。

《搞好电视教材 促进教学改革》,发表于《电化教育》1982年第3期。

**1983年**

《发展我国电化教育要解决的几个问题》,发表于《电化教育》(现为《中国电化教育》)1982第2期。

1984年

《电化教育基础》(主编,李运林为第二主编),甘肃人民出版社出版。

《电化教育与教育改革》,发表于《电化教育研究》1984年第1期。

《谈谈教学方法的改革》,发表于《课程·教材·教法》1984年第3期。

《关于电教研究和电教实验的几个问题》,发表于《电化教育》1984年增刊(2)。

**1985年**

《电化教育学》(主编),高等教育出版社出版。

《为促进中小学教育改革出力》(《中小学电教》代发刊词),发表于《中小学电教》1985年第1期。

《电化教育在高等学校教学中的地位和作用》,发表于《电化教育研究》1985年3期。

《新的技术革命与电化教育》,发表于《湖南电教》1985年第2期。

**1986年**

《当前电教理论和实践中的几个问题》,发表于《电化教育研究》1986年第1、2期。

**1987年**

《谈"大电教"》,发表于《湖南电教》1987年第1期。

《我国电化教育的现状与展望》,发表于《电化教育研究》1987年第2、3期。

**1988年**

《谈谈三年来我国电化教育领域出现的新鲜事》,发表于《宁夏电教》1988年第1、2期。

《我们对电化教育知道多少》,发表于《电化教育研究》1988年第2期。

**1989年**

《对我国近十年电教发展的反思和展望》,发表于《上海电教》1989年第2期。

《电化教育课程教材建设十年》,发表于《电化教育研究》1989年第3期。

**1990年**

《电化教育名称还能使用多久》,发表于《电化教育》1990年第1期。

《我国电化教育学科建设的回顾与展望》,发表于《华东师范大学学报》(教育科学版)1990年第1期。

《电化教育深入发展的问题和对策》,发表于《湖南电教》1990 年第 6 期。

**1991 年**

《教育传播学的性质和对象》,发表于《电化教育研究》1991 年第 3 期。

**1992 年**

《电教科研:90 年代的目标、课题和方法》,发表于《电化教育研究》1992 年第 3 期。

**1993 年**

《中国电化教育的新发展》,发表于《电化教育研究》1993 年第 1 期。

**1995 年**

《教育传播学》(编著, 李运林为第二作者), 高等教育出版社出版。

《教育电视节目的概念和制作过程与原则》,未发表,收入《教育现代化的必由之路——南国农电化教育论文集》, 高等教育出版社 2000 年出版。

《教育传播理论在教育电视节目制作中的应用》, 未发表, 收入《教育现代化的必由之路——南国农电化教育论文集》, 高等教育出版社 2000 年出版。

《教育电视节目制作教程》(主编,范印哲、孙顺田为副主编),高等教育出版社出版。

《电教实验发展的新阶段——在电化教育促讲中小学教学优化课题阶段成果交流研讨会上的讲话》,发表于《电化教育》1995 年第 10 期。

**1996 年**

《面向 21 世纪的中国电化教育》，发表于《电化教育研究》1996 年第 3 期。

**1997 年**

《电化教育与学校教育现代化建设》，发表于《电化教育研究》1997 年第 1 期。

《对我国电化教育深入发展的思考》，发表于《中国电化教育》1997 年第 12 期。

**1998 年**

《电化教育学》(第二版)(主编,李运林为第二主编),高等教育出版社出版。

《现代教育技术实验及其理论基础》，收入《学校教育现代化建设》(全国中小学现代教育技术实验学校领导小组办公室主编，中央广播电视大学出版社 1998 年出版)。

《世纪之交,电教者的使命》,发表于《电化教育研究》1998 年第 1 期。

《昂首阔步迈向新世纪——纪念中央电化教育馆建馆 20 周年》，发表于《中国电化教育》1998 年第 11 期。

**1999 年**

《什么是现代教育技术》,未公开发表,收入《教育现代化的必由之路——南国农电化教育论文集》(高等教育出版社 2000 年出版)。

《90 年代以来我国的五大现代教育技术实验》,发表于《电化教育研究》1999 年第 6 期。

**2000 年**

《教育现代化的必由之路——南国农电化教育论文集》，高等教育出版社出版。

《我国22年电教发展留下的三笔宝贵财富》,发表于《电化教育研究》2000年第10期。

《20世纪80年代以来中国电化教育的发展》,发表于《电化教育研究》2000年第12期。

**2001年**

《信息技术教育与创新人才培养》,发表于《电化教育研究》2001年第8、9期。

《现代教育思想与现代教育技术——现代教育腾飞的两只翅膀》,未发表,收入《教育技术学科建设:中国道路》,北京师范大学出版社2010年出版。

《关于音像电子教材建设的几个问题》(此文系2001年9月24日在湖南省地、市、县电教馆长、电教实验中小学校长电化教育研讨会上的学术报告稿),未发表,收入《教育技术学科建设:中国道路》,北京师范大学出版社2010年出版。

**2002年**

《网络教育的基本原理与实现形式》(此文系2002年4月6日在广东省现代教育技术实验学校骨干教师培训班的报告稿),未发表,收入《教育技术学科建设:中国道路》,北京师范大学出版社2010年出版。

《教育信息化建设的几个理论和实际问题》,发表于《电化教育研究》2002年第11、12期。

**2003年**

《从视听教育到信息化教育——我国电化教育25年》,发表于《电化教育研究》2003年第9期。

《新世纪信息化教育工作者的使命——推进"12345工程"》,发表于《中国电化教育》2003年第12期。

《在“华南师大电教20周年纪念会”上的讲话》,未发表,收入《教育技术学科建设:中国道路》,北京师范大学出版社2010年出版。

**2004年**

《信息化教育概论》(主编,李运林、祝智庭为副主编),高等教育出版社出版。

《对深入开展整合实验的几点认识——在甘肃省首届中小学信息技术与课程整合观摩展示活动周的讲话》,未发表,收入《教育技术学科建设:中国道路》,北京师范大学出版社2010年出版。

《高校信息化教育课程:教材教法简析》,发表于《电化教育研究》2004年第11期。

《在“纪念萧树滋先生诞辰90周年学术研讨会”上的讲话》,未发表,收入《教育技术学科建设:中国道路》,北京师范大学出版社2010年出版。

《难忘的往事——怀念辛老》(此文系在“纪念辛安亭同志诞辰100周年大会”上的发言),收入《钟情启蒙 执著开拓——纪念著名教育家辛安亭诞辰100周年》,杨恕主编,兰州大学出版社2004年出版。

**2005年**

《教育传播学》(第二版)(主编,李运林为第二主编),高等教育出版社出版。

《发展现代远程教育:中国之路》,发表于《中国远程教育》2005年第2期。

《中国教育技术学专业建设的发展道路》,发表于《电化教育研究》2005年第9期。

《给首届教育技术学博士生学术论坛的祝贺信》(此文系写给2005年12月29—30日在华东师范大学举行的首届教育技术学博

士生论坛的祝贺信)，未发表，收入《教育技术学科建设：中国道路》，北京师范大学出版社 2010 年出版。

**2006 年**

《教育技术学科建设：中国道路》，发表于《电化教育研究》2006 年第 1 期。

《成功协同教育的四大支柱》，发表于《开放教育研究》2006 年第 5 期。

《当前教育技术理论探讨中的几个争议问题》(此文系 2006 年 11 月 29 日在华中师范大学举行的第五届教育技术国际论坛上的主题报告稿)，未发表，收入《教育技术学科建设：中国道路》，北京师范大学出版社 2010 年出版。

《我国电化教育理论体系建设的历程和趋势》，收入《中国电化教育 70 年纪念文集》(中央电化教育馆编)，中央广播电视大学 2006 年出版。

**2007 年**

《让信息技术有效地推进教学改革》，发表于《中国电化教育》2007 第 1 期。

《解读信息化教育及其五大支柱》，发表于《中小学信息技术教育》第 2 期。

《在“纪念中国电化教育发展 70 周年座谈会”上的发言》，发表于《电化教育研究》2007 年第 3 期。

**2008 年**

《参与历史研究　共创美好明天——在“第四届全国教育技术学博士生论坛”上的讲话》，发表于《电化教育研究》2008 年第 11 期。

《学习创新：当代大学生的第一使命》(此文系 2008 年在华南师大、北京师大、西北师大等高校所做学术报告报告稿)，未发表，收入

《教育技术学科建设:中国道路》,北京师范大学出版社 2010 年出版。

《电化教育三十年的回顾与思考》(此文系在 2008 年 12 月 26 日西北师范大学纪念改革开放 30 周年座谈会上的发言),未发表,收入《教育技术学科建设:中国道路》,北京师范大学出版社 2010 年出版。

**2009 年**

《信息化教育理论体系的形成与发展》,发表于《电化教育研究》2009 第 8 期。

《教育技术(电化教育)理论研究三十年的回顾与探索》(此文系 2009 年 4 月 21 日在北京大学教育大讲堂、4 月 23 日在清华大学教育技术研究所学术演讲稿),未发表,收入《教育技术学科建设:中国道路》,北京师范大学出版社 2010 年出版。

**2010 年**

《教育技术理论研究的新发展》,发表于《电化教育研究》2010 年第 1 期。

《教育技术理论体系的重构:路线图》,发表于《现代教育技术》2010 年第 4 期。

《加快学校教育信息化——既要关注"建",更要关注"用"》(此文系 2010 年 4 月 22 日在第 12 期全国校长发展学校的学术报告稿),未发表,收入《教育技术学科建设:中国道路》,北京师范大学出版社 2010 年出版。

《中国教育技术发展概述》,发表于《在现代远距离教育》2010 年第 5 期。

《教育技术学科建设:中国道路》(此书系 2000 年—2010 年论文集),北京师范大学出版社。

**2011 年**

《信息化教育概论》(第 2 版)(主编,李运林、祝智庭为副主编),

高等教育出版社出版。

《追踪电教:难忘的回忆与未来的思考》,发表于《中国电化教育》2011 年第 9 期。

《我国教育信息化发展的新阶段、新使命》,发表于《电化教育研究》2011 年第 12 期。

**2012 年**

《"中国电化教育(教育技术)发展史研究"课题研究情况汇报》,发表于《电化教育研究》2012 年第 10 期。

《李秉德先生与电化教育》(此文为李泽林博士为纪念李秉德先生诞辰一百周年所做访谈),发表于《电化教育研究》2012 年第 6 期。

**2013 年**

《怎样理解信息技术及其教师素养形成》,发表于《现代远程教育研究》2013 年第 1 期。

《教育技术学科究竟应该怎样定位》, 发表于《北京大学教育评论》2013 年第 3 期。

《中国电化教育(教育技术)史》(主编,李运林、李龙、徐福荫为副主编),人民教育出版社出版。

《我与电化教育:旧事追忆》,发表于《中国教育科学》(此为辑刊,由人民教育出版社、中国教育学会教育学分会主办,人民教育出版社出版),2013 第 10 期。

**2014 年**

《我与电化教育:旧事追忆》,发表于《课程·教材·教法》,2014 第 10 期。

## 《陇上学人文存》已出版书目

### 第一辑

《马　通卷》马亚萍编选　《支克坚卷》刘春生编选
《王沂暖卷》张广裕编选　《刘文英卷》孔　敏编选
《吴文翰卷》杨文德编选　《段文杰卷》杜琪　赵声良编选
《赵俪生卷》王玉祥编选　《赵逵夫卷》韩高年编选
《洪毅然卷》李　骅编选　《颜廷亮卷》巨　虹编选

### 第二辑

《史苇湘卷》马　德编选　《齐陈骏卷》买小英编选
《李秉德卷》李瑾瑜编选　《杨建新卷》杨文炯编选
《金宝祥卷》杨秀清编选　《郑　文卷》尹占华编选
《黄伯荣卷》马小萍编选　《郭晋稀卷》赵逵夫编选
《喻博文卷》颜华东编选　《穆纪光卷》孔　敏编选

### 第三辑

《刘让言卷》王尚寿编选　《刘家声卷》何　苑编选
《刘瑞明卷》马步升编选　《匡　扶卷》张　堡编选
《李鼎文卷》伏俊琏编选　《林径一卷》颜华东编选
《胡德海卷》张永祥编选　《彭　铎卷》韩高年编选
《樊锦诗卷》赵声良编选　《郝苏民卷》马东平编选

## 第四辑

《刘天怡卷》赵　伟编选　《韩学本卷》孔　敏编选
《吴小美卷》魏韶华编选　《初世宾卷》李勇锋编选
《张鸿勋卷》伏俊琏编选　《陈　涌卷》郭国昌编选
《柯　杨卷》马步升编选　《赵荫棠卷》周玉秀编选
《多识·洛桑图丹琼排卷》杨士宏编选
《才旦夏茸卷》杨士宏编选

## 第五辑

《丁汉儒卷》虎有泽编选　《王步贵卷》孔　敏编选
《杨子明卷》史玉成编选　《尤炳圻卷》李晓卫编选
《张文熊卷》李敬国编选　《李　恭卷》莫　超编选
《郑汝中卷》马　德编选　《陶景侃卷》颜华东　闫晓勇编选
《张学军卷》李朝东编选　《刘光华卷》郝树声　侯宗辉编选

## 第六辑

《胡大浚卷》王志鹏编选　《李国香卷》艾买提编选
《孙克恒卷》孙　强编选　《范汉森卷》李君才　刘银军编选
《唐　祈卷》郭国昌编选　《林家英卷》杨许波　庆振轩编选
《霍旭东卷》丁宏武编选　《张孟伦卷》汪受宽　赵梅春编选
《李定仁卷》李瑾瑜编选　《赛仓·罗桑华丹卷》丹　曲编选

## 第七辑

《常书鸿卷》杜　琪编选　　《李焰平卷》杨光祖编选

《华　侃卷》看本加编选　　《刘延寿卷》郝　军编选

《南国农卷》俞树煜编选　　《王尚寿卷》杨小兰编选

《叶　萌卷》李敬国编选　　《侯丕勋卷》黄正林　周　松编选

《周述实卷》常红军编选　　《毕可生卷》沈冯娟　易　林编选